全国高等教育自学考试指定教材

采购与供应管理专业（专科）

商业组织与过程

（附：商业组织与过程自学考试大纲）

（2008 年版）

全国高等教育自学考试指导委员会　组编

郑称德　主编

机　械　工　业　出　版　社

本书是高等教育自学考试采购与供应管理专业(专科)的指定教材，主要内容包括商业组织理论、商业组织结构的形式与特点、商业组织结构设计、商业组织变革、业务流程设计、业务流程优化、业务流程再造 BPR、采购管理的组织与流程。全书内容翔实，阐述清楚，便于自学。

图书在版编目(CIP)数据

商业组织与过程/郑称德主编. —北京：机械工业出版社，2008.9

全国高等教育自学考试指定教材　采购与供应管理专业(专科)

ISBN 978-7-111-24900-9

Ⅰ.商…　Ⅱ.郑…　Ⅲ.商业企业—组织管理学—高等教育—自学考试—教材　Ⅳ.F715

中国版本图书馆 CIP 数据核字(2008)第 124321 号

机械工业出版社（北京市百万庄大街22号　邮政编码 100037）
责任编辑：曹雅君　陈瑞侠　责任校对：侯　灵
北京友谊印刷有限公司印刷
2008 年 9 月第 1 版
2013 年 7 月第 3 次印刷
184mm×260mm　13.25 印张·256 千字
标准书号：ISBN 978-7-111-24900-9
定价：21.00 元

组编前言

这是一个变幻难测的世纪，这是一个催人奋进的时代。科学技术飞速发展，知识更替日新月异。希望、困惑、机遇、挑战，随时随地都有可能出现在每一个社会成员的生活之中。抓住机遇，寻求发展，迎接挑战，适应变化的制胜法宝就是学习——依靠自己学习、终生学习。

作为我国高等教育组成部分的自学考试，其职责就是在高等教育这个水平上倡导自学、鼓励自学、帮助自学、推动自学，为每一个自学者铺就成才之路。组织编写供读者学习的教材就是履行这个职责的重要环节。毫无疑问，这种教材应当适合自学，应当有利于学习者掌握、了解新知识、新信息，有利于学习者增强创新意识、培养实践能力、形成自学能力，也有利于学习者学以致用、解决实际工作中所遇到的问题。具有如此特点的书，我们虽然沿用了“教材”这个概念，但它与那种仅供教师讲、学生听、教师不讲、学生不懂，以“教”为中心的教科书相比，已经在内容安排、形式体例、行文风格等方面都大不相同了。希望读者对此有所了解，以便从一开始就树立起依靠自己学习的坚定信念，不断探索适合自己的学习方法，充分利用已有的知识基础和实际工作经验，最大限度地发挥自己的潜能达到学习的目标。

欢迎读者提出意见和建议。

祝每一位读者自学成功。

全国高等教育自学考试指导委员会

2008 年 7 月

编者的话

近年来，越来越多的商业组织意识到，有效的采购与供应管理能带来利润和竞争优势。因而，采购与供应管理人员的重要职责之一就是为组织创造价值。为了做到这点，采购从业人员(无论是基层的采购人员还是高层的采购经理)都需要了解其所处商业组织的架构和内部运作过程，以保证采购工作更好地服从整个组织的利益。同时，采购从业人员还必须掌握相关商业组织设计和变革的相关知识，当组织发生变革时，采购人员能够积极地跟随和帮助组织完成相应的变革；另外，采购从业人员还需要掌握商业过程优化技术和方法，以不断改进其采购流程，提高工作效率，降低管理成本。可见，商业组织与商业过程的有关理论和实践是采购从业人员必须了解的。

《商业组织与过程》一书是全国采购与供应管理专业自学考试用书，也是学习采购与供应管理专业知识的基础课程。本书大致分为三部分：第一部分包括第1章(第1节和第3节的第1段)、第2章、第3章、第4章和第5章，主要介绍商业组织概念、理论、结构形式及其设计等内容；第二部分包括第1章(第2节和第3节的第2段)、第6章、第7章和第8章，主要介绍商业过程的概念、优化方法和再造方法；第三部分包括第9章，它是第一部分和第二部分所讲述知识在采购与供应管理中的应用，主要介绍采购与供应管理的组织结构形式及其特点、采购与供应管理基本流程及其优化。

在本书的编写过程中，作者本着理论联系实际的原则，在做到涵盖面广、内容丰富的同时，力求增强教材的可读性、实用性和可操作性。

本书由郑称德担任主编，主要参编人员有焦建东、何瑛瑛、王羽等同志，最终由郑称德统稿。在本书的编写过程中，参考和吸收了国内外许多专家学者的先进思想和研究成果，在此一并表示感谢！

由于时间仓促和作者水平有限，书中难免有不足之处，敬请广大读者多提宝贵意见。

郑称德

2008年6月于南京大学商学院

目　录

全国高等教育自学考试指定教材采购与供应专业

商业组织与过程

自学考试大纲

全国高等教育自学考试指导委员会　制定

大 纲 前 言

为了适应社会主义现代化建设事业的需要，鼓励自学成才，我国在20世纪80代初建立了高等教育自学考试制度。高等教育自学考试是个人自学、社会助学和国家考试相结合的一种高等教育形式。应考者通过规定的专业课程考试并经思想品德鉴定达到毕业要求的，可获得毕业证书；国家承认学历并按照规定享有与普通高等学校毕业生同等的有关待遇。经过近30年的发展，高等教育自学考试为国家培养了大量专门人才。

课程自学考试大纲是国家规范自学者的学习范围、要求和考试标准的文件。它是按照专业考试计划的要求，具体指导个人自学、社会助学、国家考试、编写教材及自学辅导书的依据。

为了更新教育观念，深化教学内容、考试制度、质量评价制度改革，更好地提高自学考试人才培养的质量，全国考委各专业委员会按照专业考试计划的要求，组织编写了课程自学考试大纲。

新编写的大纲，在层次上，专科参照的是一般普通高校专科或高职院校的水平，本科参照的是一般普通高校本科的水平；在内容上，大纲力图反映学科的发展变化以及自然科学和社会科学近年来的研究成果。

全国考委经济管理类专业委员会参照普通高等学校《商业组织与过程》课程的教学基本要求，并结合自学考试采购与供应专业的实际情况，组织编写的《商业组织与过程自学考试大纲》，经教育部批准，现颁发施行。各地教育部门、考试机构应认真贯彻执行。

全国高等教育自学考试指导委员会

2008年4月

目　录

I　课程性质与设置目的

《商业组织与过程》课程是全国高等教育自学考试采购与供应专业(专科)的必考课，是为培养和检验自学考试者的商业组织与商业过程的基本理论和知识应用能力而设置的一门专业课程。

《商业组织与过程》是适应现代企业采购与供应管理要求，掌握商业组织与商业过程的基本结构、运行方式与变革方法，并将其应用于采购与供应管理而建立的一门基础性学科。该学科以现代商业组织结构及其流程为主要研究领域，以商业组织与商业过程运行和变革过程中所涉及的一般理论与方法为基本研究对象。

开设《商业组织与过程》课程的目的在于，使自学考试者了解现代商业组织与流程的基本概念、特点和形式，清楚对商业组织和流程进行变革和优化的一般方法，并能将这些知识和采购与供应管理的实践进行结合，使之初步具备解决采购与供应中有关组织结构与流程方面问题的能力。

本课程知识结构基本上可以分为三部分。第一部分包括第1章(1.1和1.3的第一段)、第2章、第3章、第4章和第5章，主要介绍了商业组织概念、理论、结构形式及其设计等内容；第二部分包括第1章(1.2和1.3的第二段)、第6章、第7章和第8章，主要介绍了商业过程(业务流程)的概念、优化方法和再造方法；第三部分包括第9章，它是第一部分和第二部分所讲述的知识在采购与供应中的应用，主要介绍了采购与供应的组织结构形式及其特点、采购与供应的基本流程及其优化。

学习本课程应把握上述课程知识的基本脉络和框架，将这三部分作为一个有机整体来学习。在学习过程中，首先应重点掌握商业组织和商业过程的基本概念和基本形式，然后把握对商业组织和商业过程进行变革与优化的有关方法，最后掌握这些知识在采购与供应中的应用。如此才能系统性地掌握本课程的知识，使学习过程能够收到事半功倍的效果，真正做到学以致用。

Ⅱ 课程内容与考核目标

第1章 绪 论

一、学习目的与要求

通过本章的学习，掌握商业组织与业务流程的定义、特征、分类形式及其功能。

二、课程内容

1.1 组织与商业组织的概念

（一）组织的定义

（二）组织的特征

（三）组织的构成要素

组织的构成要素包括：目标、协同、人员、职位、职责、相互关系、信息。

（四）组织的分类

（五）商业组织的定义

（六）商业组织的分类

1.2 业务流程的概念

（一）流程与业务流程的定义及其特点

（二）业务流程的分类

（三）业务流程的共有属性

1.3 商业组织与业务流程的功能

（一）商业组织的功能

商业组织功能有：放大效应、协同效应、稳定效应、过滤效应。

（二）业务流程的功能

业务流程的功能有：展示活动间的关系、实现分工一体化、标明任务完成的时间和阶段性、界定活动的执行者和接受者及其相互关系。

三、考核知识点

（一）组织与商业组织的概念

（二）业务流程的概念

（三）商业组织与业务流程的功能

四、考核要求

（一）组织与商业组织的概念

识记：①组织的定义；②组织的特征；③组织的构成要素；④商业组织的定义。

领会：①组织的不同分类方法；②商业组织与商业企业的区别；③商业组织的分类方法。

（二）业务流程的概念

识记：①流程的定义；②业务流程的定义；③业务流程的各种分类及各类流程的概念；④业务流程的特点。

领会：①各种业务流程的分类方法；②业务流程的属性。

（三）商业组织与商业流程的功能

识记：①组织的功能；②放大效应的概念；③协同效应的概念；④稳定效应的概念；⑤过滤效应的概念；⑥流程的4个功能。

领会：①商业组织功能；②业务流程功能。

第2章　商业组织理论

一、学习目的与要求

通过本章的学习，掌握商业组织理论的发展历程以及各种商业组织理论的基本思想。

二、课程内容

2.1 组织理论概述

（一）组织理论的定义

（二）组织理论的研究对象

（三）组织理论发展的三个阶段

组织理论发展经历了三个阶段：古典组织理论阶段、近代组织理论阶段、现代组织理论阶段。

2.2 古典组织理论

（一）代表人物的组织理论

泰勒、法约尔、韦伯的组织理论。

（二）古典组织理论的中心思想

（三）古典组织理论的局限性

2.3 近代组织理论

（一）社会系统学派的组织理论

（二）行为科学学派的组织理论

（三）经验主义学派的组织理论

2.4 现代组织理论

（一）贝塔朗菲系统管理学派的组织理论

（二）权变理论学派的组织理论

（三）新组织结构学派的组织理论

三、考核知识点

（一）组织理论概述

（二）古典组织理论

（三）近代组织理论

（四）现代组织理论

四、考核要求

（一）组织理论概述

识记：①组织理论的概念；②组织理论的研究对象。

领会：组织理论发展的三个阶段及其代表人物。

（二）古典组织理论

领会：①泰勒、法约尔和韦伯三家组织理论的特点；②能够归纳古典组织理论的中心思想；③古典组织理论的局限性。

应用：能够分析古典组织理论的特点、贡献及其局限性。

（三）近代组织理论

领会：①社会系统学派的组织理论；②行为科学学派的组织理论；③经验主义学派的组织理论。

应用：会区分各种组织理论的特点。

（四）现代组织理论

领会：①系统管理学派的组织理论；②权变理论学派的组织理论；③新组织结构学派的组织理论。

应用：①能够区分系统管理学派、权变理论学派和新组织结构学派组织理论的特点；②能够阐明三个发展阶段不同学派组织理论的特点和区别。

第3章　商业组织结构的形式与特点

一、学习目的与要求

通过本章的学习掌握各种商业组织的结构形式及其特点。

二、课程内容

3.1　组织结构概述

（一）组织结构的定义

（二）组织结构的特征因素

3.2　传统的组织结构形式

（一）直线制
（二）职能制
（三）直线职能制

3.3　现代的组织结构形式

（一）事业部制
（二）超事业部制
（三）矩阵制
（四）立体组织制

3.4　新型的组织结构形式

（一）团队结构制
（二）虚拟结构制
（三）无界限组织

三、考核知识点

（一）组织结构概述
（二）传统的组织结构
（三）现代的组织结构
（四）新型的组织结构

四、考核要求

（一）组织结构概述

识记：①组织结构的定义；②组织结构的特征因素；③管理层次；④管理幅度；⑤专业化程度；⑥集权与分权；⑦关键职能；⑧规范化；⑨制度化；⑩职业化。

（二）传统的组织结构

识记：①直线制的概念；②职能制的概念；③直线职能制的概念。

领会：①直线制的优缺点；②职能制的优缺点；③直线职能制的优缺点。

应用：传统组织结构的适用场合。

（三）现代的组织结构

识记：①事业部制的概念；②超事业部制的概念；③矩阵制的概念。

领会：①事业部制的优缺点；②超事业部制的优缺点；③矩阵制的优缺点；④立体组织制的优缺点。

（四）新型的组织结构

识记：①团队结构制的概念；②虚拟结构制（或网络结构制）的概念；③无界限组织的概念。

领会：①团队与群体的区别；②团队结构制的特点；③虚拟结构制的特点；④无界限组织的特点。

应用：能够根据不同组织结构的特点识别企业所采用的组织结构形式。

第4章　商业组织结构设计

一、学习目的与要求

通过本章的学习掌握商业组织结构设计的原则、影响因素和设计程序。

二、课程内容

4.1　组织结构设计概述

（一）组织结构设计的定义与要点

（二）组织结构设计的原则

4.2　影响组织结构的主要因素

（一）规模与组织结构

（二）环境与组织结构

（三）技术与组织结构

（四）战略与组织结构

4.3　组织结构设计的程序

（一）组织设计的程序

（二）组织文件

三、考核知识点

（一）组织结构设计概述

（二）影响组织结构的主要因素

（三）组织结构设计的程序

四、考核要求

（一）组织结构设计概述

识记：①组织结构设计的定义；②组织结构设计的要点。

领会：组织结构设计的原则。

（二）影响组织结构的主要因素

领会：①规模对组织结构的影响；②环境对组织结构的影响；③技术对组织结构的影响；④战略对组织结构的影响。

（三）组织结构设计的程序

识记：①基本职能；②职能分解；③目标分解；④职务分析；⑤职务说明书；⑥管理控制；⑦组织图(组织结构图)；⑧组织手册；⑨标准工作规程。

领会：①组织设计的程序；②绘制组织图的原则；③组织手册的内容；④标准工作规程的内容。

第5章 商业组织变革

一、学习目的与要求

通过本章的学习掌握商业组织变革的概念、动因、类型和目标，清楚如何实施商业组织变革和克服商业组织变革过程中的阻力。

二、课程内容

5.1 组织变革概述

（一）组织变革的概念

（二）组织变革的动因

（三）组织变革的类型

（四）组织变革的目标

5.2　组织变革的实施

（一）组织变革的诊断

（二）组织变革的程序

（三）实施组织变革的方式

商业组织变革的方式主要包括：人员导向型、组织导向型、技术导向型、系统导向型。

5.3　组织变革的阻力及其克服方法

（一）组织变革的阻力

组织变革的阻力主要有：个体阻力、组织阻力。

（二）克服阻力的方法

克服阻力的方法主要有：勒温的力场分析法、让组织成员参与变革、利用群体动力、奖励变革的创新者。

三、考核知识点

（一）组织变革概述

（二）组织变革的实施

（三）组织变革的阻力及其克服方法

四、考核要求

（一）组织变革概述

识记：①组织变革的概念；②组织变革的动因；③组织变革的类型；④组织变革的目标。

（二）组织变革的实施

领会：①什么情况下需要组织变革；②组织变革的程序或步骤；③实施组织变革的4种方式。

（三）组织变革的阻力及其克服方法

识记：①个体阻力的来源；②组织阻力的来源；③勒温的力场分析法。

领会：克服阻力的主要方法。

第 6 章　业务流程设计

一、学习目的与要求

通过本章的学习，掌握业务流程设计的概念、意义和原则，清楚描述业务流程的方法、业务流程设计的要点及其步骤。

二、课程内容

6.1　业务流程设计概述

（一）业务流程设计的概念

（二）业务流程设计的意义

（三）业务流程设计的原则

业务流程设计的原则有：必须使业务流程有效、清晰和完整；必须严格贯彻执行企业的方针和政策；必须注重业务流程的连续性和关联性；必须遵循环境的要求；必须以顾客满意为中心；必须遵循资源约束原则。

6.2　业务流程的描述方法——流程图

（一）流程图的概念及其绘制目的

（二）流程图必须具备的特性

流程图必须具备的特性：简单明了性、表达完整性、可计算机化。

（三）流程图的类型

（四）流程图的绘制

6.3　业务流程设计的过程

（一）业务流程设计的基础

（二）业务流程设计的要点

（三）业务流程设计的步骤

三、考核知识点

（一）业务流程设计概述
（二）业务流程的描述方法——流程图
（三）业务流程设计的过程

四、考核要求

（一）业务流程设计概述
识记：①业务流程设计的概念；②业务流程设计的原则。
领会：业务流程设计的意义。
（二）业务流程的描述方法——流程图
识记：①流程图的概念；②单体流程图的概念；③流程的工艺视图概念；④综合流程图的概念。
领会：①流程图绘制的目的；②流程图必须具备的特性；③单体流程图与综合流程图的区别。
应用：采用表格、框图和跨职能流程图描述单体流程图。
（三）业务流程设计的过程
识记：①业务流程的三要素；②制造业、商业、服务业业务流程的构成要素。
领会：①业务流程设计的要点；②业务流程设计的基本步骤。
应用：根据业务流程设计的步骤设计简单的业务流程。

第7章　业务流程优化

一、学习目的与要求

通过本章的学习，掌握业务流程优化的两种方法：全面质量管理和6Sigma方法。清楚这两种方法的概念、特点和工作方法。

二、课程内容

7.1　全面质量管理TQM概述

（一）全面质量管理的起源

（二）全面质量管理的概念及其特点
（三）TQM 与业务流程优化

7.2 TQM 的业务流程优化方法——PDCA 循环

（一）PDCA 循环的概念
（二）PDCA 循环的 8 个步骤
（三）PDCA 循环的特点

7.3 6Sigma 管理

（一）6Sigma 管理的起源
（二）6Sigma 管理的概念与基本思想
（三）6Sigma 管理的业务流程优化方法——DMAIC

三、考核知识点

（一）全面质量管理概述
（二）TQM 的业务流程优化方法——PDCA 循环
（三）6Sigma 管理

四、考核要求

（一）全面质量管理概述
识记：①全面质量管理的概念；②全面质量管理的特点。
领会：全面质量管理的产生。
（二）TQM 的业务流程优化方法——PDCA 循环
识记：①PDCA 的 4 个阶段；②PDCA 的特点。
领会：PDCA 细分的 8 个步骤。
应用：应用 PDCA 循环改进简单的业务流程。
（三）6Sigma 管理
识记：①6Sigma 管理的概念与基本思想；②DMAIC 的 5 个阶段。
领会：①6Sigma 管理的起源；②DMAIC 每个阶段的工作内容。
应用：应用 DMAIC 改进简单的业务流程。

第8章　业务流程再造 BPR

一、学习目的与要求

通过本章的学习，了解业务流程再造 BPR 的产生背景、掌握业务流程再造的概念、原则、实施步骤、实施方式以及几种常用的 BPR 方法。

二、课程内容

8.1　业务流程再造概述

（一）业务流程再造的产生

（二）业务流程再造的概念

8.2　业务流程再造的基本原则

（一）业务流程再造的核心原则

（二）业务流程再造的操作性原则

8.3　业务流程再造的实施步骤

（一）确定业务流程再造目标和组建流程再造团队

（二）获得企业流程的系统描述和识别再造的机会

（三）再设计企业流程

（四）制订实施计划并实施和维护新流程

（五）分析业务流程再造失败的原因

8.4　业务流程再造的基本方式

（一）业务流程的局部再造

（二）业务流程的系统性再造

8.5　业务流程再造的方法

（一）作业成本法
（二）价值链分析
（三）ASME 方法

三、考核知识点

（一）业务流程再造概述
（二）业务流程再造的基本原则
（三）业务流程再造的实施步骤
（四）业务流程再造的基本方式
（五）业务流程再造的方法

四、考核要求

（一）业务流程再造概述
识记：业务流程再造的概念。
领会：业务流程再造的产生。
（二）业务流程再造的基本原则
识记与领会：①业务流程再造的核心原则；②业务流程再造的操作性原则。
（三）业务流程再造的实施步骤
领会：业务流程再造的实施步骤。
（四）业务流程再造的基本方式
领会：①业务流程的局部再造；②业务流程的系统性再造。
（五）业务流程再造的方法
领会：①作业成本法；②价值链分析；③ASME 方法。
应用：利用作业成本法、价值链分析和 ASME 方法再造简单的业务流程。

第 9 章　采购管理的组织与流程

一、学习目的与要求

通过本章的学习，掌握采购与供应中各种常见的组织结构形式及其特点，清楚采购管理的基本流程及其常见的再造方法。

二、课程内容

9.1　采购组织结构的类型与特点

（一）采购部门在企业中的隶属关系

（二）采购部门与其他部门的关系

9.2　采购管理的基本流程

（一）需求确定与采购计划制订

（二）供应商的搜寻与分析

（三）定价

（四）拟订并发出订单

（五）订单跟踪与催货

（六）验货和收货

（七）开票与支付货款

（八）记录维护

9.3　采购流程再造

（一）电子采购

（二）信息技术参与

（三）JIT 采购

三、考核知识点

（一）采购组织结构的类型与特点

（二）采购管理的基本流程

（三）采购流程再造

四、考核要求

（一）采购组织结构的类型与特点

领会：①采购部门在企业中的隶属关系；②采购部门与其他部门的关系。

（二）采购管理的基本流程

识记：采购管理的基本步骤。

领会：采购管理各基本步骤的实施方法。

（三）采购流程再造

领会：①传统采购流程的缺点；②电子采购；③信息技术参与；④JIT 采购。

应用：能够识别采购流程的问题并提出改进方法。

Ⅲ　关于大纲的说明与考核实施要求

为使本大纲的规定在个人自学、社会助学和课程考试命题中得到贯彻、落实，现对有关问题作如下说明，并提出具体考核实施要求。

一、自学考试大纲的目的和作用

本课程自学考试大纲是根据专业自学考试计划的要求，结合自学考试的特点而定的。其目的是对个人自学、社会助学和课程考试命题进行指导和规定。使自学、授课以及命题者能够更加准确地把握本学科的知识脉络，并能有效地指导实践，起到有的放矢的作用。

本大纲明确了课程学习的知识点以及深广度，规定了课程自学考试的范围和考核标准。因此，它是编写自学考试教材和辅导书的依据，是社会助学组织进行自学辅导的依据，是自学者学习教材、掌握课程内容的范围和程度以及能够简单应用的依据，也是进行自学考试命题的重要依据。

二、自学考试大纲与教材的关系

本课程的自学考试大纲是自学考试者进行学习和考核的依据，而教材则是他们翔实掌握本课程知识内容与范围的依据。教材的内容是大纲所规定课程的知识和内容的扩展，而课程内容又可以通过教材对知识点的介绍和举例而更加清晰和全面。教材对考核难度和广度的要求是宽泛的，而大纲所规定的考核要求原则上不高于教材的水平，并且全国高等教育自学考试指导委员会综合考虑了本大纲对考核要求的规定，使其难度难易适当。

大纲与教材所体现的课程内容应基本一致：教材一定能够覆盖大纲中的全部课程内容和考核知识点且会有所侧重，但它不一定会将教材中的内容体现得面面俱到。（如果教材是推荐选用的,其中若有内容与大纲要求不一致的地方,应以大纲规定为准。）

三、关于自学教材与主要参考书

指定教材：《商业组织与过程》，全国高等教育自学考试指导委员会组编，郑称德主编，机械工业出版社，2008 年出版。

四、关于自学要求和自学方法的指导

本大纲课程的基本要求是依据专业考试计划和专业培养目标而定的。课程的基本要求还明确了课程的基本内容，以及对基本内容的掌握程度；基本要求中的知识点构成了课程内容的主体部分。因此，对课程基本内容的掌握程度、课程考核知识点是高等教育自学考试考核的主要内容。

对应本大纲的三个能力层次，即识记、领会、应用，自学者可以根据相应的能力要求，安排自学计划。

为了能够更有效地指导个人自学和社会助学，本大纲已经指明了课程的重点和难点，在各章的基本要求中也分别指明了各章内容的重点和难点。

本课程共 5 学分。

为了使自学考试者能够更加合理地安排学习时间，能够更加扎实地掌握本课程的内容，根据课程的特点，提出以下几个方面的建议供考生参考：

(1) 通过全面系统地学习掌握本课程的基本理论、基本知识。本课程内容涉及商业组织与过程的各个方面，知识范围广泛，各章之间既有联系又有区别。自学考试者首先要全面系统地学习教材的章节内容，记忆应当识记的基本概念，理解基本理论；其次，要把握各章之间的联系，注意区分相近的概念和类似的问题，并掌握它们之间的联系；第三，在全面系统学习的基础上有目的地学习重点章节。

(2) 把商业组织与过程的有关理论和应用有机地结合起来，分析和解决有关实际问题。

(3) 理论和实际相结合，结合一些企业实例来学习理论，尤其是结合采购与供应管理中的有关组织结构问题和流程问题，通过将实际问题与教材理论的比较分析，并尝试采用教材中的理论解决实际问题，从而增强感性认识，更深刻地领会教材内容，将所学知识转化为实际操作能力，提高自学考试者分析问题和解决问题的能力。

五、对社会助学的要求

(1) 社会助学者应根据本大纲规定的考试内容和考核目标，认真研究指定教材，准确把握本课程与其他课程的不同点和学习要求，对自学考试者进行切实有效地辅导，正确地引导他们，防止自学中各种偏向的产生。

(2) 正确处理理论知识和实际应用之间的关系，引导自学考试者将识记、领会同应用紧密结合起来，把理论知识转化为应用能力，在全面辅导的基础上，着重培养和提高自学考试者分析问题、解决问题的能力。

(3) 正确处理重点和一般的关系。虽然课程内容有重点和一般之分，但考试内容是全面的，而且重点与一般是相互联系、不可分割的。社会助学者应指导自学考试者全面系统地学习教材，掌握全部考试内容和考核知识点，在此基础上再突出重点，切勿片面地抓重点，把自学考试者引向猜题押题的误区。

六、对考核内容和考核目标的说明

（1）本课程要求考生学习和掌握的知识点内容都作为考核的内容。课程中各章内容均由若干的知识点组成，这些也是自学考试中的考核知识点。因此，自学考试大纲中所规定的考试内容是以考核知识点的形式给出的。为使考试内容的要求标准化，本大纲在列出了考试内容的基础上，对各章规定了考核目标，包括考核知识点和考核要求。明确考核目标的目的在于：其一，使自学考试者能够进一步了解考试的内容和要求，有目的地、系统地学习教材；其二，便于考试命题者明确命题范围，更准确地安排试题的知识能力层次和难易程度。

由于各知识点在课程中的重要性、作用以及知识点自身的特点不同，自学考试将对各知识点分别按三个认知(或叫能力)层次确定其考核要求。

（2）三个能力层次从低到高依次是：识记、领会、应用。

三个能力层次的说明：

1）识记：要求考生知道本课程中的名词、概念、原理、知识的含义，并能正确认识或识别。

2）领会：要求在识记的基础上，能把握本课程中的基本概念，基本原理和基本方法，掌握有关概念、原理、方法的区别与联系。

3）应用：要求在领会的基础上，运用本课程中的基本概念、基本原理和基本方法，分析和解决一般的理论问题或实际问题。

（3）在考试之日起 6 个月前，由全国人民代表大会和国务院颁布或修订的法律、法规都将列入相应课程的考试范围。凡大纲、教材内容与现行法律、法规不符的，应以现行法律法规为准。

七、关于考试命题的若干规定

（1）本课程考核方法采用闭卷笔试。满分 100 分，60 分及格。考试总时长为 150 分钟。本课程由于涉及简单的数学运算，因此允许考生携带无记忆存储功能以及无通信功能的计算器，考试前必须经监考人员检查合格后方能进场使用。

（2）本大纲各章所规定的基本要求、知识点及知识点下的知识细目，都属于考核的内容。考试命题既要覆盖到章，又要注意主次有别。要突出课程的重点、章节的重点，加大重点内容的覆盖比例。

（3）命题不应超出大纲中考核知识点的范围，考核目标不得高于大纲中所规定的相应的最高能力层次要求。命题着重考核自学者对基本概念、基本知识和基本理论是否了解或掌握，对基本方法是否能够应用或熟练应用，不应出现与基本要求不符的偏题或怪题。

（4）本课程在试卷中对不同能力层次要求的分数比例大致为：识记占20%，领会占40%，应用占40%。

（5）要合理安排试题的难易程度，试题的难度分为：易、较易、较难和难4个等级。每份试卷中不同难度试题的分数比例一般为：易占20%，较易占30%，较难占30%，难占20%。

考生必须注意：试题的难易程度与能力层次有一定的关系，但二者不是等同的概念。在各个能力层次中对于不同的考生都存在着不同的难度，切勿混淆。

（6）为了考生能够详细了解考试的有关情况，特附上样卷，以供参考。每次命题时，将要求命题教师严格按照所附样卷的题型、题量、难度、层次进行命题。

高等教育自学考试全国统一命题考试

商业组织与过程参考样卷

（课程代码5734）

本试卷分为三部分。满分100分；考试时间150分钟。

第一部分为简答题。第一部分共有十道题，共20分。

第二部分为案例题。第二部分共有三道题，共40分。

第三部分为选答题。第三部分共有四道题，请回答其中任意两道题，每道题20分，多答题目不计分，共40分。

一、简答题（本部分共10小题，每小题2分，共20分）

1. 解释“商业过程”。
2. 概括古典组织理论的中心思想。
3. 解释“虚拟结构制”。
4. 指出组织设计的要点。
5. 列举组织手册的内容。
6. 简述组织变革的概念及动因。
7. 业务流程的三个要素及其之间的关系是什么？
8. 解释TQM。
9. 请问业务流程再造的核心原则有哪几个？
10. 解释“JIT采购”。

二、案例分析题（本部分共3道题，共40分）

FG公司是一家具有20年历史的国有传媒企业，1994年，该公司改成股份制，形成了以广告、网络和节目三大主业为核心，并涉足旅游、房地产等产业的综合性传媒集团。但是，由于公司的股份制改造并没有从根本上改变企业的管理方式和组织结构，公司在高速发展和规模扩大的同时，却出现资产收益率和资产周转率逐年下降的现象。

经过深入分析，FG公司发现目前组织结构存在的主要问题在于：①公司的战略目标分解成为部门或子（分）公司的子目标以及在子目标的实现上存在着严重的缺陷，致使战略目标不能顺利执行。②公司总部与各子公司、分公司的关系和管理模式不合理，岗位责权不清，存在责任交叉和空缺的现象。③公司组织结构中存在着部门职责与权力不匹配，因人设职的情况，组织层级过多，存在严重的多头指挥现象。④由于公司组织结构的紊乱造成公司资源的流失。

为此，公司决定重新制定企业发展战略和业务格局，并对组织结构进行调整和优化。其具体措施是：①明确集团总部定位是战略决策中心、投资中心、管理和协调中心的组合。集团总部的职能部门应该高效、精简；总部应对业务单元战略及经营计划实行严格审查和考核，并提供有效的激励机制，而不是干预具体的日常运作；集团总部应集中资金管理，实施集中融资。②将三大主业分公司升格为事业部，并将同类产业纳入事业部统一管理，以增强其市场分析和快速决策能力。③对现有管理职能进行分拆、合并、增设，新设立投资决策委员会、证券投资监管委员会和考核委员会。各委员会承担相应的横向流程整合和协调功能。

问题：

11. FG公司原有组织结构基本上是属于直线职能制，请简述直线职能制的优缺点。(20分)

12. FG公司的组织结构调整后，形成了事业部制形式的组织结构，你认为该种组织形式有何优缺点？(10分)

13. FG公司进一步设立了三个委员会负责各事业部的协调，这属于哪种类型的组织结构？其优点是什么？(10分)

三、选答题(本部分共4道题,请回答其中任意2道题,每道题20分,共40分)

14. 请详细叙述组织结构的特征因素。

15. 分别阐述具有代表性的古典组织理论的贡献：泰勒的组织理论、法约尔的组织理论和韦伯的组织理论。

16. 请具体分析业务流程设计的基本步骤。

17. 试述PDCA循环概念及其8个步骤。

高等教育自学考试全国统一命题考试

商业组织与过程试题参考答案

（课程代码5734）

一、简答题

1. 商业过程（Business Process）也称为业务流程，是指为顾客共同创造价值的一系列逻辑相关活动的有序集合。

2. 古典组织理论的中心思想可归纳为以下几点：①进行最大限度的分工；②建立严格的等级制度；③建立严格的规章制度；④强调理性原则。

3. 虚拟结构也称为网络结构，其实质就是仅设立可发挥其主要职能的核心组织，而将其他职能委托给其他组织。这种结构的优点是快速、灵活和经济；缺点是由于一切管理活动都是通过契约关系进行的，管理者对公司的主要职能活动缺乏强有力的控制，供应品的质量难以预料，创新的保密程度差。

4. 组织设计有以下几个要点：

（1）组织设计是管理者根据目标一致、效率优先的原则在组织中有意识地把任务、权责进行有效组合和协调的过程。

（2）组织设计是管理者在其既考虑组织内部要素（战略、人员、技术等），又充分考虑组织外部环境因素之后进行的。

（3）组织设计的最终结果是绘制组织系统图、编制职位说明书和组织手册。

5. 组织手册包括：部门的职责范围、部门的人员定编资料、职务说明书和职务规范、组织和管理的原则。

6. 组织变革是一种有意图、有目标取向的活动，它能提高组织适应环境变化的能力，同时改变员工的行为，是组织实现动态平衡的发展阶段。其动因包括组织外部因素和组织内部因素。

7. 业务流程具有三个要素：活动、活动的方式和活动的承担者。这三个要素的关系是，活动的承担者是活动的主体，活动是内容，活动的承担者和活动的内容决定活动的方式。

8. 全面质量管理TQM是指一个组织以质量为中心，以全员参与为基础，充分考虑顾客要求，将专业技术、管理技术和数理统计结合起来，控制生产全过程中的影响质量的因素，在最经济的水平上把组织内各部门研制质量、维持质量和提高质量的活动融为一体给顾客提供所需产品和服务的一种科学、严密、高效的管理体系。

9. 核心原则：①以流程为中心；②坚持以人为本的团队式管理；③顾客导向。

10. JIT采购是一种准时化的采购模式。它有最大限度地消除浪费、降低库存、实现零库存的优点，是一种很理想的采购模式。

二、案例分析题

11. 直线职能制组织结构的优点是既保证了集中统一指挥，又发挥了专业人员的作用。其缺点是各职能部门自成体系，易产生矛盾和不协调，对组织绩效产生不利影响；如果对职能部门授权过大，易干扰直线指挥；职能部门缺乏弹性，对环境变化反应迟钝，并增加管理费用。

12. 事业部制的优点是把统一管理、多种经营与专业分工更好地结合起来，这既能保证企业的绩效和利润，又能调动员工积极性，培养管理人才；其缺点主要是管理人员比重较大，分权有可能架空总公司，协调较为困难，资源重复配置造成内耗。

13. 属于超事业部制。其优点是不仅可以减轻高层管理人员的日常事务工作，而且还有利于调动各事业部的力量进行市场开发，增强企业的灵活性和适应性。

三、选答题

14. 组织结构的特征因素，就是描述一个组织结构的各方面特征的标志或参数。了解企业组织结构的各方面特征，就是了解一个企业组织结构的基本情况。它是对企业组织结构进行比较和评价的基础，是进行组织设计和咨询的基础。企业组织结构的主要特征因素，有以下 8 个方面：

（1）管理层次。一个企业的管理层次的多少，表明企业组织结构的纵向复杂程度。大型企业，从总经理到一般职工，中间可能有五六个或更多的层次；而小型企业则可能仅有两三个管理层次。

（2）管理幅度。管理幅度同管理层次的关系密切。管理幅度说明的是一名上级直接领导的下级人数。管理幅度少则为三四人，多则可达十余人或更多。一般说来，管理幅度小则管理层次就会多一些；反之，则管理层次就少一些。

（3）专业化程度。企业组织结构的专业化程度，就是企业各职能工作分工的精细程度。同样规模的企业，如果科室机构多，说明分工较细，专业化程度较高。

（4）集权与分权。当企业的经营决策权和管理权集中在高层管理人员手中时，表明这种组织结构的集权程度是高的；反之，如果把其中相当大的一部分权力下放给较低的管理层次，则其集权程度是低的或说分权程度较高。集权和分权都是相对的，没有绝对的集权，也没有绝对的分权。

（5）关键职能。在企业组织结构中处于中心地位，具有较大职责和权限的职能即为关键职能。它对实现企业目标和战略起着关键的作用。不同的企业可能具有不同的关键职能，有的企业可能是质量管理职能，有的企业则可能是技术开发、市场营销等职能，有的企业则可能没有明显的关键职能或组织设计中尚未明确关键职能。

(6) 规范化(标准化)。规范化是指以同种方式完成相似工作的程度。不仅生产作业可以规范化，而且各项管理业务特别是日常的事务性工作，一般都具有标准的程序和方法，也可以实现规范化。

(7) 制度化的程度(正规化)。制度化是指企业中采用书面文件的数量。它包括表明企业中各项管理工作的程序、方法、要求等的规章制度，以及上下左右间用以传递信息的各种书面文件如计划、指示、通知、备忘录等。所有这些都是用正式书面文件的形式来描述组织的行为和活动的。

(8) 职业化的程度。职业化的程度是指员工为了掌握其本职工作所需接受正规教育和职业培训的程度。如果企业中的多数员工需要具有较高的文化程度，或经过较长时间的职业培训才能熟练地从事企业中的某项工作，则这种企业的职业化程度就比较高。

15. (1) 泰勒的组织理论。泰勒的代表作是1911年出版的《科学管理原理》。他主要研究的是工厂内部生产管理方面的问题，对组织理论作出的主要贡献是：①根据劳动分工的原理，提出单独设置职能机构。②主张实行职能管理制。③提出了例外原则，实行权力下授。

(2) 法约尔的组织理论。法约尔于1916年发表了《工业管理与一般管理》一书，该书比较完整地叙述了古典组织理论的基本内容：①提出了管理过程的5个职能，即计划、组织、指挥、协调、控制，并指明组织职能在整个企业管理中的地位和重要性。②提出了14条组织管理原则：劳动分工、权力与责任、纪律、统一指挥、统一领导、个人利益服从整体利益、合理的报酬、集权化、等级制、建立秩序、公平、保持人员稳定、主动性、集体精神。③提出了"法约尔桥"。④改进了管理机构的组织形式，提出了直线职能制。

(3) 韦伯的组织理论。韦伯在管理方面的主要贡献是提出了"理想的行政组织体系"，有关的主要著作有《社会和经济组织的理论》等。韦伯组织理论的主要贡献是：①提出了理想的行政组织体系。②提出了行政组织的基础是合法规定的权力，这些权力有：理性和法律的权力，传统式的权力和个人崇拜式的权力。③行政组织体系的结构主要分为三层。第一层是主要负责人，其主要职能是进行决策；第二层是行政官员，其主要职能是贯彻主要负责人所作出的决策；第三层是一般工作人员，其主要职能是从事实际的业务工作。

16. 业务流程设计的基本步骤如下：

(1) 确定业务流程设计的目标，即为什么要设计该流程，流程设计要达到什么样的目的。

(2) 按照产品功能、技术、服务等特性设计基本流程；按照企业的营销特性、产销特性、产品生产模式设计核心流程。

（3）业务流程价值分析。从顾客的角度审视业务流程的价值，某个流程是否是顾客愿意付钱的业务流程，即业务流程能否为顾客增值；是否是为增值活动提供支持的流程；如果是必要的非增值流程，能否简化。

（4）确定业务流程边界，即指信息流程的起点和终点。

（5）确定信息流程和物品流程的输入内容和输出内容：①确定信息流程的输入内容和输出内容；②确定物品流程的输入内容和输出内容。

（6）确定流程主体，即谁是流程所有者，谁是流程协助者。各自的职责和职权分别是什么，相互之间存在什么样的关系；流程所有者要对流程的运行结果负责，保证流程的输出质量，测量流程的性能。

（7）建立流程指标体系。提高流程运行能力是提高产品和服务质量的基础。因此，企业必须建立流程指标体系来测试流程运行的能力。流程指标体系由流程设计的4个目标，即产品质量、服务质量、产品价格、响应时间构成。依据流程指标体系可以检验流程的运行是否遵循了以顾客为中心的流程设计原则。

（8）流程标准化：①制订流程程序文件；②流程输入规范；③流程输出规范；④绘制流程图；⑤编制业务流程清单。

17.（1）PDCA循环的概念。PDCA 4个字母分别代表英文的计划（Plan）、执行（Do）、检查（Check）和处理（Action）。

1）计划阶段（P阶段）。计划阶段是发现适应用户的要求，并以取得最经济的效果为目标，通过调查、设计、试制，制订技术经济指标、质量目标、管理项目以及达到这些目标的具体措施和方法。

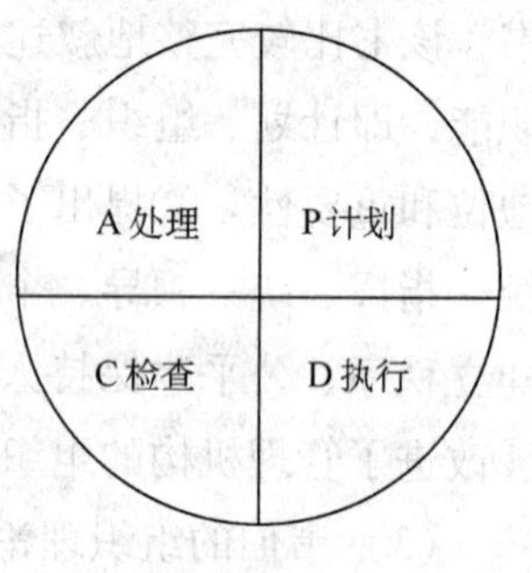

PDCA循环

2）执行阶段（D阶段）。执行阶段则是按照所制订的计划和措施去付诸实施。

3）检查阶段（C阶段）。检查阶段是对照计划，对执行情况和效果进行分析，明确哪些做对了，哪些做错了，总结经验，找出问题。

4）处理阶段（A阶段）。处理阶段是对检查的结果进行处理。对于成功的经验要加以肯定，并予以标准化，或制订作业指导书，便于以后工作时遵循；对于失败的教训要予以总结，避免重现；对于没有解决的问题，应交给下一个PDCA循环解决。

以上4个阶段不是运行一次就完结，而是要周而复始地进行：一个循环完了，解决了一部分问题，可能还有其他问题尚待解决，或者又出现了新的问题，就要再进行下一次的循环。

（2）PDCA循环的8个步骤。以上P、D、C、A 4个阶段可以具体化为8个步骤：

1）分析现状，找出业务流程中存在的质量问题。对于存在的质量问题，要尽可能用数据加以说明。

2）找出业务流程内外产生问题的各种原因和影响因素。

3）找出原因或影响因素中的主要原因或影响因素。

4）针对主要影响因素或原因，制订解决计划和措施。计划措施的制订可采用5W1H法，即针对每一项措施回答下列问题：为什么要制订这一措施(Why)？执行该措施能达到什么样的预期目的(What)？在何处执行(Where)？由谁来执行(Who)？何时开始执行和何时完成(When)？如何执行(How)？

5）按照制订的计划执行措施。

6）根据原先制订的计划，检查实际执行的结果，看是否达到预期目标。

7）巩固提高。对成功的经验进行总结，并将其纳入相关的标准、制度或规定中，巩固已取得的成绩。

8）将本次循环没有解决的问题或出现的新问题，转入下一个PDCA循环加以解决。

以上8个步骤中，步骤1)~4)是P阶段的具体化；步骤5)属于D阶段；6)属于C阶段；7)、8)归为A阶段。

后　记

2007 年 9 月由教育部全国高等教育自学考试办公室召开了全国高等教育自学考试课程大纲、教材编前会，会上确定了《商业组织与过程》课程大纲编写的指导思想、基本原则和要求。

本大纲由南京大学郑称德副教授负责编写，大纲写成后，由中国人民大学李金轩教授、中央财经大学储福灵教授、北京航空航天大学方虹教授审稿，同时，全国考办柳博、东晓华、姜月香三位同志参加了本大纲的编导及审定工作，在此一并表示感谢。

全国高等教育自学考试指导委员会
经济管理类专业委员会
2008 年 4 月

第1章

绪　论

学习目标

1. 应了解、知道的内容
   - 组织的定义、特征、构成要素
   - 商业组织的定义
   - 流程的定义
   - 业务流程的概念
2. 应理解、清楚的内容
   - 组织的分类
   - 商业组织的分类
   - 业务流程的分类
   - 商业组织的功能
   - 业务流程的功能

自学时数

3 学时

教师导学

组织是连接人与社会的媒介，是社会的细胞和特殊标志，是人们实现共同目标的工具；业务流程是构成组织的基本元素，是完成某个目标的活动逻辑；组织和流程与我们的工作、生活息息相关。因此，通过研究商业组织和商业流程，有助于我们从新的视角看待问题，丰富对日常生活、工作的认识，进而不断完善对组织和流程的管理，提高管理的效能。

学习本章内容的目的，主要是应该了解组织与流程的定义、构成要素及相关概念，理解组织与流程的分类和功能。

1.1 组织与商业组织的概念

组织是人类生存的基本方式。众所周知，社会性是人类所独有的特征，而组织性又是社会性的主要特征之一，因此，没有组织，也就没有社会。组织是连接人与社会的媒介，通过组织，使各个具体的人联系在一起，将个人纳入群体网络之中，从而共同组成了人类社会。现代社会是组织化的社会，组织在当今社会无处不在，无时不有。

要了解商业组织，首先必须明确组织的定义、特征、构成要素和组织分类。

1.1.1 组织的定义

组织一词的含义，在我国古代最早解释为将丝麻制成布帛，即组合编织的意思，后来被引申为将一种物体的构成部分组合成一个整体。在西方，英文的“组织”(Organization)则来源于“器官”一词，即自成系统的、具有特定功能的细胞结构。后来“组织”一词又被从单纯的生物意义上引申为按照一定的目的、任务和形式编制起来的社会集团，是处在一定社会环境中的各种组织要素的有机结合体，是为了实现某种目的而有意识建立起来的人类群体。

20 世纪初，组织理论脱颖而出，形成了不少学派，但由于概念体系和分析角度的不同，对“组织”一词的理解也各异，归纳起来主要有以下 4 种观点：

（1）从静态的角度来研究组织。这种观点认为，组织就是职能分工、责权关系和等级层次的结构体系，是分工和协作的方式。这种观点主要是从组织的目标、职能、分工、权责分配、层次结构、管理幅度的确定和组织运作规范等方面来研究组织的表现形式的。对组织结构的研究是这种观点的重点。

（2）从动态的角度来研究组织。这种观点认为，组织是为了达到一定的目标而由人们的交互行为构成的有机系统，是具有特定功能的整体。人是组成组织的基本要素之一，成员之间的交往、沟通和协作行为影响着组织功能的发挥，因而组织本身是一种动态行为。这种观点侧重于组织行为的研究，着眼于组织的社会性。

（3）从心理的角度来研究组织。这种观点认为，组织是由情感交流和思想沟通而形成的特殊心理团体。组织中的成员是否对其目标、任务、职能有所认同，对其结构、规则和环境是否有所了解，直接影响组织功能的发挥和效率的高低。这种观点侧重于组织意识的研究。

（4）从生态的角度来研究组织。这种观点认为，组织是随着环境的变化来进行自我调节和自我适应的有机生命体。任何组织都不是封闭式的，它需要与组织之外的其他部分(组织环境)发生联系，如交换物质、能量和信息，以求得组织的自我适应、自我调整和自我发展，从而达到动态平衡。组织与环境的这种交互作用是组织的动态表现形式。这种观点侧重于组织环境的研究。

从以上的分析中我们可以看到，随着时间的推移，社会的进步，使得人们的认识不断深化，人们对组织概念的理解逐步从物的组织到人的组织；从静态的组织到动态的组织；从封闭的组织到开放的组织；从单个的组织到系统的组织。因此，不同时期的不同学者对组织含义的表述也各不相同。

通过分析，我们可以对组织作以下界定：组织是指在一定环境中，人们为达成某种共同目标，按照一定的结构形式、活动规律结合起来的具有特定功能的开放性系统。简单地说，组织是两个以上的人、目标和特定的人际关系等要素构成的一种特殊的人群体系。

具体地说，对组织含义的理解应把握以下几个要点：

(1) 组织是动态的组合活动过程，是指组织工作或组织活动。它是指由两个以上的人为实现共同目标而进行的协同劳动，通过分工和合作把人、财、物和信息资源在一定的时间和空间内进行组合配置的活动过程。

(2) 组织是相对静态的人群社会实体单位，也就是把动态的组合活动过程中有效、合理的配合关系相对地固定下来，形成各种规章制度和责权利结合的组织结构模式。

(3) 组织必须具有共同目标，而它自身则是实现共同目标的手段。

(4) 组织是有一定的需要动机、情感和进取心的团体意识和精神的结合体。

(5) 组织是一个投入产出的系统，它与社会环境相互作用成为独立的法人，并具有调节、适应发展变化功能的开放系统。

(6) 组织是物的系统、人的系统和社会环境体系相结合的社会技术系统。

1.1.2 组织的特征

人们不论从何种角度研究组织，作为组织，归纳起来一般都具有以下4个特征：

1. 目标

每一个组织都有明确的目标，如企业要使盈利最大化、学校要培养社会所需人才、医院要提供最优质的医疗服务等。目标决定了任何一个组织作为社会组成部分存在的必要性与合理性。目标的作用是引导组织成员的行为，使大家协作一致，运用组织所拥有的各种资源完成组织的使命与任务。

2. 资源

组织要想达到自己的目标，就必须要拥有相应的资源，如企业拥有人才、资金、机器、设备、品牌、技术等各种资源。一个组织只有把其所拥有的各种资源当作投入并通过转化变成其他组织或个人所需要的各类产出(产品、服务)才能实现自己的目标，才能生存与发展。

3. 结构

在组织所拥有的各种资源中，人力资源是最重要、最关键的。因为人力资源能支配、使用其他资源，使其发挥效用，从而完成组织的目标。据此，不难理解人们常说的一句话：组织是由人组成的系统。虽然每个组织人数的多少各不相同，但都需要组织成员的分工协作。组织需要科学地划分部门、划分层次，需要明确各部门、各层次的责任、义务、权利与利益，需要根据每一位成员的才能安置工作、分配职务并将每一位成员的责、权、利落到实处。组织还需要建立有效的沟通、协商机制。只有分工清晰、协作通畅，组织才能正常运作。

4. 互动

组织是一个开放系统。任何组织都离不开环境、离不开其他组织，都需要与环境进行物质、能量、信息的交换，都需要适应环境的变化。组织从环境中获得输入，经过一系列的转换把输出送回环境。离开了与其他组织或个人的相互作用，离开了对环境变化的适应，组织就会失去平衡，陷入困境。

综上所述，组织是具有特定目标、资源与结构，时刻与环境相互作用的开放系统。

1.1.3 组织的构成要素

组织的构成要素就是构成组织所不可缺少的成分和内容。其构成要素主要包含7个方面，即目标、协同、人员、职位、职责、相互关系、信息。这7个要素在构成企业组织中的作用是不尽相同的，我们可以按作用和特点将其分为三类，即前提要素、效率要素和结构要素。

1. 前提要素——目标

目标是一个组织中最重要的要素。任何一个组织都有其奋斗目标，建立一个组织，必须首先确定目标；如果没有目标，组织就不可能建立。已有的组织如果失去了目标，这个组织也就名存实亡，变成了非组织，从而失去了存在的必要。企业组织的目标会因经济、社会制度的不同而存在着差异，但就企业组织而言，其共同目标是向社会提供用户满意的商品，从而为企业获得尽量多的利润，这是企业目标的共性；但具体到每个企业也还会有体现其个性的企业目标，如不同企业提供的商品不同，对该商品的质量、知名度、市场覆盖率和企业的声誉影响、发展前途及对社会的贡献等都有适合自己特点的具体目标，而且要使之成为本企业全体人员的共同目标。为此，对新成员要以认同企业目标为录用前提；对老成员，要不断地进行教育和训练、使企业目标成为每个成员奋斗的目标和行动纲领。

企业组织的目标是分层次的，一般可分为4个层次：①组织的总目标；②中层各部门的目标；③基层工作单位的目标；④个人工作的目标。

这种以总目标开始到以个人目标为结束的整个网络叫“目标网”。由此可见，目标是一个连锁关系的复杂网络。

2. 效率要素——协同

所谓协同，就是组织成员之间相互协作共同努力的意愿和行动。协同作为组织的要素，最早是由巴纳德提出来的。无效的组织就像无目标的组织一样，是名存实亡的非组织；而企业是否存在协同，则决定了企业的运作是否有效，所以，协同也是企业组织的重要要素。

协同的反面是不协同，只有找到不协同的原因，才能抓住实现协同的关键。不协同主要有三个原因：一是企业组织无目标；二是个人目标与组织目标的背离；三是个人目标与个人目标的背离。企业组织都有明确的企业目标，然而，个人目标和企业目标各自都是独立的。个人目标同企业组织目标之间、个人目标同个人目标之间的矛盾是经常存在的。当它们之间一致时，组织就表现为协同；当它们之间背离时，组织就失去协同。作为企业组织的领导者，其一项重要的工作就是努力把个人目标同企业目标、个人目标同个人目标统一起来：这既包括通过利益把企业组织目标同个人目标紧密联系起来，形成个人和企业的利益共同体；又包括通过团体意识的培养和灌输、教育个人自觉地克服、节制个人目标同组织目标、个人目标同个人目标的背离部分，努力实现组织最大限度的协同。

3. 结构要素——人员、职位、职责、相互关系、信息

人员和职位是组织的两个最基本要素。现代企业组织总是把人放在首位，十分重视人的重要性，欧美、日本许多有远见卓识的企业家甚至提出“企业即人”的论断。的确，人是企业组织的主体，职位是企业所有人员被任命的职务或被指定的岗位，就像由一个个众多的“结点”连接成的网一样，组织就是由一个个职位做“结点”连接成的组织结构之“网”。建立一个企业组织，在具备相应的物质条件下，首要的是招聘人员，而且对人员的量和质都要有一定的要求。这种量和质的要求是以企业组织的目标和任务为依据的，当企业确定了生产性质、生产方向和生产规模之后，就能制订出企业组织的生产和工作流程；依据工作流程，确定一个个职位；再依据职位的需要，选择和招募人员。这就是所谓的“因事设职，因职设人”的原则。有了工作流程，就有了职位，有了职位，也就有了对人员的量和质的要求。人员的数量取决于职位的数量，而人员的质量既包括认同企业目标、忠诚于企业等素质，又包括专业知识、工作技能、人际关系协调等才能。在按职位选用人员时，一定要注意能力同职位相适应，若能力高于职位，会造成人员能力的浪费和人心的不安定；能力低于职位，则工作不能胜任，直接会破坏组织的效率和组织目标的实现。人员和职位这两个基础要素彼此是息

息相关的，必须结合在一起来研究。

同人员和职位这两个“硬件”要素相比，职责、相互关系、信息则是组织的三个“软件”要素，它们虽然只是表现为规章制度、准则条例和数字符号等，但却是组织不可缺少的重要要素。

职责和关系这两个要素，在企业组织内表现为同职位相联系的责任制。所谓职责，就是对相应的职位赋予的责任。领导层的职位应有领导职位的责任，专业人员的职位应有专业职位的责任，工人的职位应有工人的岗位责任。总之，企业组织的所有职位都规定了明确的责任。企业组织的职责要素解决的是每个职位的责任，但在组织内，特别是分工精细的现代化企业组织，其内部职位都不是孤立的，而是同其上下左右存在着密切的有机联系的。因而企业仅仅凭借制订孤立的职位责任是不能满足企业组织的要求的，所以职位同其上下左右的相互关系就成为不可缺少的组织要素。职位之间的相互关系可以概括为三大类，即授受关系、协作关系和制约关系。在垂直授权关系中主要是授受关系，在水平方向上的分工关系中主要是有着内在联系而又相互平行的职位之间的协作关系和制约关系。可以说，在一个现代企业组织内，这种职位间的相互关系是纵横交错的，但又是相对稳定有序，而不是杂乱无章的。职责和关系是责任制的两个方面，如果说职责要素解决的是单个职位(岗位)的责任问题，那么关系要素解决的则是职位之间的内在联系问题，二者结合在一起就形成了完整的责任制。

信息是企业组织得以运转的关键要素。所谓信息，就是从客观世界中反映出的一切知识和情报的总和。信息流在企业组织中与人流、物流并列为三大流体。企业组织的信息流就像人体的神经遍布人的身体一样遍布企业组织的全“身”、贯穿于企业组织运转的全过程；如果失去了信息流，就像受到麻痹的神经会导致人体瘫痪一样，企业组织也会立即瘫痪。总之，企业组织内部各部分要想达到协调高效地运转，就要依赖准确、及时的信息。企业组织要想真正快速地了解环境、适应环境、求得生存和发展，更要及时、准确、充分地收集和处理企业外部的各种信息。在当今世界上，若没有信息或信息失灵，则现代化的企业组织一天也不能生存。

1.1.4 组织的分类

作为社会细胞的组织，其使命不同、大小各异，需要对组织进行分类，以便更好地把握各种组织的相同点与差异处。

1. 按组织的目标分类

按组织的目标可将组织分为：营利组织、非营利组织和公共组织。

(1) 营利组织。所有以获利为主要目标的组织都是营利组织，如工厂、商店、商业银行、饭店、矿山、公司等。从社会分工来看，营利组织是现代社会的基石：它们以产品或服务来满足其他组织和个人的各种需求，并以纳税的方式支持其他组织的正常运行。

（2）非营利组织。除公共组织外，一切不以营利为主要目标的组织都属非营利组织，如国有医院、国有学校、各类团体、宗教团体、慈善机构等。非营利组织既是营利组织的重要目标市场，又承担着许多重要的社会职能，为其他组织提供独特的服务。

（3）公共组织。负责处理国家公共事物的组织是公共组织，如立法机关、司法机关、政府机关、军事机关等。公共组织代表公众通过法律、行政、经济等手段管理营利组织与非营利组织，使它们的运作符合国家与公众的利益。虽然公共组织是“组织之上”的组织，但也应遵循法律，努力达成自身目标，不应过多干涉其他两类组织的内部事物。

2. 按组织的社会功能分类

按组织的社会功能可将组织分为：生产组织、政治组织、整合组织和模型维持组织。生产组织是指从事物质生产的制造型组织和服务型组织，如工厂、饭店等；政治组织是指为了保证整个社会达到其目标而进行权利分配的组织，如政府部门等；整合组织是指协调各种冲突、引导人们向某种固定目标发展的组织，如法院、政党等；模型维持组织是指维持固定的形式，确保社会发展的组织，如学校、社团等。

3. 根据控制成员的方式分类

根据控制成员的方式可将组织分为：强制型组织、功利型组织和规范型组织。其中强制型组织是以高压、威胁，甚至暴力等手段控制其成员行为的组织，如监狱、精神病医院等；功利型组织是以金钱或物质为媒介来控制下属行为的组织，如各种工商企业；规范型组织是用在伦理道德或观念信仰等基础上形成的规范权利来控制成员行为的组织，如宗教团体等。

4. 按组织成员的受益程度分类

按组织成员的受益程度可将组织分为：互利组织、商业组织、服务组织和公益组织。互利组织是指对所有参加者都有好处的组织，如党派工会、俱乐部、退伍军人团体等；商业组织是指那些从事工商活动的组织，如工厂、公司、企业、银行和垄断组织等；服务组织是指为某些社会人士直接服务的组织，如医院、大学、福利机构等；公益组织是指为社会所有人服务的组织，如监察机构、行政机构、军事机构、科研机构等。

5. 根据组织成员的多少分类

根据组织成员的多少可将组织分为：小型组织（3 ~ 30 人）、中型组织（30 ~ 1000 人）、大型组织（1000 ~ 45000 人）、巨型组织（45000 人以上）。

6. 根据产权的归属分类

根据产权的归属可把组织分为：公有组织与私有组织。公有组织是指归国家、全民或集体所有的组织，如国有企业、集体企业、国有学校等；私有组织是指归某个或某些公民个人所有的组织，如私营企业、私立学校等。

1.1.5 商业组织的定义

商业组织是指从事生产、流通和服务并追求盈利的营利性组织，也就是人们常说的企业。商业组织的目的是向人们（客户）提供他们所需的产品和服务，一个成功的商业组织会满足这些需求并为所有权人（股东）带来利润。

商业组织的概念很容易与商业企业混淆。商业企业是以盈利为直接经济目的并专门从事商品流通活动和提供商品服务的独立的经济组织。商业企业属于商业组织的一种，商业组织既包括商业企业，也包括工业企业和服务企业。

1.1.6 商业组织的分类

1. 按活动性质分类

商业组织根据其活动性质被划分为：

（1）原材料提取企业。这类组织主要从事原材料的提取和精炼，如采矿业。

（2）制造企业。这类组织获取原材料，运用技术，使用劳动力和资金，使原材料变为产品，如汽车生产企业。

（3）能源类企业。这类组织从事的是将某种类型的资源转化为另一种资源的工作，如将煤转化为电的发电企业。

（4）零售/分销企业。这类组织从事的是将产成品送到顾客及其他经销商手中的工作。

（5）服务型企业。这类组织主要为客户提供某种无形的服务而不是实际有形的产品，如银行、证券公司、保险公司、旅游公司等。

（6）智力产品生产企业。该类组织从事各种知识密集型工作，如计算机软件开发企业。

在21世纪，随着商业组织的成长、多样化及其不断合并，人们也许不难发现，组织活动不再仅局限于以上范围的活动，而是已扩展到所有不同的领域。如福特（Ford）公司，它不仅制造汽车而且也经营服务业和零附件替换业务，该公司现在还拥有自己的零售店和办理汽车贷款销售业务；同时，它在Hertz汽车出租公司有股份，经营汽车出租业务。

2. 按行业性质分类

按照行业性质，商业组织可以大致分为：

（1）工业企业。工业企业是指通过工业性的生产活动，即利用科学技术与设备，改变原材料的形状与性能，为社会生产所需要的产品。

（2）商业企业。商业企业是指通过商品实体转移或价值交换，为社会提供所需产品或服务。

（3）服务企业。服务企业是指为社会提供某种专业服务的商业组织，如租赁服务企业、金融服务企业、法律服务企业、文体娱乐企业等。

3. 按所有权分类

商业组织通常由个体或个体组成的群体所拥有，比如“PLC”（上市）公司，其拥有广泛的所有权基础，其股票在一个或几个股票市场上市，允许公众和金融机构如银行、保险公司、养老基金参与买卖。最小规模的商业组织形式是单一的商人或者私营业主企业(由单个人拥有)。我国有4种基本商业组织形式：独资企业、合伙企业、股份有限公司和有限责任公司。

（1）独资企业。该类型企业是只有一个所有者的商业形式，这个所有者对企业的全部债务承担无限责任。

（2）合伙企业。与独资企业相对，合伙企业是由两个或两个以上的自然人通过订立合伙协议，共同出资经营、共负盈亏、共担风险的企业组织形式。我国合伙组织形式仅局限于私营企业。

（3）股份有限公司。该类型企业是全部注册资本由等额股份构成并通过发行股票(或股权证)筹集资本的企业法人。其主要特征是：公司的资本总额平分为金额相等的股份；股东以其所认购股份对公司承担有限责任，公司以其全部资产对公司债务承担责任；每一股有一表决权，股东以其持有的股份，享受权利，承担义务。股份有限公司又分为上市公司和非上市公司。

（4）有限责任公司是指符合法律规定的股东出资组建，股东以其认缴出资额为限对公司承担责任，公司以其全部资产对公司的债务承担责任的企业法人。有限责任公司不能向社会公开募集公司资本，不能发行股票。

4. 按规模分类

规模是商业组织分类的另一个标准。商业组织规模划分的指标有销售营业额、员工人数和资产总额，按照这些指标商业组织可分为大型企业、中型企业和小型企业。下面给出了我国一些行业企业的规模划分标准：

（1）工业企业。大型企业：员工数在2000人以上、销售额超过3亿元、资产总额在4亿元以上；中型企业：员工数为300~2000人、销售额为3千万~3亿元、资产总额为4千万~4亿元；小型企业：员工数在300人以下、销售额在3千万以下、资产总额在4千万元以下。

（2）零售业企业。大型企业：人数在500人以上、销售额在1.5亿元以上；中型企业：人数在100~500人、销售额为1千万~1.5亿元；小型企业：人数在100人以下、销售额在1千万元以下。

（3）建筑业企业。大型企业：人数在3000人以上、销售额在3亿元以上；

中型企业：人数为600～3000人、销售额为3千万～3亿元；小型企业：人数在600人以下、销售额在3千万元以下。

（4）住宿和餐饮业企业。大型企业：人数在800人以上、销售额在1.5亿元以上；中型企业：人数为400～800人、销售额为3千万～1.5亿元；小型企业：人数在400人以下、销售额在3千万元以下。

1.2 业务流程的概念

商业过程(Business Process)也称为业务流程，在中文翻译中大多称为业务流程，为了符合惯例，本书将“商业过程”一词用“业务流程”替代。

1.2.1 流程与业务流程的定义及其特点

1. 流程的定义

流程(Process)一词在英国朗文出版公司出版的《朗文当代英语词典》中有两种解释：一种是指一系列相关的，有内在联系的活动或事件产生的持续的、渐变的、人类难以控制的结果；另一种是指一系列相关的人类活动或操作，有意识地产生一种特定的结果，如一个人到商店买东西要经历“走进商店—挑选商品—掏钱付账—离开商店”等一系列活动，这就是这种流程。我们采用第二种解释。

事实上，在日常生活中，流程无处不在，无论是买食品、衣服、汽车、房子，还是购买或享受某种服务，或者是寄信与外界联系，抑或是病人看病，都是通过一系列有组织的活动来完成的，这样为实现某种结果而组成的一系列有组织的活动就形成了流程。因此，流程是由一系列单独的任务组成的，是一个通过流程将输入变成输出的全过程，它由“输入、输出、一系列活动”构成。如图1-1所示的是日常生活中的一个寄信收信流程图，其输入的是“写信者想要表达的思想”，经过“写信、贴邮票”直至“拆阅”这一系列活动后，产生的“输出”是“收信人看到信的内容”。如图1-2所示的是一个病人看病及其康复的流程，输入的是“病人”，经过“挂号、就诊”，直至“康复”等一系列活动后，其输出的是“病症消除”。

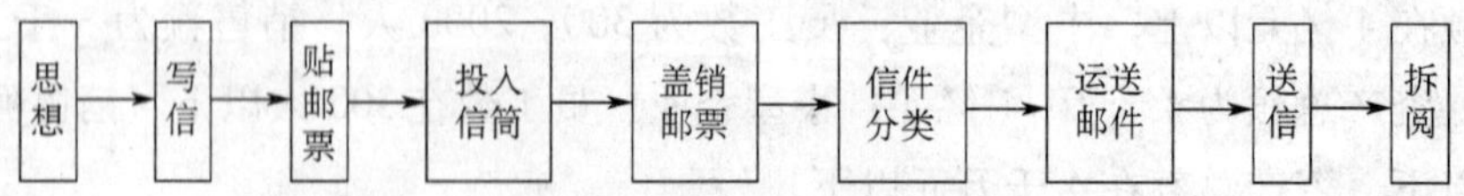

图1-1 寄信与收信流程图

2. 业务流程的定义

流程对于商业组织来说，更是司空见惯，甚至可以说，商业组织就是依赖各式各样的流程而运作的。企业日常运行的各种工作，如开会有会议议程，票据报

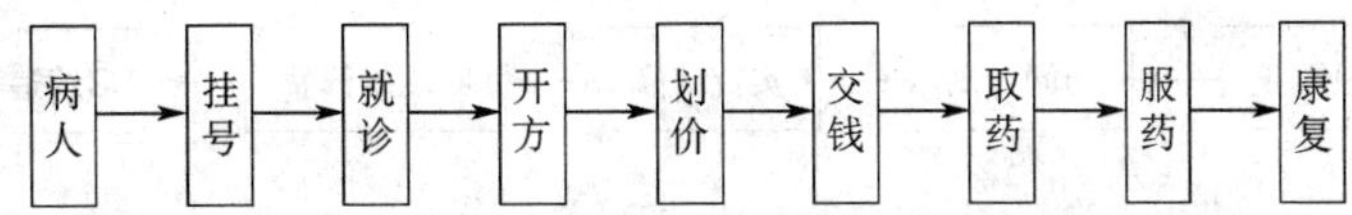

图 1-2 病人看病及其康复的流程图

销有报销手续规定等，这些制度就形成了一个个流程，如会议议程规定了会议先进行哪一项，后进行哪一项，这些项目就成了企业的会议议程。一般商业组织的报销流程如图 1-3 所示。

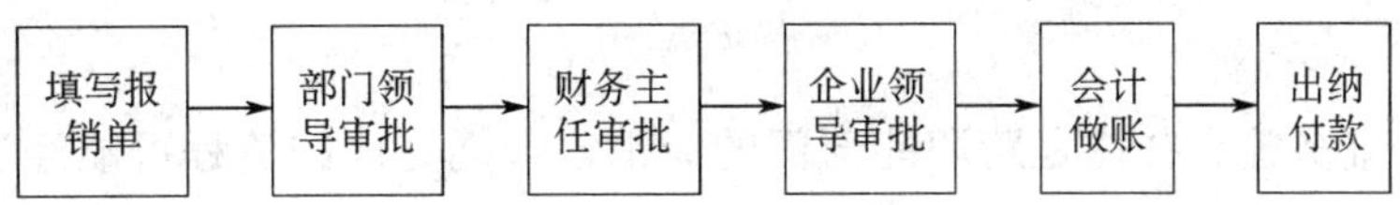

图 1-3 报销流程图

对于业务流程的定义，不同的研究者依据其研究内容给出了不同的定义，如表 1-1 所示。

表 1-1 业务流程的各种定义

研究者及相关资料	业务流程的定义
IMI 研究报告	一系列将组织运作和顾客需求链接起来的活动
米勒	组织业务如何开展的一种方式
达文波特和肖特	以达成特定业务成果目标的一系列有逻辑相关性的任务
迈克尔·哈默	一些有组织的活动，一些相互联系的为客户创造价值的活动
《牛津英语大辞典》	一个或一系列连续有规律的行动，这些行动以确定的方式发生或执行导致特定结果的实现
国际标准化组织（ISO）	一组将输入转化为输出的相互关联或相互作用的活动

综合上述业务流程的定义，如果从通俗的企业管理角度来看，所谓业务流程是指为顾客共同创造价值的一系列逻辑相关的活动的有序集合，如图 1-4 所示。这里顾客的概念是广义的，既可以是外部顾客，也可以是内部顾客，即组织内部职员。每个业务流程由一个小组承担，以顾客为中心，并且都有一个特定的业务目标，用以度量流程实施的业绩。如图 1-5 所示的是企业维修服务业务的流程图。

3. 业务流程的特点

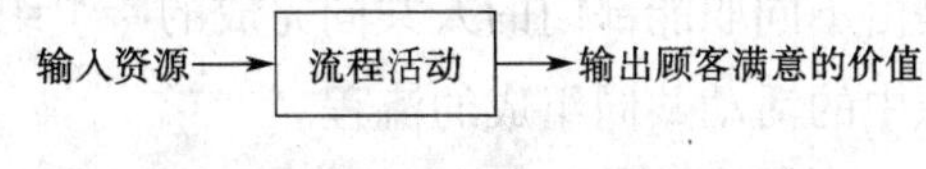

图 1-4 业务流程示意图

这里我们以一份销售合同如何完成的流程为例来说明实际业务流程的特点：

（1）每个业务流程都有顾客（外部顾客或内部顾客）。

（2）每个业务流程都有输入和输出。在销售合同完成流程中，合同要求是

图 1-5 企业维修服务业务的流程图

输入，输出则是付款给顾客或向顾客收款。

(3) 每个业务流程都有一个核心的处理对象，一个大的流程往往是实现一个对象的生命周期。例如，销售合同完成流程的核心处理对象是销售合同，整个过程是：从获取合同到用户验收、付款以及实现公司销售收入为止的生命周期。

(4) 业务流程往往是跨职能部门的。销售合同完成的流程可能经过销售部门、采购部门、生产部门、财务部门。

(5) 一个业务流程的输入通常是其他流程的输出。在销售合同完成的流程中，合同签订子流程的输出成为生产子流程的输入。

1.2.2 业务流程的分类

商业组织的流程种类很多，为了便于分析，我们往往对其进行分类。按不同的标准，业务流程有多种分类法。

(1) 按流程处理对象分类，流程可分为实物流程和信息流程。实物流程是指流程的输入、输出中均具有有形实物成分，包括物流、人流和资金流。组织运作的物流是指从原料等资源的输入到成品的输出，再转移到顾客手中的全过程。它是由物料采购、物料库存、生产转换、产品库存和产品销售活动组成的实物流程。信息流程则是指流程的输入、输出成分中均只有信息类成分，即只有无形的成分。区分一个流程是实物流程还是信息流程主要是看流程的输出结果，当输出是实物时，属于实物流程；反之则属于信息流程。当然，组织运作中的大多数流程不仅仅单是实物流程或信息流程，它们往往是实物流程和信息流程的联合，即在流程运作中既有实物的转移，也有无形信息的传递。

(2) 按跨越组织的范围分类，流程可分为个人间流程、部门间流程和组织间流程。个人间流程是指在一个职能部门中由不同的人共同完成的流程。职能间流程是指在一个企业内跨越两个或两个以上职能部门的流程，即流程的系列活动是由不同职能部门的人共同完成的。组织间流程是指企业内的活动和其他相关组织中的活动共同组成的流程。

(3) 按运行顺序，流程可分为串行流程和并行流程。串行流程是指流程中的工序按先后顺序进行。并行流程是指流程中的工序同时独立进行。一般说来，并行流程较串行流程时间短、效率高。

(4) 流程还可分为经常性流程和非经常性流程。经常性流程往往对顾客满意度、工作效率有较大影响，是流程再造重点关注的对象。

（5）从最基本的分类来看，可将流程划分为经营流程和管理流程。企业从事生产或提供服务的基本活动组成的流程以及为这些基本活动提供支持的活动组成的流程构成了经营流程。为完成任务而进行的计划、组织、人事、领导和控制等一系列活动的有机结合构成了管理流程。

（6）按是否增值，将流程中的活动分为增值活动和非增值活动。

1.2.3 业务流程的共有属性

商业组织的业务流程形形色色，各式各样。任何一个商业组织都有许许多多的流程，如产品开发流程、人事任免流程、设备维修流程等；不同的组织有不同的流程。正如日本学者小林裕所说，组织的业务流程与组织的个性、文化等息息相关。任何一个组织均有其固有的个性，从而导致不同企业的流程不完全相同。然而，这些形色各异的流程却包含着一些共同的属性：目的性、普遍性、整体性、动态性、层次性和结构性。

（1）任何流程都有一定的目的。正如业务流程的定义所揭示的，业务流程是为完成某一目标而产生的，也就是说在企业流程的投入产出转换过程中，能实现或完成某一既定的目标(任务)。如图 1-5 所示的维修服务业务的流程，流程通过 5 项的相关活动修复了顾客设备或产品的故障，恢复其原有的功能，这就是该流程的目的。如图 1-2 所示的病人看病及其康复的流程通过一系列活动实现了病人恢复健康的目的。

（2）业务流程具有普遍性。文章是由段落组成的，段落又是由句子组成的，因此，只有完整的句子才能表达某种意思；同样，对于某种任务或某种目的而言，只有通过一定的流程才可能完成或实现。其中不包括流程的事物和行为是不可想象的，也是不存在的，这就是流程的普遍性。

（3）业务流程具有整体性。商业组织的流程是由活动构成的，单项独立的活动无法构成流程。如图 1-2 所示的病人看病及其康复的流程中，任何一项独立的活动均无法单独完成看病的任务。正如句子是由词和词组构成的，词和词组需要用一定的方式组合起来才能表达一定的意思一样，流程中的活动也需要通过一定的逻辑组合才能共同完成并实现特定的目的，这就是流程的整体性。任何一个流程至少由两项活动组成，并且两项活动需要以一定的方式联结起来，两项活动单独进行是不起作用的，独立的活动不可能成为流程。

（4）业务流程具有动态性。业务流程的动态性是指业务流程在执行过程中，总是由一种状态转为另一种状态，或是完成一种活动后再进行另一种活动。例如，如图 1-5 所示的维修服务业务的流程是先受理服务，然后转到访问计划、实行维修、收取维修费，最后再进行后续跟踪，这种不断的转变，使流程总是处于一种动态的变化之中，静态的流程是不存在的。

（5）业务流程具有层次性。组织的流程是通过多种活动的投入产生出一定的结果并实现某种目的的投入—产出系统，具有系统的层次性。组成多层次流程的活动本身就是一个流程，有的还是一个复杂的流程；而构成这一层次流程的活动，有时也是一个较为简单的流程：如此细分就构成了组织业务流程的层次性。如图1-6所示的是一个制造企业的产品运作流程，该流程表现了企业从物料采购到产品销售的整个过程。该流程中的每项活动都是一个复杂的流程，如物料采购这一活动就是如图1-7所示的一个复杂的流程。

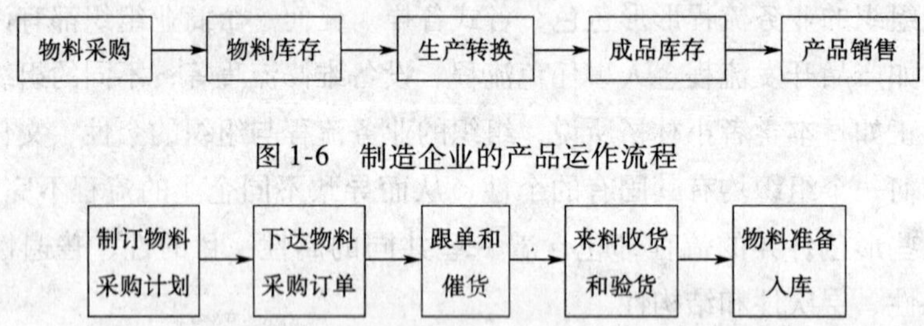

图1-6　制造企业的产品运作流程

图1-7　物料采购流程

（6）业务流程具有一定的结构性。业务流程的结构性是指在业务流程中各活动之间的相互联系和相互作用方式。前面我们所举的例子大都是处于业务流程中的活动是串联形式的，即一项活动完成后再进行另外一项活动，这些流程在组织中属于最常见、最简单的结构形式。此外，组织业务流程的活动之间还存在着并联和反馈结构。如图1-8所示的汽车保养作业流程图就是一项活动间具有并联结构的业务流程。如图1-9所示的制订生产计划的流程图则是一个流程内部各活动间具有反馈结构的例子，当现有能力不能满足生产计划所需能力时，就要对计划进行再修改。

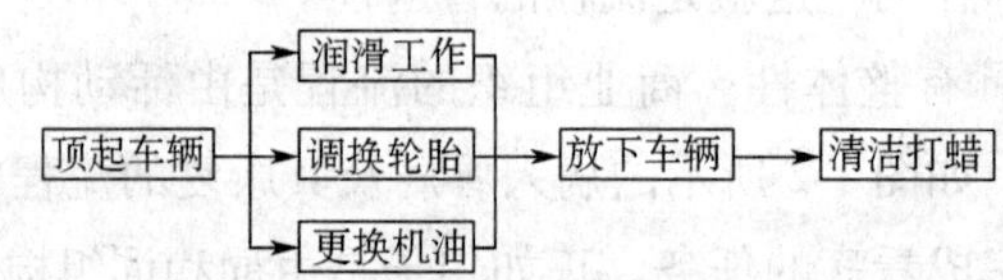

图1-8　汽车保养作业流程图

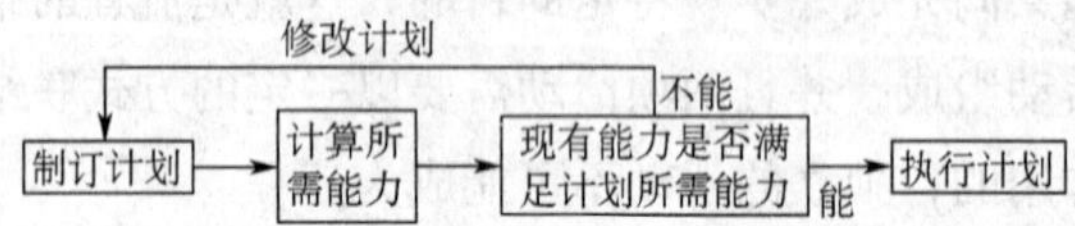

图1-9　制订生产计划的流程图

1.3 商业组织与业务流程的功能

1.3.1 商业组织的功能

商业组织在以企业目标为导向的运行过程中，其功能集中表现为可以产生下列效应：

1. 放大效应

以协作为基础的共同劳动与单个劳动者的劳动相比，有着本质的不同。通过协作不仅可以提高个人的生产力，而且可以创造一种生产力。这种新创造的生产力是通过发挥企业组织的分工与协作的功能来实现的。这是因为有效的企业组织能够形成比组织中单个成员个体能量的机械总和还要大得多的整体能量，即企业组织能够产生放大效应。

在企业的班组生产中，集体劳动使个人无法进行或需要很长时间才能完成的工作得以迅速完成，如搬运重物、清除道路上的障碍物等；由于多人一起的协同劳动会增加劳动者的竞争意识和精神振奋，从而提高个人工作效率；协作劳动还使许多人的同种作业具有连续性和多面性。在协作生产中，个人劳动作为总体劳动的一部分，既可以组织流水作业，使劳动对象更快地通过劳动过程的各个阶段，又可以组织全面作业，从多方面对劳动对象同时进行加工。这样便可以加快工作进度，减少或缩短产品生产所必需的劳动时间。

再进一步来说，在社会化大生产条件下，单个班组的能量总和是有限的。如果企业各个班组都相互独立、毫无联系地开展工作，就不能圆满地完成各种产品的生产任务。为此，又需要把各个班组有机地结合起来，形成一个完整的车间组织系统。同样道理，一个有效的车间组织系统又能产生一种新的生产力，从而提高了整体生产力。

我们不妨称企业班组一级组织所产生的放大作用为第一级放大效应，则车间一级组织便产生了第二级放大效应，依此类推，由若干个车间和科室组成的企业组织系统将会产生第三级放大效应，这也是整个企业组织系统产生的总体放大效应。显然，这一思路还可以继续扩展到宏观经济系统。例如，企业之间的专业化协作与联合化还可以在单个企业组织放大效应的基础上进一步形成联合放大效应，即从宏观上创造一种新的社会生产力。

企业组织系统所产生的总体放大效应具体体现在企业生产经营活动的成果上，即表现在产品质量的改善、产量的提高、劳动生产率和经济效益的增长等若干技术经济指标上。

2. 协同效应

有效的企业组织系统能够保证其各个子系统及其单元在预定轨道上沿着预定

的方向，以预定的目标为导向、协调同步地运转，避免各个环节发生超前或滞后现象，以充分发挥企业组织整体的最佳功能；同时能不断地提高企业组织系统功能的放大倍数，产生理想的放大效应，这正是协同效应的作用结果。因此，企业领导者不论是在设计企业组织结构、选择企业组织形式，还是在对处于现实运行状态下的企业组织机构进行调节和控制时，都应考虑如何强化企业组织系统的协同效应。

为产生良好的协同效应，企业组织系统内各个部门作为一个协同因子应做到以下几点。

（1）在时间方面，企业各部门应达到规定的协同时效要求，即在规定的时刻完成规定的协同任务量。任何超前或滞后现象产生的“时间差”都会降低协同效应，影响到企业生产经营活动的连续性。

（2）在数量方面，企业各部门应达到规定的协同规模要求，即按照组织分工与协作的要求，向相关部门提供足够数量的协同产品或劳动量。任何过量或不足量现象的发生同样也会降低协同效应，造成企业要素资源的浪费。

（3）在结构方面，企业各部门应按照比例要求及时适应后续部门投入要素结构的变化需要，为企业经营结构的调整和产品组合的变化提供组织上的保证；否则，如果企业某些部门的供给结构与后续部门的需求结构相脱节，这种在局部产生的结构性矛盾由于波及效应的存在，会使矛盾迅速遍及企业的整个生产过程，造成协同比例失调，进而导致协同效应下降。

（4）在质量方面，企业各部门应按照规定的协同质量标准执行。如果达不到协同质量标准要求或者随意改变协同质量标准，自然也会降低协同效应。

3. 稳定效应

企业组织系统在其运行中，常常会受到来自外界各种因素的干扰。这些干扰因素是造成企业组织震荡起伏、波动不定的外部原因。为实现企业组织的预定目标，有效的企业组织系统能够形成良好的屏蔽效应，并表现出较强的抗干扰能力，维持着企业组织系统的稳定性，组织的这种功能称为稳定效应。这种稳定性包含三层意思。

（1）针对企业组织整体而言，当外界环境发生急剧变化时，它能依靠自身的调节机制产生较强的应变能力，始终保持组织系统功能的稳定。

（2）针对企业组织内部成员而言，如果是一个无效的组织，外界干扰信号会直接作用到企业成员个人身上，导致员工情绪波动、思想混乱、心理失衡、行为不定，从而引起组织的混乱局面。如果是一个有效的企业组织，则能够产生强大的内聚力，它通过一定的程序和方式把组织成员吸引到一起而形成有机的整体，并通过组织目标与个体目标的合理结合，使组织成员的个体行为方向与企业组织的群体行为方向协调一致；同时采用各种制度、规章、奖惩以及职务升降等手段来引导、调节、约束和规范企业组织成员的个体行为，使之达到合理化的要求，即依靠集体的力量激励个体成员沿着有助于企业目标实现的方向发展。另外，企业组织系统所产生的屏蔽效应能够降低外界刺激信号对组织成员的刺激作用，保持组织成员心理上的稳定。

（3）针对企业组织系统内部的各个子系统或单元等局部组织而言，局部组织的稳定是连接企业组织系统整体稳定与组织成员个体稳定的杠杆，它具有强化双向稳定性的功能。

稳定性是企业组织系统赖以生存和发展的基础。通过稳定性效应的发挥，使企业组织在一定时间和空间范围内处于一种相对稳定的状态，从而把各个组织分散的能量有效地集中起来形成整体能量最大化，为实现企业目标创造条件。企业组织是稳定性和革新性的统一，稳定性效应并没有否定组织系统的这种相对的动态革新性特征；相反，如果我们片面强调企业组织的稳定性而忽视了组织系统的革新性，必然会导致企业组织机制老化、功能衰退、费用增加、效益下降。

4. 过滤效应

企业只有经常与外部环境进行物质、能量和信息的交换，才能不断从外界获取企业生存与发展所必需的各种“营养物质”。但是，如果企业不加选择，盲目地与外部环境发生联系，并逐步受制于环境，则会处于越来越被动的地位，最终将被环境所淘汰。

过滤效应是指企业通过建立有效的组织系统，依靠组织界限将企业与外部环境明确地划分开来，并使企业组织系统与环境相互沟通，进行有条件、有目的、有方向、有选择地交流与渗透。在企业组织与环境的交流与渗透中，组织在此起着“过滤器”的作用。具体来说，为了适应企业不断发展的需要，一方面，企业应严把输入关，即企业组织在接受来自环境的输入要素时，必须经过组织的过滤，以便对环境输入的诸要素（如劳动力、原材料、机器设备、能源等）进行严格筛选，在规模、质量、结构以及成本等方面进行有效控制；否则，会使得诸要素资源在规模、结构以及质量等方面与企业生产经营活动的需要不相适应，使某些要素资源处于短缺状态，严重影响到企业正常生产经营活动的开展，这些矛盾的长期存在将会使企业向畸形发展。另一方面，企业向环境的输出也必须经过组织的过滤。此时的过滤目的是为了能向环境输出数量适度、结构合理、质量合格的产品或劳务，以便更好地满足市场需要，使企业自身的劳动成果能全部得到社会的承认。否则，如果企业不加筛选和限制地向环境盲目输出，或者是向社会输出了不合格的产品，或者是输出了社会不需要的产品，或者是输出了超过社会需求的过量产品，都会由于得不到社会的承认或者不能完全被社会承认而影响到企业的经济效益和社会效益。

为了有效地发挥企业组织系统过滤效应的功能，当前，企业应当根据市场经济发展的需要，进一步强化与外部环境关系密切的有关职能部门（企业的劳动人事部门、物资供应部门、营销服务部门、财务部门以及公共关系等部门）的地位与作用，遵循职、责、权、利四统一的原则，充分调动这些部门员工工作的主动性和创造性，进而形成高效、严密的过滤网，较好地发挥企业组织的过滤功能。

1.3.2 业务流程的功能

业务流程的功能是指企业流程与环境的相互作用中所显示的能力，即企业流程运作过程中所能起到的作用。业务流程主要有以下功能：

1. 展示活动间的关系

业务流程作为一个系统，其首要功能是反映流程结构，展示活动间的关系，即通过流程描述可以理清商业活动之间的关系与区别以及活动之间的先后顺序。对于某一流程来说，如果组成该流程的活动不变，但改变活动之间的关系，流程的结果就可能不同。如图1-8所示的汽车保养作业流程图，如果将润滑工作、调换轮胎和更换汽油三项活动从并联关系改为串联关系，则汽车保养工作需要更长的时间，保养速度慢，但保养工作所需人手会减少。如果流程的活动不变，但改变活动的空间和时间关系，流程的输出结果也会发生变化。例如，某公司的原材料采购从国外采购改为向国内供应商采购，使得采购活动的空间发生了变化，因而缩短了采购时间，加快了采购速度。

2. 实现分工一体化

由于业务流程由各项活动组成，如果把每项活动分别交给不同的人来完成，则就实现了整个流程的分工。相对于由一个人来完成整个业务流程的工作而言，通过业务流程实现劳动分工，可以大大提高员工的操作熟练程度，整个流程的生产效率也会得到很大提升。另外，业务流程也明确了各项活动的工作顺序或活动职责，使得每项活动均可按照一定的时间和空间顺序并由相应的责任人来完成，这就避免了由于职责不明确而造成的不能完成业务活动的现象。

3. 标明任务完成的时间和阶段性

业务流程除了可以表明各活动的先后顺序和时间关系，我们也可以对流程的各项活动来规定完成时间或者标明完成该活动所需要的时间，这样我们就能明确活动的起讫时间以及在整个活动环节中所处的位置，同时可以及时了解整个流程完成的进度。如图1-10所示的产品流程图，各项活动的完成时间已标明，那么我们就可以知道工艺准备需要在5个月以后开始，整个产品装配则需要等到17个月后才能开始，产品完成的整个过程则需要18个月。

4. 界定活动的执行者和接受者及其相互关系

描述业务流程的同时，可以理清各个参与者所负责的活动以及表明各参与者之间在完成整个活动中所发生的联系。在如图1-11所示的跨部门的业务流程中，

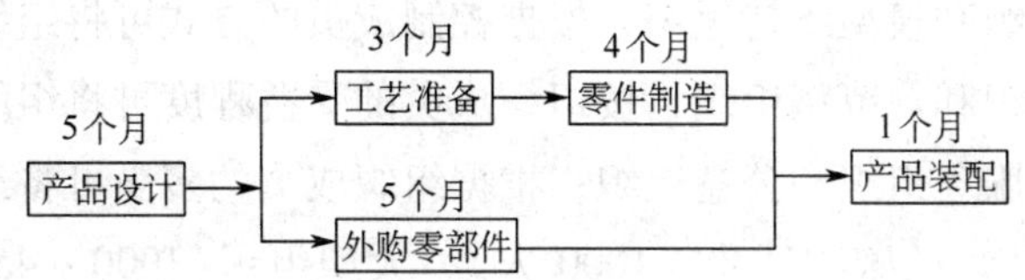

图1-10　产品流程图

“提出投资方案及融资请求”这一活动的参与者是子公司和投资发展部，该活动输出结果的接受者是战略研究部。

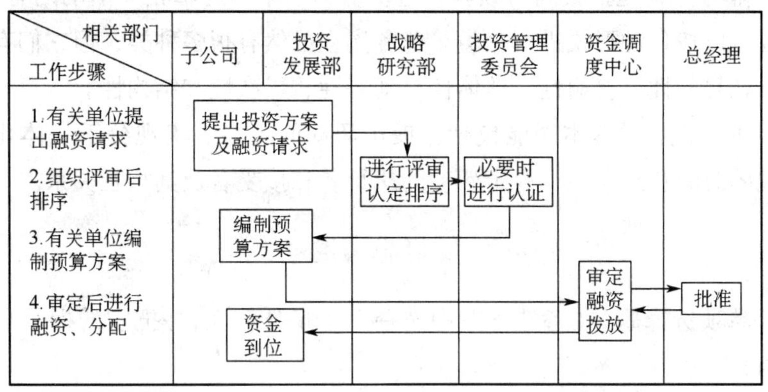

图1-11　跨部门的业务流程图

自学指导

学习重点

本章学习重点：组织的定义、特征、构成要素、分类和功能；业务流程的概念、分类、属性和功能。

（1）组织是指在一定环境中，人们为达成某种共同目标，按一定的结构形式、活动规律结合起来的具有特定功能的开放性系统。

（2）不论从何种角度研究组织，作为组织，归纳起来一般都具有以下4个特征：目标、资源、结构、互动。组织是具有特定的目标、资源与结构，时刻与环境相互作用的开放系统。

（3）组织的构成要素就是构成组织所不可缺少的成分和内容。主要包含7个方面，即目标、协同、人员、职位、职责、相互关系、信息。这7个要素在构成企业组织中的作用是不尽相同的，可以按作用和特点将其分为三类，即前提要素、效率要素和结构要素。

（4）作为社会细胞的组织，其使命不同、大小各异，需要对组织进行分类，以便更好地把握各种组织的相同点与差异处。按组织的目标可将组织分为：营利组织、非营利组织和公共组织；按组织的社会功能可将组织分为：生产组织、政治组织、整合组织和模型维持组织；根据控制成员的方式可将组织分为：强制型组织、功利型组织和规范型组织；按组织成员的受益程度可将组织分为：互利组织、商业组织、服务组织和公益组织；根据组织成员的多少可将组织分为：小型组织(3～30人)、中型组织(30～1000人)、大型组织(1000～45000人)、巨型组织(45000人以上)；根据产权的归属可把组织分为：公有组织与私有组织。

(5) 商业组织在以企业目标为导向的运行过程中，其功能集中表现为可以产生放大效应、协同效应、稳定效应、过滤效应。

(6) 业务流程是指共同为顾客创造价值的一系列逻辑相关活动的有序集合。业务流程可以按各种形式进行分类。业务流程虽然有很多种类，但它们有一些共同属性，如目的性、普遍性、整体性、动态性、层次性和结构性。

(7) 业务流程的基本功能包括：展示活动间关系、实现分工一体化、标明任务完成的时间和阶段性、界定活动的执行者和接受者及其相互关系。

复习思考题

一、单项选择题(在备选答案中选择1个最佳答案,并把它的标号写在题后的括号内)

1. 在一定环境中，人们为达成某种共同目标，按一定的结构形式、活动规律所结合起来的具有特定功能的开放性系统是(　　)。

A. 团体　　B. 组织　　C. 群体　　D. 流程

2. 组织成员之间一起协作共同努力的意愿和行动称为(　　)。

A. 目标　　B. 过滤　　C. 协同　　D. 相互关系

二、多项选择题(在备选答案中有2～5个是正确的,将其全部选出并将它们的标号写在题后的括号内,错选或漏选均不给分)

1. 不论从何种角度研究组织，作为组织，归纳起来一般都具有哪些特征？(　　)

A. 目标　　B. 资源　　C. 协同　　D. 结构　　E. 互动

2. 按组织的目标可将组织分为(　　)。

A. 生产组织　B. 营利组织　C. 政治组织　D. 非营利组织　E. 公共组织

三、名词解释

1. 组织　2. 过滤效应　3. 业务流程

四、填空题

1. 组织的构成要素，就是构成组织所不可缺少的成分和内容。主要包含7个方面，即目标、协同、________、职位、职责、________、信息。

2. 根据产权的归属可把组织分为：________与________。

3. 从客观世界中反映出的一切知识和情报的总和称为________。

4. 按流程处理对象分类，流程可分为实物流程和________。

五、简答题

1. 简述商业组织的构成要素。
2. 简述商业组织的特征。
3. 简述业务流程的功能。

第2章 商业组织理论

学习目标

1. 应了解、知道的内容
   - 组织理论的定义
   - 组织理论的研究对象
2. 应理解、清楚的内容
   - 组织理论发展的三个阶段及其代表人物
   - 泰勒、法约尔和韦伯组织理论的特点
   - 古典组织理论的中心思想及局限性
   - 社会系统学派、行为科学学派和经验主义学派的组织理论
   - 系统管理学派、权变理论学派和新组织结构学派的组织理论
3. 应掌握、会用的内容
   - 分析古典组织理论的特点、贡献及其局限性
   - 区分社会系统学派、行为科学学派和经验主义学派组织理论的特点
   - 区分系统管理学派、权变理论学派和新组织结构学派组织理论的特点
4. 应熟练掌握的内容
   - 阐明三个发展阶段不同学派组织理论的特点和区别

自学时数

4 学时

教师导学

组织是由具有互动关系的人群构成的社会实体。以组织为研究对象的组织理论具有特殊的知识体系。本章主要介绍了组织理论的基本概念，以及其在不同历

史阶段的主要代表人物或主要流派的理论特点。研究西方组织理论的历史与流派的作用在于了解西方的管理经验，可以为企业的应用提供借鉴。

学习本章内容的目的，主要是掌握古典组织理论的特点和局限性，以及近代和现代组织理论不同流派的理论特点和区别。

2.1　组织理论概述

无论是公共行政管理，还是企业、事业管理，都同组织联系在一起。凡是有管理的地方，就一定有组织，绝不存在没有组织的管理；同样，凡是有组织的地方，就必定需要管理，也绝不存在没有管理的组织。组织是一切管理的载体，管理不过是组织维持其存在和发展的方式。如果说人类有什么最值得夸耀的话，就是人们在历史的进程中发展了一种特有的组织能力，与此相适应也就产生出了一门学科即组织理论。

2.1.1　组织理论的定义

在人类长期的组织活动中，尤其是21世纪初以来，出现了各种组织理论。组织理论反映了各个不同时期组织设计的特点，同时对人们进行组织设计起着重要的指导作用。

对于组织理论的定义，理论界有着不同的看法，大致存在两种不同的意见：一种意见是采取不作定义，只作分类的做法；另一种意见是同意给组织理论以界定，一些学者认为组织理论等同于组织行为学，而另一些学者则把组织理论和行政组织论看作是一回事。

真正从组织的角度来给组织理论下定义的是英国学者皮尤(Derek S. Pugh)，他在《组织理论精萃》一书中指出：组织理论可以界定为研究组织的结构、职能和运转及组织中群体行为和个人行为的知识体系。这一定义列出了组织理论所要研究的内容，并指出了组织理论是一个知识体系，但稍稍不足的是没有突出其规律性。因为凡是理论总是要研究事物的本质及其规律的。由此，可以将皮尤的定义加以完善，形成组织理论的完整定义：组织理论就是研究和解释组织的结构、职能和运转及组织中群体行为与个人行为等现象，并指出其中规律的理论和知识体系。

2.1.2　组织理论的研究对象

组织理论按其包含的内容多少有广义和狭义的区分。广义的组织理论，包括了一个组织在运行过程中的全部问题，如组织运行的环境、目标、结构、技术、规模、权力、沟通等都属于其研究对象。这种广义的组织理论又可称作大组织理论。狭义的组织理论则主要研究企业组织结构的设计和运行，而把环境、战略、技术、规模、人员等问题作为组织结构设计中的影响因素来加以研究，而不是作为研究对象本身。这种狭义的组织理论又可称作小组织理论或组织设计理论。

因此，广义组织理论的研究对象是人类的各种组织。狭义组织理论的研究对象是企业组织结构及其运行的设计原理与方法，其研究的内容包括两个方面：一是企业组织结构本身的设计，对于现有企业来说，则是根据变化了的条件对企业现有的组织结构进行再设计，即组织结构的变革；二是保证企业组织结构正常运行所需的各项制度和方法的设计。单有前者称作静态的组织设计，包括两者在内的则称作动态的组织设计。

2.1.3 组织理论发展的三个阶段及其代表人物

以20世纪30年代为界，在此以前，差不多所有的管理学家和管理专家们尽管也在谈论组织，并且也对组织的问题进行过研究，但是，他们都没有想到过用“组织理论”这一术语来概括他们的工作。1937年，厄威克与古利克的《管理科学论文集》问世，第一次正式提出“组织理论”这一概念以后，各种对组织的研究才归并到“组织理论”的名下。管理理论与组织理论逐渐成为两个平行的研究类别。

按时间标准，以组织理论研究者的研究时期和著作出版的先后次序为标准，可将组织理论划分为三个发展阶段：①古典组织理论(Classical Organization Theory)；②近代组织理论(Contemporary Organization Theory)；③现代组织理论(Modern Organization Theory)。

由于所处的历史时代的不同及各个时代所要解决和分析问题的方法与其侧重点的不同，因而先后出现了很多学派。比如，古典组织理论的代表人物：①美国的“科学管理之父”泰勒(Frederick W. Taylor)；②法国的工程师和地质学家亨利·法约尔(Henri Fayol)；③以博学著称的德国社会学家马克斯·韦伯(Max Weber)。他们主要是依据管理学对组织问题进行研究。

近代组织理论的代表人物：①社会系统学派：美国的企业家和理论学家巴纳德(Chester I. Barnard)；②行为科学学派：美国的管理学家霍吉茨(Richard M. Hodgetts)；③经验主义学派：德鲁克(Peter F. Drucker)、戴尔(Ernest Dale)、斯隆(Alfred P. Sloan, Jr.)。

现代组织理论的代表人物：①贝塔朗菲系统管理学派：卡斯特(Fremont E. Kast)及罗森茨韦克(James E. Rosenzwig)；②权变理论学派：英国的伍德沃德(Joan Woodward)、希尔森(David Hickson)和皮尤，美国的劳伦斯、洛希(Jay W. Lorsch)、赫尔雷格尔(Don Hellriegel)和斯洛坎姆(John W. Slocum)；③新组织结构学派：加拿大的明茨伯格(Henry Mintzberg)。

2.2 古典组织理论

古典组织理论产生于19世纪末20世纪初，其代表人物可分成三类：科学管理学派的泰勒，行政管理学派的法约尔和官僚体制学派的韦伯。

2.2.1 代表人物的组织理论

1. 泰勒的组织理论

泰勒的代表作是1911年出版的《科学管理原理》。他主要研究的是工厂内部生产管理方面的问题，对组织理论作出的主要贡献是：

（1）根据劳动分工的原理，提出单独设置职能机构，他主张把“计划职能”（相当于现在所指的管理职能）同执行职能（即工人的生产操作）分开，单独设置职能管理机构专门从事时间研究、作业方法研究，并对作业部门下达计划和作业命令；而作业部门负责执行，同时受到职能管理部门的控制和监督。

（2）主张实行职能管理制。实行专业化、标准化的职能管理，使所有职能人员只承担12种管理职能，从而就能有较多的管理者（工长）对同一位工人发号施令。有关泰勒的职能工长制如图2-1所示。这种职能工长制实际上会造成由于工人接受多头领导而无所适从的缺憾，因而在实践中未能得到推广。

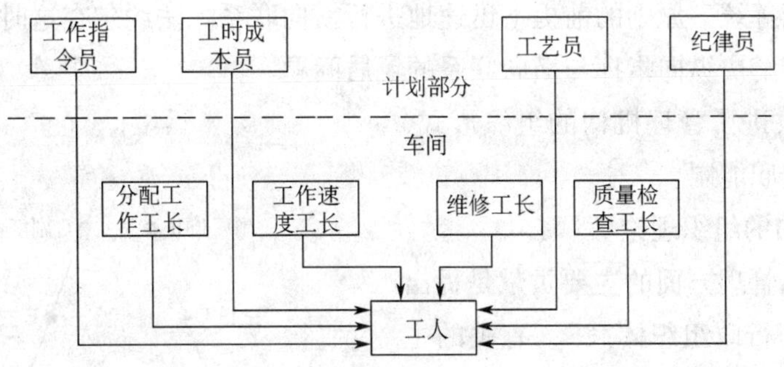

图2-1 泰勒的职能工长制

（3）提出了例外原则，实行权力下授，即在上下级之间实行合理分工：上级把一般的日常事务授权给下级管理人员去处理，而只保留对例外的、特殊的管理事务的决策权以及对下级工作的监督权。在这一原则的启发下，后来出现了分权管理体制，如事业部制等。

2. 法约尔的组织理论

法约尔于1916年发表了《工业管理与一般管理》一书，该书比较完整地叙述了古典组织理论的基本内容：

(1) 提出了管理过程中的5个职能，即计划、组织、指挥、协调、控制，并指明组织职能在整个企业管理中的地位和重要性。法约尔认为，企业的组织职能包括设计组织结构、制订相互关系和行为规范的规章制度，以及对职工的招募、评价和训练，它是企业管理不可缺少的一项基本职能。

(2) 提出了14条组织管理原则：劳动分工、权力与责任、纪律、统一指挥、统一领导、个人利益服从整体利益、合理的报酬、集权化、等级制、建立秩序、公平、保持人员稳定、主动性、集体精神。在这些原则中，法约尔比较系统地提出了要实行专业分工、权力与责任要相符、命令和指挥要统一、实行集权制、要有连续的指挥链等组织原则。其中许多原则至今仍然是企业实际组织工作中奉行的基本原则。

(3) 提出了“法约尔桥”。为了克服由于贯彻命令和指挥统一性原则而产生的信息传递的迟缓，法约尔设计了一种“跳板”，即法约尔桥。利用这种跳板，可以跳越指挥链来直接联系。

在以往的情况下，生产班长H要与修理班长I联系设备修理问题，按照各自的组织系统，H必须逐级上报到厂长处，然后由厂长通过修理系统逐级下达任务到I，但这样太费周折。有了法约尔桥，如图2-2所示的法约尔桥示意图。该图中表明生产班长H在上级领导的授权下，对于一般的日常业务，他就可以直接与修理班长I联系，条件是事后各自向本系统的上级汇报。这样，就可保证在维护命令和指挥统一原则的前提下迅速地进行横向联系。法约尔在这时已经注意到了如何妥善解决纵向指挥与横向联系的矛盾问题。

(4) 改进了管理机构的组织形式，提出了直线职能制。

3. 韦伯的组织理论

韦伯在管理方面的主要贡献是提出了“理想的行政组织体系”，有关的主要著作有《社会和经济组织的理论》等。韦伯组织理论的主要贡献是：

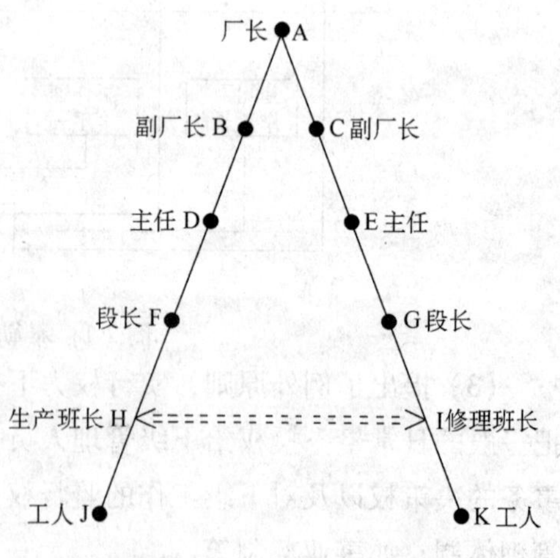

图2-2 法约尔桥示意图

(1) 提出了理想的行政组织体系。其要点：①组织内的各种服务和岗位要按照职权等级来组织，形成一个逐级分层的指挥系统，个人的责权要明文规定；②组织成员的任用应通过正式考试或培训，使成员能够胜任职务的要求，而不是凭世袭地位或人事关系；③组织内每人都必须严格遵守规章和纪律，没有例外。

(2) 提出了行政组织的基础是合法规定的权力。这些权力有：理性和法律的权力，传统式的权力和个人崇拜式的权力。

（3）行政组织体系的结构主要分为三层，如图 2-3 所示。第一层是主要负责人，其主要职能是进行决策；第二层是行政官员，其主要职能是贯彻主要负责人所作出的决策；第三层是一般工作人员，其主要职能是从事实际的业务工作。

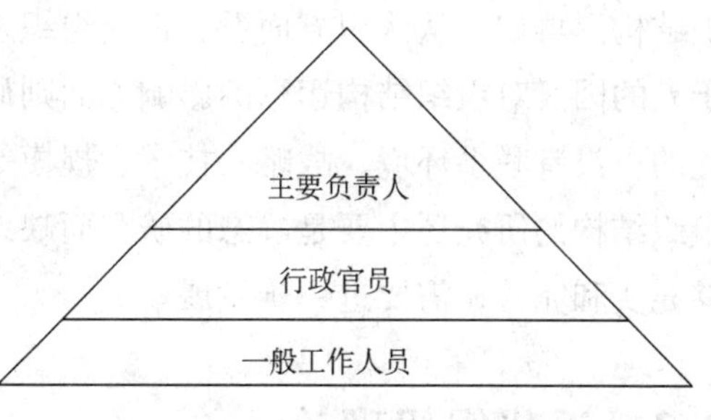

图 2-3　行政组织体系的分层结构

2.2.2　古典组织理论的中心思想

根据前面的叙述可见，古典组织理论主张组织结构应是“金字塔”型的结构，管理层次分明，权力主要集中在最高层。在这种理论指导下的组织设计是一种以具体事物为中心、以工作为中心的组织设计。古典组织理论的中心思想可归纳为以下几点：

（1）进行最大限度的分工。要按组织目标的需要把组织活动划分为各种基本作业，作为任务分配给组织的成员；规定组织中每一位成员的权利和义务，使每位成员的工作都成为简单的、例行性的、明文规定的工作。

（2）建立严格的等级制度。各种职务和职位按照等级的原则进行组织，形成严格的指挥系统和管理层次。组织中的每一位下级都必须接受其上级的控制和监督。组织必须授予领导者有效指挥和控制的权力。

（3）建立严格的规章制度。组织必须建立起使各级人员严格执行的规则和纪律，以保证组织命令的执行，使组织成员的行动协调一致，以减少摩擦和冲突。

（4）强调理性原则。组织中成员之间的关系完全受理智指导而不应受个人感情影响，领导者和管理者对事对人要采取公平的态度。

2.2.3　古典组织理论的局限性

古典管理学派对组织理论是有重大贡献的，它为现代组织理论的发展奠定了牢固的基础，对后来的组织理论的发展有着深远的影响，其中的许多基本原理至今仍然是正确的。并为现在许多国家的企业参照实行。因此，那种笼统地认为古典组织理论已经“过时了”，“不再适用”了的观点是不对的。

当然，古典组织理论也有它的历史局限性。例如，从客观条件上看，当时古典管理学派提出来的某些组织原则和组织形式，如集权的职能制，是同当时企业的经营规模、市场竞争等条件相适应的，但今天看来，条件已经发生了很大变化。因而这种组织结构对某些企业来说，就不够用或不适用了，需要发展新的组织结构。再如，从认识方面看，古典组织理论主要研究的是组织结构本身，而关于人的因素对组织结构运行的影响方面则研究得较少；对组织结构的研究还是孤立的，没有联系环境、战略、技术、规模等条件来进行。总之，古典组织理论对组织结构的研究还主要是静态的研究而缺乏动态的研究，这就使得组织理论还不够充实和完善，需要进一步发展。

2.3 近代组织理论

2.3.1 社会系统学派的组织理论

社会系统学派的代表人物是美国的巴纳德。巴纳德运用社会学的观点来研究管理理论。他的组织理论观点集中反映在其代表作《经理人员的职能》一书中，该书是组织理论的经典著作之一。巴纳德组织理论的主要观点有以下几点：

1. 组织是人与人的合作系统

巴纳德给组织下的定义是：组织是“两人以上有意识的协调和活动的合作系统”，他说，人们单独干活将受到主观和客观条件的限制。如搬石头，一个人的体力可能不够，为此就需要两人或更多人的合作，这就产生了组织。巴纳德是从人与人相互合作的角度解释组织的第一人，这就突破了古典管理学派把组织单纯看成一个权责结构的框框，从而把组织结构特性与人类行为特性结合起来分析组织问题。

2. 权力接受理论

古典的组织理论认为组织存在的基石是权力，而权力来自行政领导人自上而下地授予。巴纳德认为：权力不是来自自上而下的行政授予，而是看下级是否接受；只有当行政命令为下级所理解，并且下级相信它符合组织目标和个人利益时，才会被接受，这时权力才能成立。因此，巴纳德认为：一个组织不能单纯依靠少数几个人的权力命令来行事，而必须取得组织内全体人员的支持与合作；否则就会像极权的国家那样，脱离人民和社会的支持，最终必将垮台。巴纳德的这一理论观点对于推动信息交流、职工参与、领导方式等方面的理论研究，有着重大的影响。

3. 诱因和贡献平衡论

巴纳德认为，组织是由独立的个人组成的，组织中的每一位成员都有其个人需要，如果要求成员对组织作出贡献，那么组织必须对他们提供适当的刺激以满足其个人的需要。巴纳德把这种诱发个人对组织作出贡献的因素称之为“诱因”。关于诱因的内容，他从社会学的观点出发，认为其不仅包括物质的因素如金钱等，而且包括社会的因素如威望、权力、参与管理等，必须使诱因和贡献取得某种程度的平衡，才能使组织中的成员有自发合作的意愿，组织的目标才能得以实现。因此，诱因和贡献的平衡是组织生存和发展的条件。这种平衡不是静止的，成员的要求会不断发生变化，因此就要求管理人员在诱因方面作出相应的改变。

4. 非正式组织的职能

巴纳德称非正式组织不属于正式组织的个人联系和互相作用的集团，它产生于同工作有关的广泛联系中。这种非正式组织，虽然并不一定具有明确的共同目标，但却有着共同的利益、观点、习惯、语言或准则。正式组织与非正式组织互相创造条件。非正式组织可能对正式组织产生消极影响，但它至少在三个方面对正式组织有积极作用：①一些不便通过正式组织解决的问题，通过非正式组织却易于解决；②有助于维持正式组织的团结；③有助于提高个人的自信心，缩短人们的心理距离。因此，巴纳德认为，当个人与正式组织发生冲突时，非正式组织对维持组织的职能起着重要的作用。因而非正式组织是企业组织不可缺少的部分，它的存在能使组织更能发挥效率和效能。

5. 信息交流原则

构成组织的基本要求是：合作意愿，共同目标和信息交流。信息交流是实现前两个要求的条件和基础，因为信息交流是连接组织的共同目标与个人合作意愿的桥梁。没有信息的联系，共同的目标就难以为全体成员所了解，从而个人的合作意愿也难以变成有效的行动。为了使信息交流能发挥良好的效能，巴纳德提出了下列原则：①信息交流要使每位成员都明确了解，并明确规定个人的权力与责任，公开宣布每个人所处的地位；②每位成员要有一个正式的信息联系渠道，每个人只能有一个直接的顶头上司；③信息联系的渠道要直接而便捷，要经常进行信息交流，以避免发生矛盾和误解；④经理人员是信息联系的中心站，经理人员必须称职并配备必要的助手；⑤当组织在执行职能时，信息联系路线不能中断；⑥每一次的信息联系必须是有权威的。

2.3.2　行为科学学派的组织理论

管理学中的行为科学学派理论是 20 世纪 50 年代开始出现的，这个学派在 30 年代至 40 年代被称为“人际关系”学派。行为科学学派的理论基础主要是心理学、社会学和人类学，它侧重于研究管理中人的行为。它在组织理论方面的观念与贡献，除了上述同巴纳德相类似的观点以外，还有以下两个方面：

1. 对古典组织理论的修正与补充

管理中的行为科学的学说，并不是对古典管理理论的全盘否定。早期行为科学学派(人际关系学派)对古典管理学派提出的一些组织原理基本上或大体上是给予肯定的，但是他们把人的行为因素加了进去，对某些组织原则提出了修正意见：例如，对于劳动分工的原则，行为科学学派在肯定分工能提高效率的同时，也着重指出了分工过细所带来的不良后果，如因劳动单调枯燥而引起人们对劳动的厌烦和增加疲劳，这可能会抵消效率提高而带来的好处；同时提出了劳动分工越细，就越需要激励和协调等的观点。除了对古典组织原则的部分修正意见以外，人际关系学派还对古典组织原理作了补充和丰富：例如，实行直线职能制时，在直线人员同参谋人员之间容易产生摩擦；人际关系学者针对这种内部组织结构中的冲突提出了一些解决的措施，最常提到的是职工参与管理和更好地进行信息交流。以上内容都是在考虑了人的行为因素后对古典组织理论所作的修正和补充。

2. 组织结构的设计必须考虑工作者的需要和特点

古典组织理论主要是考虑工作的特点，而行为科学学派的组织理论则提出必须着重考虑工作者的需要和特点。例如，组织结构设计主要考虑到专业分工、管理层次、管理幅度等管理的需要，这是不够的；还必须考虑组织结构的承担者和运行者——人这个主要因素，因此常常有必要对原有结构设计作出一定的修改。再如，分配工作时要考虑人的兴趣和爱好，凡是人们所爱好的和感兴趣的工作，其本身就会给他们带来乐趣和满足；因此在组织设计时要考虑到工作轮换、工作扩大化、工作丰富化的要求，使工作者感到工作对他来说是有兴趣、有挑战性的，从而充分利用其自身知识，发挥其自身才能，以获得更好的工作绩效。又如部门的划分，不仅要考虑专业化和有效管理幅度的需要，而且还要考虑具体人选的素质条件，因人而异：如果某人有多方面的才能，精力充沛，组织能力强，为充分发挥其才能，不妨把该单位主管的工作范围放宽些；而在相反条件下，就应该将该单位的主管工作范围相应缩小些。再举个例子，如组织层次的设计也要考虑人的因素：古典组织理论强调管理的有效性，管理幅度不宜过大，因而管理层次就较多些，即强调多层结构比扁平结构为好；而行为科学学派的组织理论则为了上下级之间的沟通，强调缩短上下级人员之间在心理上的距离，因而在组织结构设计中趋向于主张扁平型结构为优。

2.3.3　经验主义学派的组织理论

经验主义学派是以总结企业管理的实践经验为主要任务，从中概括出理论和原则，或者给从事实际管理工作的人以某些有用的建议。属于这一学派的人，不仅有管理学家和经济学家，而且其中许多人当过大企业的董事长、总经理和管理顾问。因此，这一学派的管理思想和观点，大都侧重于从企业上层管理人员(如总经理等)的角度来提出和研究问题，着重总结经理人员如何管好一个企业的经验，这一学派很重视组织问题的研究，他们在组织理论方面的主要观点有：

1. 结合现有的研究成果

古典管理学派和行为科学学派都各有所长，又各有所短。单纯运用哪一派的学说，都不能完全适应企业发展的实际需要。从组织理论方面来说，古典管理学派是以工作任务为中心的；而行为科学学派则是以人为中心；经验主义学派的任务就在于根据企业的实际经验，把这两方面的研究成果结合起来。

2. 归纳出企业组织结构的基本类型

德鲁克指出，古典管理学派提出并实行的集权职能性结构是适应当时历史条件的产物。现在情况有了变化，随着企业规模的扩大、品种的多样化、跨国公司的出现、人们对高层管理和创新工作的重视等，又出现了许多新的组织结构类型。德鲁克把这些新出现的结构类型概括为 5 种：①集权的职能性结构；②分权的“联邦式”结构；③模拟性分权结构；④矩阵结构；⑤系统结构。

3. 倡导目标管理

目标管理方法最早是德鲁克于 1956 年在其著作《管理的实践》中提出来的。它的基本精神是要把以工作任务为中心和以人为中心的管理方法综合起来，这既能调动职工对工作的积极性和创造性，从工作中满足其自我实现的需要；同时又能沟通上下左右的意见，从而促进企业目标的实现。这样，就把工作和人性二者统一起来了。后来，奥迪奥恩(George S. Odiorne)进一步发展了目标管理的方法，把目标管理的范围从各级管理人员扩大到全体员工。他给目标管理下了这样一个定义，目标管理制度可以描述为如下过程：一个组织中的上级和下级管理人员共同制订共同的目标；同每一个人的应有成果相联系，规定他的主要职责范围，并用这些措施来作为经营一个单位和评价其每一成员的贡献的指导。

2.4 现代组织理论

2.4.1 贝塔朗菲系统管理学派的组织理论

将贝塔朗菲的“一般系统理论”应用于管理，形成了系统管理学派。其在组织理论方面的主要观点有：

1. 组织是一个人造的开放系统

组织为了求得生存和发展，必然同外界环境相互影响。也就是说，它必定要消耗来自环境的人力、物力、财力、信息等资源，又向环境输出各种产品、服务等资源。同时，组织又具有内部的和外部的信息反馈网络，能够不断地自我调节，以适应环境的变化。开放系统的一般模型如图 2-4 所示。

2. 组织本身也是由各个子系统的有机联系而组成的一个系统

组织的优化要强调整个系统的优化，而不仅是各个子系统的优化。组织内的各个子系统可以从不同的角度进行分类，主要有以下三种：

（1）从各个子系统的性质来划分，可分为：①目标与价值子系统。

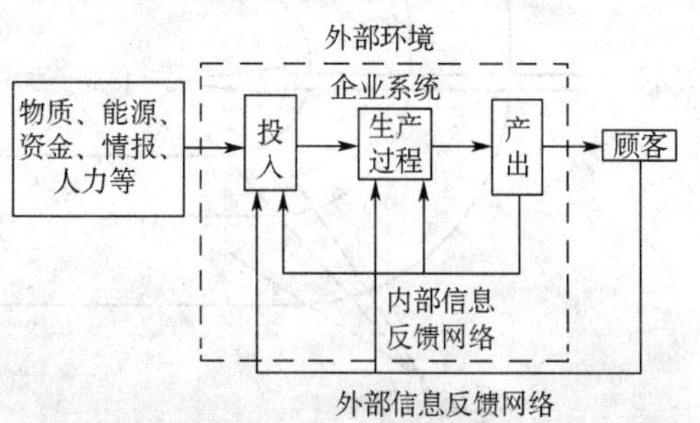

图 2-4 开放系统的一般模型

组织的许多价值观是从外界的社会文化环境中取得的，有些则是根据组织自身的需要而塑造的。企业的目标体现了价值观的要求，它包括企业的战略目标、各部门的策略目标和员工的个人目标。②技术子系统。它包括为实现目标和任务所需的机器、工具、程序、方法、专业技术知识。③社会心理子系统。它包括组织成员的行为和动机、地位和角色的关系、群体动力、影响力等。④结构子系统。它包括职能结构、职务和岗位结构、部门结构、职权结构、工作规范、协调系统等。⑤管理子系统。它包括决策、计划、组织、领导、用人、控制等管理职能。管理子系统在上述5个子系统中处于中心的地位，它负责指导和协调其他各个子系统的活动。这些不同性质的子系统之间的相互关系如图2-5所示。

（2）根据各子系统在组织中所起的不同作用可划分为：①传感子系统，用来度量和传感企业系统内部和周围环境的变化；②信息处理子系统，如会计和数据处理子系统；③决策子系统，该系统接受输入的信息，作出决策并向下传达；④加工子系统，该系统利用信息、能量和物资等完成一定的生产或工作任务；⑤控制子系统，它保证加工按照原定的计划进行，一般都有反馈控制；⑥信息储存子系统，可采用记录、手册、工艺规程、电子计算机程序等形式。

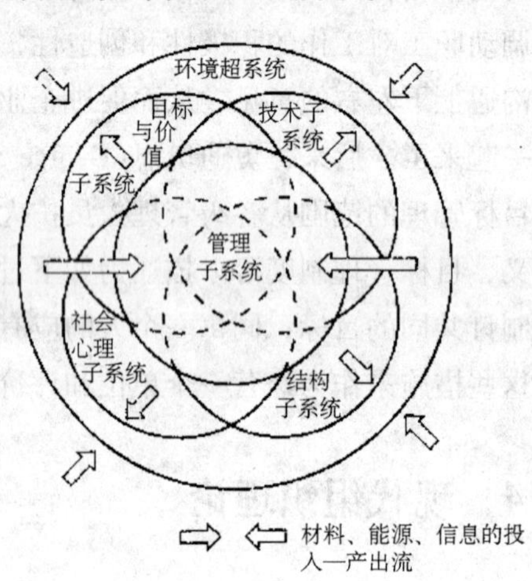

图2-5　不同性质的子系统之间的相互关系

（3）根据各个子系统在组织中所处的不同层次来划分，可以有：战略子系统、协调子系统及作业子系统，它们间的相互关系如图2-6所示。

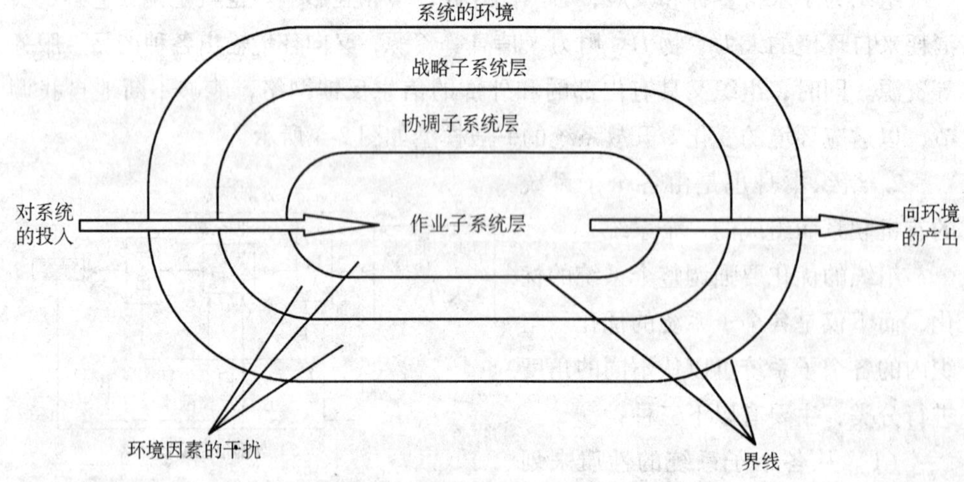

图2-6　不同层次的子系统之间的相互关系

2.4.2　权变理论学派的组织理论

权变理论学派的主要观点是：没有一成不变的、普遍适用的、最好的管理原则和方法，一切管理的对策必须根据企业所处的内外部环境而权宜应变。权变理论学派侧重于从大量实际事例中概括、归纳为几种基本模式，并致力于寻找造成这些模式差异的条件（自变量）以及相应的管理方法（因变量）。这一学派在组织理论方面的主要观点和贡献是：

1. 根据具体条件设计组织结构

没有一成不变的、“最好”的组织设计，不同的企业以及同一企业在不同的发展阶段，都应当根据当时的具体条件来设计相适应的组织结构。

2. 强调外部环境对组织结构设计的影响

美国的劳伦斯指出：企业的市场条件、科学技术的发展以及国家经济形势的变化等因素，对企业经营管理的目标和战略有极大的影响。因此，企业组织设计应当是开放式的，要求企业的组织结构既要有稳定性又要有适应性，只有这样才能保证企业的生存和发展。这两种因素和企业的成败关系如图 2-7 所示。

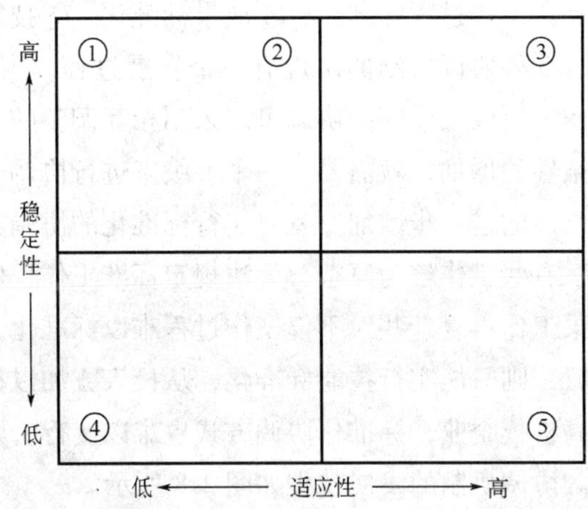

图 2-7　企业组织结构的稳定性和适应性同企业生存的关系

图 2-7 中，④表示稳定性和适应性都很低的企业，这种企业既缺乏必要的规章制度，又对环境变化缺乏敏感性，这就导致企业必然趋于失败。⑤表示适应性高而稳定性很低的企业，这种企业特别是大型企业，由于内部稳定性低而陷于混乱状态，结果导致企业的适应性也不能发挥作用，因而也将很快趋于失败。①代表稳定性高而适应性低的企业，当外部环境高度稳定时，这种企业可以存在一个时期，但它难以长期存在下去。因为社会日益复杂且难以预测，当外部环境发生变化时，它迟早也将趋于失败。②代表稳定性高而又有一定的适应性的企业，这种企业有可能存在下去，但由于反应不够灵敏，不能期望有很大的发展。最理想的是第③类型的企业，稳定性和适应性都很高，这种企业不但能够生存，而且可

能有较大的发展。

3. 研究了企业的分类方法和主要因素

从组织结构设计的角度研究了企业的分类方法和主要因素。其研究中涉及的主要因素有：企业的工艺技术复杂程度、企业规模、外部环境等。

2.4.3 新组织结构学派的组织理论

这是一个较新的管理学派，它的特点是全面吸收了各学派关于组织方面的学说和主要成果。加拿大的明茨伯格是这一学派的主要代表人物之一，他的代表作《“五行”组织》所阐明的主要观点有：

1. 提出了组织结构的5种协调机制

明茨伯格认为：组织结构的实质是人们在组织内进行劳动分工和协调的方式的总和。这里讲的协调是广义的，是协作的意思，它包括了纵向的控制和横向的信息沟通。了解组织结构，首先要了解组织中的各种协调机制。明茨伯格指出，不论企业采用的具体协调方法有多少种，都可以归纳为5种基本的机制：①相互调整；②直接监督；③工作过程标准化；④成果标准化；⑤技能标准化。

明茨伯格指出这5种协调机制的出现有一个发展过程，当企业规模较小时，由于只有几个人工作，所以彼此间的协调可以采用相互调整的方式。随着企业规模的扩大和组织复杂性的增加，就需要有一个上级来进行协调，即出现直接监督方式。而规模和复杂性的进一步增加，就要实行标准化的协调方式。一般工作可以实行过程标准化，有些工作较为复杂，无法规定标准工作程序，则应采用成果标准化的方式；如果工作再复杂些，不仅工作过程难以标准化，而且工作成果也难以预定一个标准时，则只能实行技能标准化，从投入方加以控制；而企业如再进一步复杂化，如高科技企业，标准化协调方式也难以实行，则又要回过头来采用相互调整的方式。协调机制的发展过程如图2-8所示。

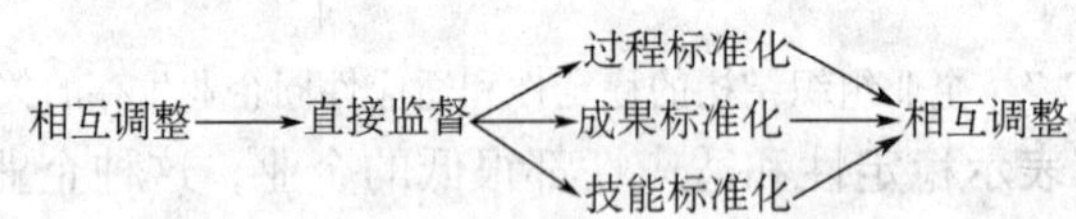

图2-8 协调机制的发展过程

事实上，在一个具有相当规模的企业中，并不是单靠一种协调方式，而是5种同时并存的。当然，在一个企业中，总有某一种协调机制占主导地位。

2. 提出了组织结构的5个基本构成部分

(1) 工作核心层。它由该组织的基层部门组成，部门成员直接从事产品生产或服务。

(2) 战略高层。例如，企业的最高级领导集团对该组织全面负责，保证实现组织的战略目标。

（3）直线中层。该层由各部门的中层经理构成，其任务是把战略高层与工作核心层联结起来。

（4）技术专家结构。它由组织中的职能人员组成，他们不直接参加生产或服务过程，而运用自己的专门知识和技能来帮助上述三个层次的人员提高效率和效益。

（5）支持人员。他们不属于该组织的生产或工作流程，但是为其提供各种支持，例如企业中的法律顾问、附属服务机构等。

3. 提出了组织结构的5种流程系统

组织结构是组织中各项工作之间及各个人员之间的相互关系的表现形式。明茨伯格提出，组织中的这种工作和人员交往的关系可归纳为5类，即5种流程系统。

（1）正式的权力系统。该系统即行政指挥系统。

（2）规章制度流程系统。企业中的生产工艺流程和管理工作流程就反映了这种流程系统。

（3）非正式沟通的流程系统。这是组织成员间灵活的相互联系和交流系统。这种交流不仅包括信息的交流，而且包括感情上的交流，是对规章制度必不可少的补充。

（4）工作群体流程系统。该系统是指小集团和沟通网之间的交往关系。凡是在一起工作或工作位置接近而且有共同兴趣的人，往往彼此会进行不拘形式地沟通和交往，形成沟通网或小集团，被明茨伯格称为工作群体流程。

（5）特殊决策流程系统。该系统是指由于进行特殊的非程序决策而引起的工作上的联系或人际交往的流程系统。

4. 提出了组织结构的5种类型

明茨伯格把各种组织（包括企业、军队、医院、学校等）的结构归纳为5种基本类型，每种结构类型有其各自的主导协调机制、关键的构成部分及分权形式。组织结构的5种类型如表2-1所示。

表2-1　组织结构的5种类型

结构类型	主导协调机制	关键的构成部分	分权形式
简单结构	直接监督	战略高层	纵向和横向的集权
机械性行政组织	工作过程标准化	技术专家结构	有限的横向分权
职业性行政组织	技能标准化	工作核心层	纵向和横向的分权
分部式结构	成果标准化	直线中层	有限的纵向分权
特别小组	相互调整	辅助人员或工作核心层	有选择的分权

（1）简单结构。它的基本特点是分工很粗：它极少或没有技术专家结构，辅助人员很少，管理层次很少，不具备正规化和制度化，计划、训练和协调手段运用得很少。企业主创建并亲自管理的小型企业就是这种结构的一个典型。简单

结构如图 2-9 所示。

（2）机械性行政组织。其特点是专业化程度高，有很强的技术专家结构，行为正规化、制度化，有许多规章制度，决策权力比较集中。机械性行政组织是种常见的结构类型。机械性行政组织如图 2-10 所示。

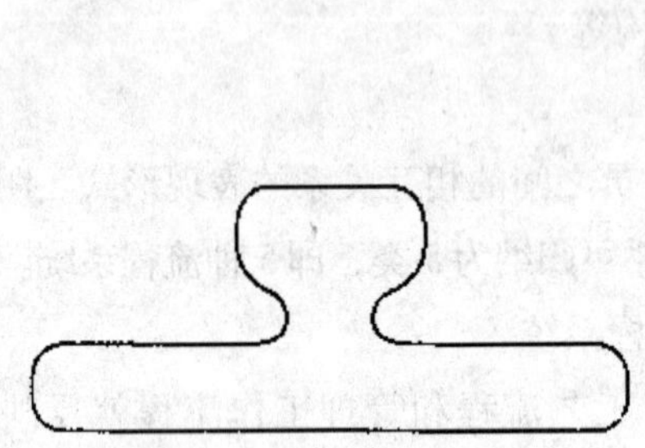

图 2-9　简单结构

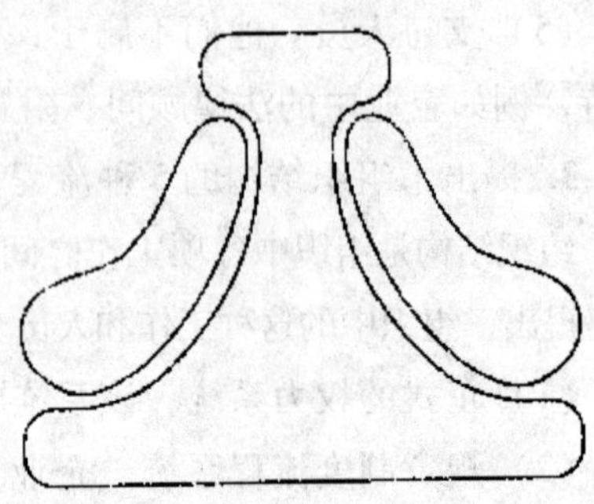

图 2-10　机械性行政组织

（3）职业性行政组织。这是一个在纵向和横向都高度分权的结构。当然，它的正规化、制度化程度也是很高的。需要高度分权的原因是其基本作业具有高度的技术性、职业性，工作复杂，难以用标准化的方法控制其工作过程或成果。如高等学校、医院等同于这种类型。职业性行政组织如图 2-11 所示。

（4）分部式结构。它的特点是实行有限的纵向分权，实行成果标准化的控制手段(或协调方式)。在它的作业核心层中又具有一些各自独立的小型机械性行政组织。企业里实行的事业部制就是这样一种典型结构。分部式结构如图 2-12 所示。

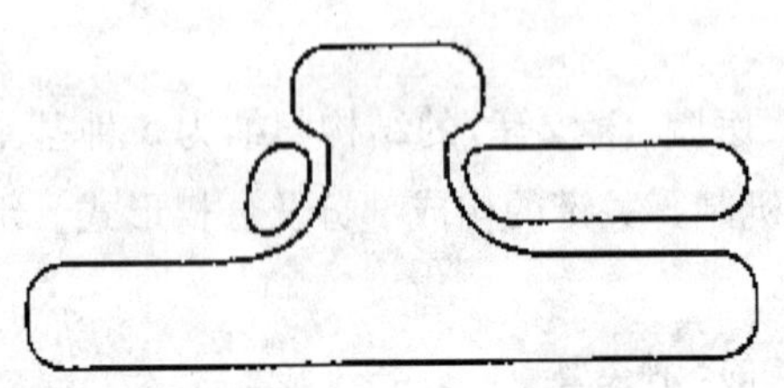

图 2-11　职业性行政组织

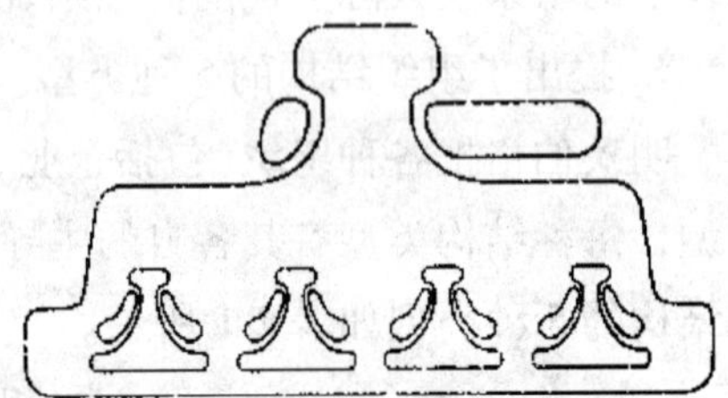

图 2-12　分部式结构

（5）特别小组。其特点是高度的柔性结构，很少有正规化、制度化的规章制度，成员都是经过正规训练并具有高度水平的专家。这些专家隶属于按职能划分的各部门，但抽出来组成各种项目小组。小组成员中既有直线经理，也有各种职能专家以及基本作业专家。各小组内及小组间的协调主要采取相互调整的方式。矩阵结构、项目小组就属于这种结构类型。特别小组如图 2-13 所示，

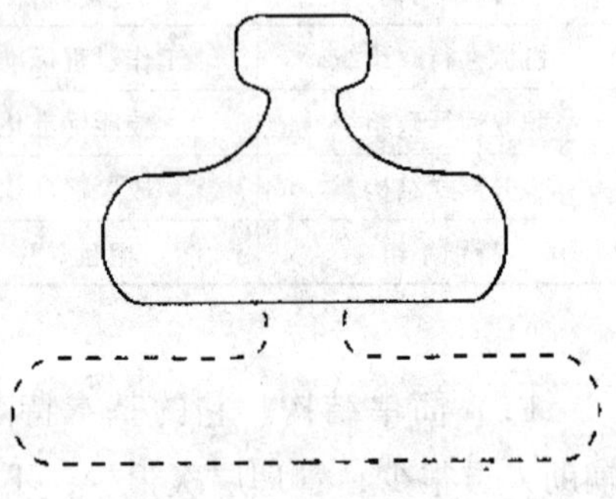

图 2-13　特别小组

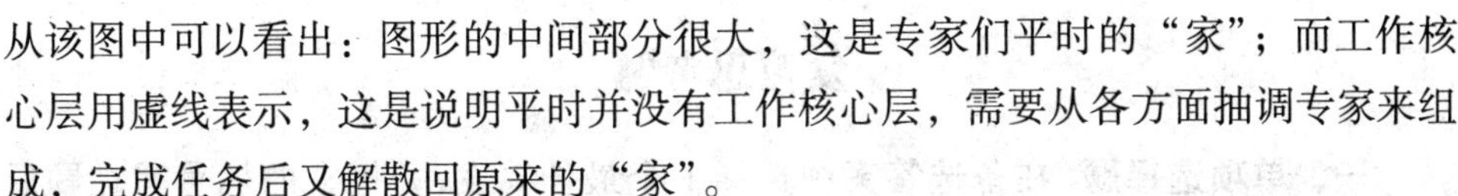

从该图中可以看出：图形的中间部分很大，这是专家们平时的“家”；而工作核心层用虚线表示，这是说明平时并没有工作核心层，需要从各方面抽调专家来组成，完成任务后又解散回原来的“家”。

自学指导

学习重点

本章学习重点：古典组织理论的特点、近代组织理论各流派的特点和现代组织理论各流派的特点。

（1）古典组织理论的特点：古典组织理论主张管理层次分明，权力主要集中在最高层。在这种理论指导下的组织设计是一种以物为中心、以工作为中心的组织设计。具体来讲：进行最大限度的分工；建立严格的等级制度；建立严格的规章制度；强调理性原则。

（2）近代组织理论各流派的特点：近代组织理论主要有社会系统学派、行为学派和经验主义学派三个流派。社会系统学派运用社会学的观点来研究管理理论，行为科学学派侧重于研究管理中人的行为，前两者都强调了以人为中心；经验主义学派是以总结企业管理的实践经验为主要任务，从中概括出理论和原则，或者给从事实际管理工作的人以某些有用的建议，根据企业的实际经验，把古典组织理论和行为科学学派这两方面的研究成果结合起来，归纳出企业组织结构的基本类型，倡导目标管理。

（3）现代组织理论各流派的特点：现代组织理论主要有系统管理学派、权变理论学派和新组织结构学派三个流派。系统管理学派将贝塔朗菲的“一般系统理论”应用于管理，强调组织是一个人造的开放系统，并是由各个子系统的有机联系而组成的；权变理论学派的主要观点是没有一成不变的、普遍适用的、最好的管理原则和方法，一切管理的对策必须根据企业所处的内外部环境而权宜应变；新组织结构学派全面吸收各学派关于组织方面的学说和主要成果，提出组织结构的 5 种协调机制、5 个基本构成部分、5 种流程系统，并在此基础上得出了组织结构的 5 种类型。

学习难点

本章学习难点：三个阶段不同组织理论的特点和区别。

三个阶段不同组织理论的特点和区别：古典组织学派以工作任务为中心，而社会系统学派和行为科学学派以人为中心，经验主义学派的任务就在于根据企业的实际经验，把这两方面的研究成果结合起来。现代组织理论向多元化发展，系统管理学派强调系统性，权变理论学派强调因地制宜，新组织结构学派则是全面融合，也是对各学派理论的一种总结。

复习思考题

一、单项选择题（在备选答案中选择1个最佳答案，并把它的标号写在题后的括号内）

1. 职业性行政组织是一个在纵向和横向都高度分权的结构，下列（　　）为其结构图示。

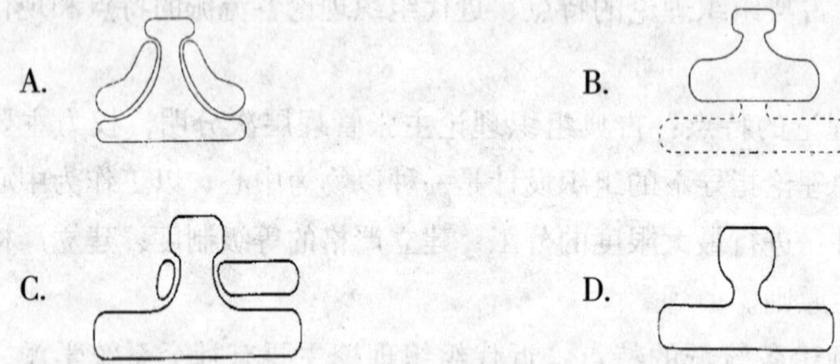

2. 古典组织理论主张组织结构应是“金字塔”型的结构，下列（　　）不是其中心思想。

A. 进行最大限度的分工　　B. 信息交流原则

C. 强调理性原则　　D. 建立严格的规章制度

二、多项选择题（在备选答案中有2～5个是正确的，将其全部选出并将它们的标号写在题后的括号内，错选或漏选均不给分）

1. 古典组织理论的代表人物是（　　）。

A. 泰勒　B. 戴尔　C. 法约尔　D. 韦伯　E. 明茨伯格

2. 随着企业规模的扩大、品种的多样化、跨国公司的出现、人们对高层管理和创新工作的重视等，出现了许多新的组织结构类型。德鲁克对企业中出现的各种组织结构进行了概括，以下属于其分类的是（　　）。

A. 集权的职能性结构　　B. 分权的“联邦式”结构

C. 模拟性分权结构　　D. 矩阵结构

E. 系统结构

三、简答题

1. 简述古典组织理论的特点及局限性。

2. 狭义和广义的组织理论研究对象的区别是什么？

3. 结合图形，简述外部环境对组织机构设计的影响。

四、论述题

1. 近代组织理论的三种代表理论的特点各是什么？

2. 现代组织理论的三种代表理论的特点各是什么？

3. 组织理论发展的三个阶段是什么？三个阶段的理论有何区别？

第3章 商业组织结构的形式与特点

学习目标

1. 应了解、知道的内容
   - 组织结构的定义、特征因素
   - 管理层次、管理幅度、专业化程度、集权与分权、关键职能、规范化(标准化)、制度化的程度(正规化)、职业化的程度
   - 直线制、职能制、直线职能制的概念
   - 事业部制、超事业部制、矩阵制、立体组织制的概念
   - 团队结构制、虚拟结构制(网络结构制)、无界限组织的概念
2. 应理解、清楚的内容
   - 直线制、职能制、直线职能制的优缺点
   - 事业部制、超事业部制、矩阵制、立体组织制的优缺点
   - 团队结构制、虚拟结构制、无界限组织的特点
   - 团队与群体的区别
3. 应掌握、会用的内容
   - 传统组织结构的适用场合

自学时数

4 学时

教师导学

组织结构是影响组织绩效的重要因素，组织的绩效在很大程度上取决于组织结构设计的合理性和适用性。本章主要介绍了商业组织结构的定义、特征因素，并给出了传统的、现代的、新型的组织结构形式和特点。

学习本章内容的目的，主要是应掌握传统组织结构的适用场合。

3.1 组织结构概述

组织的绩效在很大程度上取决于所设计组织结构的合理性和适用性。在明确了组织定义、特征和目标之后，必须根据组织所处的环境条件及自身特点，在充分考虑到组织复杂性、规范性和集权性程度的基础上来规划和构造组织机构。只有这样，才能保证组织机构的功能和协调达到最优程度，从而保证有限资源的充分利用，顺利实现组织目标。

3.1.1 组织结构的定义

企业的组织结构是企业全体员工为实现企业目标，在管理工作中进行分工协作，在职务范围、责任、权力方面所形成的结构体系。这一定义说明了：

（1）组织结构的本质是员工的分工协作关系。

（2）设计组织结构的目的是为了实现企业的目标。组织结构是实现企业目标的一种手段。

（3）组织结构的内涵是人们在职、责、权方面的结构体系，所以组织结构又可简称为权责结构。这个结构体系的内容主要包括：职能结构，即完成企业目标所需的各项业务工作及其比例和关系；层次结构，即各管理层次的构成，又称组织的纵向结构；部门结构，即各管理部门的构成，又称组织的横向结构；职权结构，即各层次、各部门在权力和责任方面的分工及相互关系。

3.1.2 组织结构的特征因素

组织结构的特征因素，就是描述一个组织结构的各方面特征的标志或参数。了解企业组织结构的各方面特征，就是了解一个企业组织结构的基本情况。它是对企业组织结构进行比较和评价的基础，是进行组织设计和咨询的基础。企业组织结构的主要特征因素有以下 8 个方面：

1. 管理层次

一个企业的管理层次的多少，表明企业组织结构的纵向复杂程度。大型企业，从总经理到一般职工，中间可能有五六个或更多的层次；而小型企业则可能仅有两三个管理层次。

2. 管理幅度

管理幅度同管理层次的关系密切。管理幅度说明的是一名上级直接领导的下级人数。管理幅度少则为三四人，多则可达十余人或更多。一般说来，管理幅度小则管理层次就会多一些；反之，则管理层次就少一些。

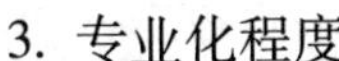

3. 专业化程度

企业组织结构的专业化程度，就是企业各职能工作分工的精细程度，具体表现为部门(科室)和职务(岗位)数量的多少。通常说，某企业设置“6部2室”的结构，或说某企业有20多个职能科室，就是表示专业化程度的高低。同样规模的企业，如果科室机构多，说明分工较细，专业化程度较高。

4. 集权与分权

当企业的经营决策权和管理权集中在高层管理人员手中时，表明这种组织结构的集权程度是高的；反之，如果把其中相当大的一部分权力下放给较低的管理层次，则其集权程度是低的或者说分权程度较高。集权和分权都是相对的，没有绝对的集权，也没有绝对的分权。表明职权集中或分散程度的具体标志有：产品生产计划的品种、质量、数量的决策权；投资决策权；产品销售权；外协决定权；本单位员工的招收和任免权；多大金额的固定资产购置权和日常开支的财务决策权；多大范围的物资采购权等。

5. 关键职能

在企业组织结构中处于中心地位，具有较大职责和权限的职能即为关键职能。它对实现企业目标和战略起着关键的作用。不同的企业可能具有不同的关键职能，有的企业可能是质量管理职能，有的企业则可能是技术开发、市场营销等职能，有的企业则可能没有明显的关键职能或组织设计中尚未明确关键职能。

6. 规范化(标准化)

规范化是指以同种方式完成相似工作的程度。不仅生产作业可以规范化，而且各项管理业务特别是日常的事务性工作，一般都具有标准的程序和方法，也可以实现规范化。在一个高度规范化的企业里，工作内容规定得很详细：相同的工作职务，不论人员是否更换，但工作程序和方法不变；同时，相似的工作可以在各个部门或单位以相同的方式进行。在我国企业中，管理业务的规范(通常称作管理工作标准)化程度可以用已经纳入企业的管理工作标准的数量及其详细程度来衡量。

7. 制度化的程度(正规化)

制度化是指企业中采用书面文件的数量。它包括表明企业中各项管理工作的程序、方法、要求等的规章制度，以及上下左右间用以传递信息的各种书面文件如计划、指示、通知、备忘录等。所有这些都是用正式书面文件的形式来描述组织的行为和活动的。在制度化(正规化)程度高的企业里，各项制度用正式的经过批准的书面文件来加以合法化，上下左右之间的信息交流也多采用书面文件的方式；而在制度化低的企业里，各项工作和活动尚未制订出正式的制度，或仅是领导的口头决定或不成文的规定，企业中上下左右间的信息交流多采用口头方式。

8. 职业化的程度

职业化的程度是指员工为了掌握其本职工作所需接受正规教育和职业培训的程度。如果企业中的多数员工需要具有较高的文化程度，或经过较长时间的职业培训才能熟练地从事企业中的某项工作，则这种企业的职业化程度就比较高。职业化程度通常可以用企业员工的平均文化程度（受正规教育的年限）以及进厂后的职业培训期限来表示。

以上 8 个方面的因素概括地反映了一个企业组织结构的主要特征和全貌，是调查和了解一个企业组织结构所应掌握的基本内容。

3.2 传统的组织结构形式

传统组织结构理论形成于 20 世纪 30 年代，侧重于静态组织的研究。其代表人物主要有：韦伯、泰勒、法约尔、穆尼和雷利等。传统组织结构理论是一种封闭式的系统理论，强调组织内部的适应性、有效的组织控制及建立明确的职权系统，强调结构分系统和管理分系统，是主张人迎合管理的组织理论。

传统组织结构主要有直线制、职能制和直线职能制三种形式。

3.2.1 直线制

1. 概念

直线制组织是工业发展初期的一种简单的组织结构形式，适用于小型组织或现场作业。直线制组织结构示意图如图 3-1 所示，其特点是组织中一切管理工作均由领导者直接指挥和管理，不设专门的职能机构。

2. 直线制的优缺点

在直线制组织中，上下级的权责关系呈直线型，上级在其职权范围内具有直接指挥权和决策权，下属必须服从，这种结构形式具有权责明确、命令统一、决策迅速、反应灵敏和管理机构简单的优点；但其缺点是组织发展会受到管理者个人能力的限制，组织成员只注意上下级间的沟通，而忽视横向联系。

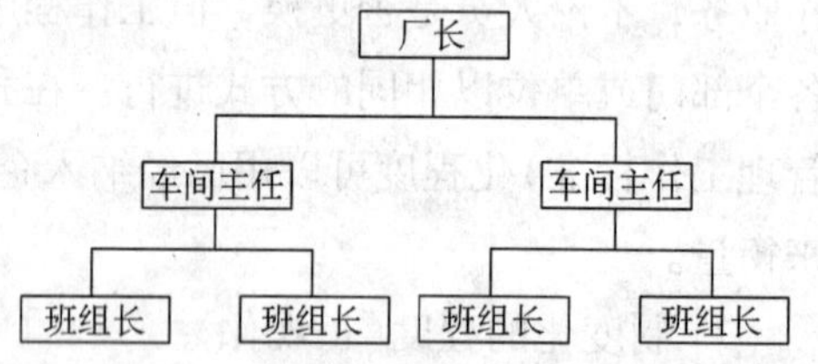

图 3-1 直线制组织结构示意图

3.2.2 职能制

1. 概念

职能制组织结构形式采用专业分工的管理人员来代替直线制的全能管理者，设立了在自己业务范围内有权向下级命令和指挥的职能机构（包括人事、财务等职能机构）。职能制组织结构示意图如图 3-2 所示。该示意图表明，各级主管除了服从上级行政领导的指挥以外，还要服从上级职能部门在其职能领域的指挥。

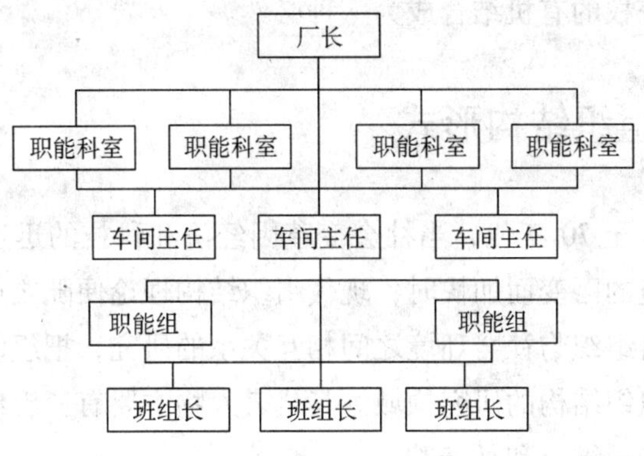

图 3-2　职能制组织结构示意图

2. 职能制的优缺点

职能制组织结构的优点是有利于发挥专业人员的职能，以弥补行政管理手段的不足；其缺点是容易形成多头领导，削弱命令统一。一般的组织不宜采用这种形式。

3.2.3　直线职能制

1. 概念

直线职能制是我国多数企业采用的组织结构形式。在直线制的基础上设置相应的职能部门。直线职能制组织结构示意图如图 3-3 所示。直线职能制表明，只有各级行政主管有权指挥和决策，保证命令统一；职能人员只作为参谋，对下级起指导作用，只有在行政主管授予其向下级发布指示的权利时才拥有一定的指挥职能。

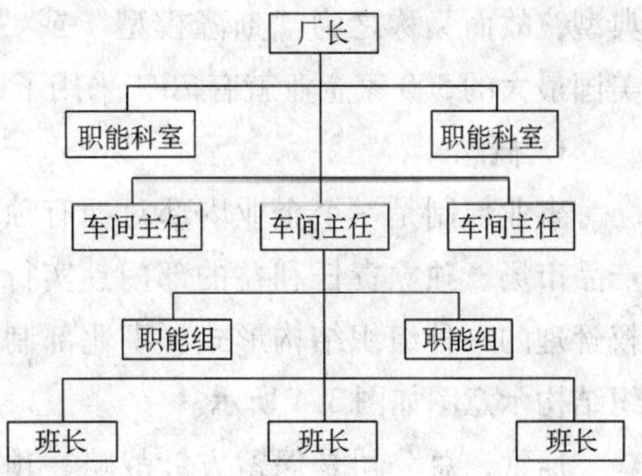

图 3-3　直线职能制组织结构示意图

2. 直线职能制的优缺点

直线职能制组织结构的优点是既保证了集中统一指挥，又发挥了专业人员的作用。其缺点是各职能部门自成体系，易产生矛盾和不协调，对组织绩效产生不利影响；如果对职能部门授权过大，易干扰直线指挥；职能部门缺乏弹性，对环境变化反应迟钝，并增加管理费用。

以上这些组织结构形式在组织规模小、业务简单、环境比较稳定的条件下，能够发挥其优势。随着组织规模的不断扩大、业务的日趋复杂和环境变动的加剧，这种把管理权高度集中在组织最高领导层的集权式组织结构的缺陷日益突出。规模庞大的组织尤其是跨国或跨地区的大型企业，增强应变能力和有效管理的要求使集权与分权的有机结合成为一种必然。

3.3 现代的组织结构形式

在 20 世纪 60 至 70 年代，当社会变革因经济和科技的迅速发展、人员素质的提高和外部环境的巨变而加快时，现代组织结构理论便随之产生了。现代组织结构理论侧重于对组织与社会环境之间相互关系的研究，把组织看作为一个开放的系统，扩大了组织结构的研究领域。其代表人物主要有：巴纳德、西蒙、钱德勒、劳伦斯、洛希、维克和马奇等。

现代组织结构理论全面研究了主要系统及其相互关系，是一种开放型的系统理论，它强调组织对外部环境的适应性以及对组织行为活动过程的控制，是以组织迎合人的组织理论。

现代组织结构主要有事业部制、超事业部制、矩阵制和立体组织制 4 种形式。

3.3.1 事业部制

事业部制是美国和日本的大企业、大公司普遍采用的一种组织结构形式。它最初由美国通用汽车公司副总经理斯隆创立，通用公司是集中决策、分散经营的典型，故而又称之为“斯隆模型”或“联邦分权制”。据 1969 年的一个统计，美国最大的 500 家企业就有 76% 采用了这种形式。

1. 概念

事业部制是一个企业内部对拥有独立产品市场、独立责任利益的部门、实行分权管理的一种组织结构形式。事业部制组织结构示意图如图 3-4 所示。

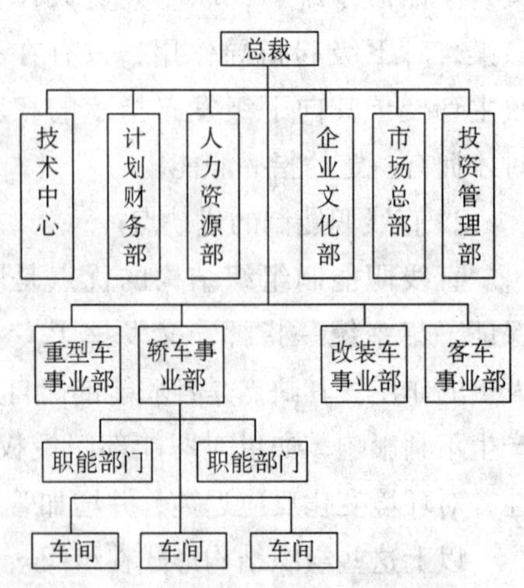

图 3-4 事业部制组织结构示意图

通常，总公司是保留方针战略、预算和重大人事任免权的决策中心；事业部是独立核算、自负盈亏的利润中心；生产企业是政策管制集权化、业务运作分权化的成本中心。

另外，基于事业部制的思想可以构筑模拟分权结构(或称模拟事业部制)。它是介于直线职能结构和事业部结构的一种组织结构，如图 3-5 所示。

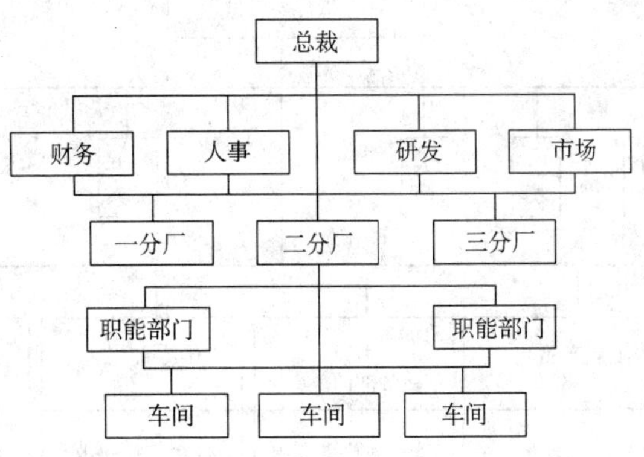

图 3-5　模拟分权结构

模拟分权结构不同于事业部制：组成单元不是真正的事业部，大多属于前后衔接的生产阶段，没有自己独立的外部市场，但这些生产阶段配有自己的管理层，也有自己要实现的按内部价格制定的利润指标，而不是像事业部那样直接面向市场。

2. 事业部制的优缺点

事业部制的优点是把统一管理、多种经营与专业分工更好地结合起来，这既能保证企业的绩效和利润，又能调动员工积极性，培养管理人才；其缺点主要是管理人员比重较大，分权有可能架空总公司，协调较为困难，资源重复配置造成内耗。

模拟分权结构的优点是解决了大型企业的管理问题，使高层管理人员集中精力于战略问题；其缺点是目标明确困难、沟通效率低、集权分权难以明晰。模拟分权结构通常是钢铁、化工、造纸、化纤等大型工业企业所采用的组织形式。

3.3.2　超事业部制

1. 概念

超事业部制又称为“部门执行制”，适用于规模超大型化的组织，是在原事业部上面再增加一层管理机构的形式。这是由于组织规模越来越超大型化，总公司直接领导各事业部会因管理幅度过大而影响管理效果。这种结构相当于给事业部又设立了“领导部门”，使管理体制在分权的基础上适当地再集中。以美国通用电气公司为例，其超事业部制结构如图 3-6 所示。

2. 超事业部制的优缺点

超事业部制的优点是不仅可以减轻高层管理人员的日常事务工作，而且还有利于调动各事业部的力量进行市场开发，增强企业的灵活性和适应性；其缺点是

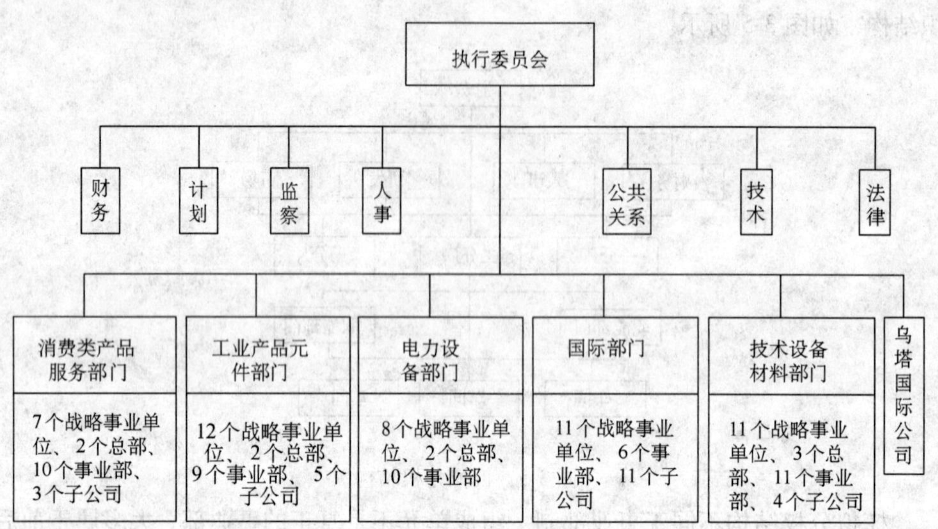

图3-6 通用电气公司的超事业部制结构

仅适用于规模很大的公司(如一些跨国公司)。

3.3.3 矩阵制

1. 概念

矩阵制是由两套管理系统相结合而形成的长方形组织结构，是在直线职能制垂直形态组织系统的基础上加上一套为完成某项任务而暂时设立的横向项目系统，是一种“非长期固定”的组织。矩阵制组织结构示意图如图3-7所示。它较适用于创新工作较多或经营环境复杂多变的组织。

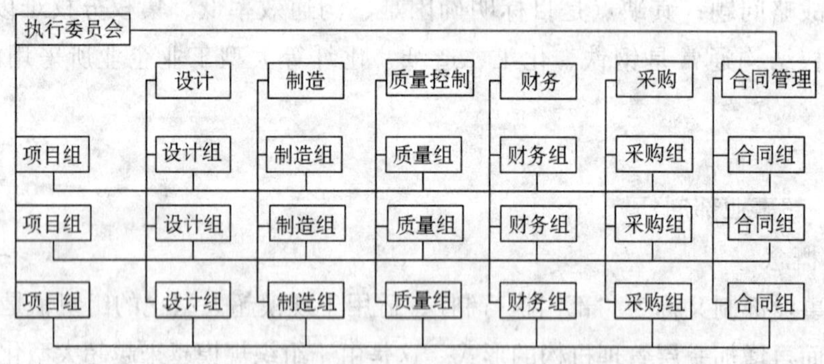

图3-7 矩阵制组织结构示意图

2. 矩阵制的优缺点

矩阵制结构的优点是在进行产品开发、科研项目公关时能够发挥各方面专业人才的作用，加强各部门的横向联系，提高组织管理的机动性和灵活性；其缺点是具有多头领导和临时观念的倾向。

3.3.4　立体组织制

这种结构适用于跨国公司或规模巨大的跨地区公司。它是矩阵制的进一步发展，包括三四个方面的管理结构。通常为三维：一是按产品划分的事业部，是产品利润中心；二是按职能(如生产、技术、管理、市场调研等)划分的专业参谋机构，是专业成本中心；三是按地区或时间划分的管理结构，是地区(或时序)利润中心。这种结构除了将直线职能制与事业部制统一以外，还使规模庞大的组织在地区或时间上取得协调。随着我国企业集团的发展，一些特大型的企业可以采用这种结构形式。

3.4　新型的组织结构形式

从 20 世纪 80 年代初起，国外一些组织的管理者为了增强组织的竞争力，设计了一些新型的组织结构。现选择几种有借鉴的组织形式介绍如下：

3.4.1　团队结构制

20 多年前，沃尔沃、丰田等公司采用可以自我调节、相互约束的工作团队代替传统的直线等级结构，目前团队结构制已成为组织活动的流行方式。

1. 概念

当管理人员动用团队作为协调组织活动的主要方式时，其组织形态即为团队结构。

在小型公司中，可以把团队结构作为整个组织形式；在大型组织中，团队结构一般作为典型的行政性层系结构的补充。这样的组织既有传统结构标准化的好处，可以提高运作效率，又能因团队的存在而增加企业灵活性。

2. 特点

这种结构方式的主要特点是，打破部门界限，并把决策权下放到工作团队，能够提高运作效率，增加企业灵活性。

3. 团队与群体的区别

团队通常是一群为数不多的员工，他们的知识与技能互补彼此相互承诺协作完成共同目标，并且保持相互负责的工作关系。工作群体的主要特点是员工通过相互作用来共享信息，作出决策，帮助每个员工更好地承担起自己的责任。团队与群体的区别如下。

(1) 团队员工通过共同努力能够产生积极的协同作用，因此团队绩效既有赖于个体的贡献，也取决于集体的协作；群体的绩效仅仅是每个工作群体员工个人贡献的总和。

(2) 团队的工作成果既要个体负责，又要共同负责；群体的工作成果则由个体负责。

(3) 团队不仅要像群体那样具有共同的兴趣目标，而且还要有共同的承诺。

(4) 团队员工的技能是相互补充的；群体员工的技能则是随机的或不同的。

(5) 团队员工具有较大的自主权；群体员工则一般受管理者严密监控。

团队由具有技术、决策和人际关系技能的员工组成，以完善的评估系统和奖酬体系来约束，得到员工高度的信任，为高绩效而努力工作的群体与团队的区别如图 3-8 所示。这种结构打破了部门的界限，把决策权下放到团队，并要求团队员工既是专家又是全才。团队结构既可以是整个组织的结构形式，也可以用于在开发新产品时作为传统组织结构的补充。

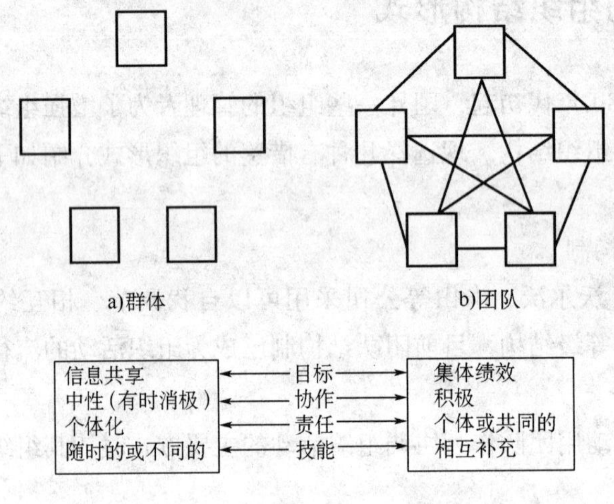

图 3-8 群体与团队的区别

3.4.2 虚拟结构制

1. 概念

虚拟结构也称为网络结构，其实质就是仅设立可发挥其主要职能的核心组织，而将其他职能委托给其他组织，如图 3-9 所示。虚拟结构制表明企业将精力集中在自己最擅长的业务上，如高新技术的研究、新产品的设计和开发或营销等。对于自己不擅长或不感兴趣的业务，如零部件生产、配送、营销、服务等，如果有其他企业做得更好或成本更低，就可以委托给他们去做。这会使组织在经营中具有更大的灵活性，并节省人员，还能集中精力。例如，戴尔计算机公司并没有生产工厂，而是从其他公司买来零部件进行组装，这使善于创新而又缺乏资金的戴尔能够使其公司在专长领域与蓝色巨人 IBM 成功竞争。

2. 特点

这种结构的优点是快速、灵活和经济；缺点是由于一切管理活动都是通过契约关系进行的，管理者对公司的主要职能活动缺乏强有力的控制，供应品的质量

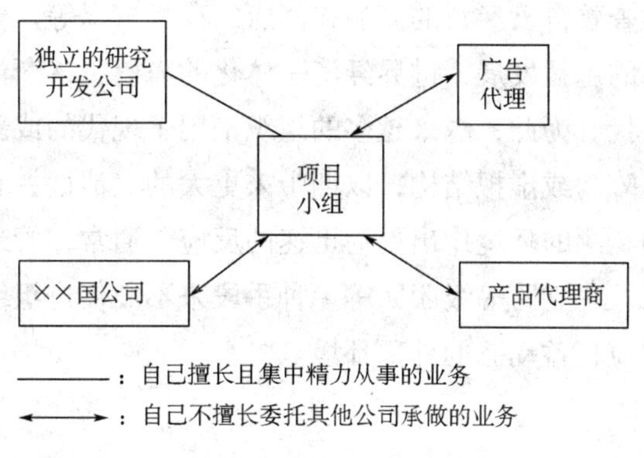

图 3-9　虚拟结构(网络结构)

难以预料，创新的保密程度差。

3.4.3　无界限组织

1. 概念

无界限组织是美国通用电气公司总裁杰克·韦尔奇设想的理想组织结构。这种组织的各种职能部门为授权的多功能团队所取代，取消组织垂直界限使组织趋于扁平化，极大地降低了等级秩序，使组织看上去更像粮仓筒而不是金字塔；通过经营的全球化、实行组织间战略联盟等策略，致力于打破组织与客户之间的外在界限及地理障碍。

无界限组织所寻求的是缩短命令链，对控制跨度不加限制，取消各种职能部门，代之以授权的团队。

2. 特点

(1) 管理人员通过取消组织垂直界限而使组织结构趋向扁平化，使等级秩序作用降到最低限度。通用电气公司用来取消组织垂直界限的做法有：引入跨等级团队(由高级主管、中级主管、基层主管和员工组成)；让员工参与决策，360 度绩效评估(员工的绩效由他的同事及其上下级共同评定)。

(2) 为消除组织的水平界限，以多功能团队取代职能部门，围绕公司的工作流程来组织活动。例如，施乐公司现在通过多专业交叉的团队参与整个工作流程的工作，而不是围绕狭窄的职能任务来开发新产品，他们要参与整个过程。

(3) 充分发挥无界限组织的职能，还要打破组织与客户之间的专业界限及心理障碍。取消外部界限的方法包括：经营的全球化，实行公司间的战略联盟，建立顾客与组织之间的固定联系，这些方式都有助于消除组织外部界限。

使无边界组织能够得以正常运行的技术原因之一是计算机网络化，这使人们能超越组织内外的界限进行交流。例如，电子邮件使成百上千的员工可以同时分享信息，并使公司的普通员工可以直接与高级主管进行交流；计算机网络也使商品供应商可以及时查看自己经营的商品在商店的存货情况等。

随着信息技术的迅猛发展，世界经济一体化的障碍正逐渐消除，竞争自然会进入一个空前的时代。为此，越来越多的组织采用了现代的或新型的组织结构形式，有的选择了矩阵制或虚拟结构，以期带来更大的灵活性；有的再叠加上团队结构，力求对变幻莫测的环境作出更为迅速的反应。通常，管理者们会通过削减垂直层次、分权以及建立跨等级团队等多种手段来不断促进组织的有机化，以期企业更加灵活地适应日益动态的外部环境。

个案分析

案例材料

组织结构并非一成不变

东信公司近几年在其总裁周聪的带领下发展迅速，然而同时，一向运行良好的组织结构开始阻碍公司的发展。

公司原先是根据职能来设计组织结构的，职能部门包括财务、营销、生产、人事、采购、研究与开发等。随着公司的壮大，产品已从单一的电视机扩展到冰箱、微机、洗碗机、热水器、空调等诸多电器。旧的组织结构已无法适应产品的多样性。职能部门之间矛盾重重，主要决策均需周聪亲自作出。

于是，周聪决定根据产品种类将公司分成9个独立经营的分公司，每一分公司经理对各自经营的产品负有完全责任，只要能赢利，总部不再干涉分公司的具体运作。但是，公司重组后，总裁感觉到很难再对每一分公司都实行充分控制，各分公司经理常常不顾总公司的方针、政策，各自为战；而且分公司之间在采购、人事等职能方面也出现了许多重复现象。

周聪认识到他在分权方面放得有些过宽，于是下令收回分公司经理的一些职权，强调以后下列决策权归总裁所属：①超过10万元的支出；②新产品的研究与开发；③营销战略的制订；④重要人员的任命。职权被收回后，分公司经理纷纷抱怨，有人递上了辞呈。周聪当然明白这一举措极大地挫伤了分公司经理的积极性，但也没有更好的办法。

分析

本案例材料涵盖了以下知识点：

（1）组织结构是影响组织绩效的重要因素，组织的绩效在很大程度上取决于所设计组织结构的合理性和适用性。

（2）职能制和事业部制两种组织结构的优缺点。

案例中，随着东信公司的发展，公司总裁根据公司的具体情况，分别设计了职能制和事业部制两种组织结构形式。职能制随着公司的壮大，无法适应产品的多样性；而新的事业部制管理人员比重较大，在分权方面放得有些过宽，造成协调较为困难，资源的重复配置又造成了内耗。一般情况下，进行组织结构设计时，我们必须根据组织所处的环境条件及自身特点，在充分考虑到组织复杂性、规范性和集权性程度的基础上来规划和构造组织结构。只有这样，才能保证组织结构的功能和协调达到最优程度，从而保证有限资源的充分利用并有效实现组织目标。

自学指导

学习重点

本章学习重点：组织结构的定义、组织结构的特征因素；传统、现代、新型的组织结构形式及特点。

（1）企业的组织结构是企业全体职工为实现企业目标，在管理工作中进行分工协作，在职务范围、责任、权力方面所形成的结构体系。

（2）组织结构的特征因素就是描述一个组织结构的各方面特征的标志或参数。了解企业组织结构的各方面特征，就是了解一个企业组织结构的基本情况。它是对企业组织结构进行比较和评价的基础，是进行组织设计和咨询的基础。企业组织结构的主要特征因素有：管理层次、管理幅度、专业化程度、集权与分权、关键职能、规范化(标准化)、制度化的程度(正规化)、职业化的程度。这 8 个方面概括地反映了一个企业组织结构的主要特征和全貌，是调查和了解一个企业组织结构所应掌握的基本内容。

（3）传统的组织结构形式有：直线制、职能制和直线职能制三种形式。直线制组织是工业发展初期的一种简单的组织结构形式，是组织中一切管理工作均由领导者直接指挥和管理，不设专门的职能机构的组织形式。职能制组织结构形式采用专业分工的管理人员来代替直线制的全能管理者，设立了在自己业务范围内有权向下级命令和指挥的职能机构。直线职能制是在直线制的基础上设置相应的职能部门，只有各级行政主管有权指挥和决策，职能人员只作为参谋，对下级起指导作用。

（4）现代组织结构理论全面研究一切主要系统及其相互关系，是一种开放型的系统理论，强调组织对外部环境的适应性以及对组织行为活动过程的控制，是以组织迎合人的理论。现代组织结构主要有事业部制、超事业部制、矩阵制和立体组织制 4 种形式。

（5）从 20 世纪 80 年代初起，国外一些组织的管理者为了增强组织的竞争力，设计了一些新型的组织结构，这些组织结构形式有：团队结构制、虚拟结构制和无界限组织。

学习难点

本章学习难点：传统的组织结构的适用场合。

传统的组织结构形式在组织规模小、业务简单、环境比较稳定的条件下能够发挥其优势。

复习思考题

一、单项选择题(在备选答案中选择 1 个最佳答案,并把它的标号写在题后的括号内)

1. 企业全体职工为实现企业目标，在管理工作中进行分工协作，在职务范围、责任、权力方面所形成的结构体系是(　　)。

A. 企业组织　B. 组织　C. 企业组织结构　D. 流程

2. 组织中一切管理工作均由领导者直接指挥和管理的组织结构形式称为(　　)。

A. 直线制　B. 职能制　C. 直线职能制　D. 事业部制

3. 组织的各种职能部门为授权的多功能团队所取代，取消垂直界限使组织趋于扁平化，极大地降低等级秩序，这种组织结构称为(　　)。

A. 直线制　B. 团队结构制　C. 虚拟结构制　D. 无界限组织

二、多项选择题(在备选答案中有 2 ~ 5 个是正确的,将其全部选出并将它们的标号写在题后的括号内,错选或漏选均不给分)

1. 企业组织结构的主要特征因素除了管理层次和管理幅度外还包括哪些？(　　)。

A. 专业化程度　B. 集权与分权　C. 关键职能　D. 规范化、正规化

E. 职业化的程度

2. 现代组织结构的主要形式有(　　)。

A. 事业部制　B. 团队结构制　C. 超事业部制　D. 矩阵制

E. 直线制

3. 新型组织结构的主要形式有(　　)。

A. 企业组织结构　B. 团队结构制　C. 虚拟结构制　D. 无界限组织

E. 直线制

三、名词解释

1. 企业组织结构　2. 直线制　3. 事业部制　4. 矩阵制

四、填空题

1. 采用专业分工的管理人员来代替直线制的全能管理者，并设立了在自己业务范围内有权向下级命令和指挥的职能机构的组织结构形式是________。

2. 为数不多、知识与技能互补的员工彼此相互承诺协作完成共同目标，并且保持相互负责的工作关系称为________。

3. 由两套管理系统相结合而形成的长方形组织结构称为________。

五、简答题

1. 企业组织结构主要有哪些特征因素？
2. 简述传统的组织结构形式。
3. 团体和群体有何区别？
4. 简述无界限组织结构的特点。

六、论述题

试论述传统组织结构的适用场合。

第4章 商业组织结构设计

学习目标

1. 应了解、知道的内容
   - 组织结构设计的定义
   - 组织结构设计的要点
   - 组织的基本职能、职能分解、目标分解、职务分析、管理控制
   - 职务说明书、组织图(组织结构图)、组织手册、标准工作规程
2. 应理解、清楚的内容
   - 组织结构设计的原则
   - 规模、环境、技术、战略对组织结构的影响
   - 组织设计的程序
   - 绘制组织图的原则
   - 组织手册的内容
   - 标准工作规程的内容

自学时数

4 学时

教师导学

组织结构设计是一个动态的工作过程，其基本功能就是要协调组织中的成员与目标任务的关系，使组织系统能适合目标的要求，最大限度地发挥成员的能动性，使组织成为一个既具有凝聚力又具有很强适应性的有机整体。科学的企业组织设计要根据企业组织设计的原理和内在规律有步骤地进行，才能取得良好的效果。本章主要介绍了组织结构设计的定义、要点、原则、程序以及影响组织结构设计的因素。

4.1　组织结构设计概述

4.1.1　组织结构设计的定义与要点

组织设计亦即组织结构设计，就是对组织结构的组成要素和它们之间连接方式的设计，它是根据组织目标和组织活动的特点来划分管理层次，确定组织系统，选择合理的组织结构形式的过程。

具体来说，组织设计有以下几个要点：

（1）组织设计是管理者根据目标一致、效率优先的原则在组织中有意识地把任务、权责进行有效组合和协调的过程。

（2）组织设计是管理者在其既考虑组织内部要素（战略、人员、技术等），又充分考虑组织外部环境因素之后进行的。

（3）组织设计的最终结果是绘制组织系统图、编制职位说明书和组织手册。

从上述要点可以看出，组织设计是一个动态的工作过程，其基本功能就是要协调组织中成员与目标任务的关系，使组织系统能适合目标的要求，最大限度地发挥成员的能动性，使组织成为一个既具有凝聚力又具有很强适应性的有机整体。

4.1.2　组织结构设计的原则

组织结构的形式多种多样，每一种结构形式都有利有弊，要求一种最优的组织结构是不现实的。设计组织结构时必须要遵循一定的原则，国外一些学者做过统计，所有组织在管理方面出现的问题大多数是由组织结构不合理造成的，而遵循一些最基本的原则可以大大减少管理上的障碍。在总结一些组织的成功管理经验的基础上，结合组织所面临的现实，提出以下的组织结构设计原则：

1. 战略目标原则

任何组织都有其特定的发展战略和目标。组织结构的设计或调整只是一种手段，其目的是保证组织战略的顺利实施和目标实现。因而首先要确定组织发展的战略方向、战略发展阶段及其每个阶段的发展任务等方向性前提，这样才能勾画出有效结构的基本模式。组织结构设计不应拘泥于形式，而应以适合组织实情，实现组织目标为其根本性宗旨。

2. 集权与分权结合的原则

这一原则要求根据组织的实际需要来决定集权与分权的程度。所谓集权是组织的决策权相对集中于高层管理者；所谓分权就是组织的决定权根据职务的需要分散到组织内各层次。集权与分权是辩证统一的关系，倾向于集权则有利于集中统一指挥，提高绩效，机构精干，减少管理费用；但会使领导者直接控制面缩小，增加管理层次，不利于沟通和激励。分权则恰恰相反，它使直接控制面增大，减少管理层次，利于从环境需要出发，灵活高效地作出决策。当然，授权需将适当的权限授予有能力的人，使有关人员明确授权的内容和范围，并建立监督反馈机制。

3. 责权对等原则

管理的基本原则是一定的人对一定的工作完全负责。这基本上取决于责任、权限和利益三者的关系。在设置职务时，应使职责与权限相当，使担任该职务的人享有相应的利益。责权对等原则是要求职责与职权保持一致。职责是指各种组织职位所承担的责任。在组织体系中，职责是各构成部分之间的连接点，只有形成各负其责的责任体系，才能使组织上下左右协调工作，共同完成组织目标。如果一个管理组织，没有明确的职责分工，整个组织就会松垮、瘫痪。职权是指一定职位在其职责范围内，为完成其责任必须具有的权力。职权具体表现为工作中的决定权、命令权和审查权，这些职权应与所负的责任相适应。高层管理者对实现组织总目标要全面负责，就必须拥有较大的权力。基层管理者只对一定的执行任务负责，因此给予必要的权限即可。权力要限制在责任范围内，过大不行，过小也不行。职责与职权不对等，就会影响管理人员的责任心，降低工作效率。

4. 管理幅度和管理层次原则

管理幅度是管理者能够直接有效指挥和监督下属的数量，通常的管理幅度为4～9人。为有效地完成任务，最高主管也必然将所承担的部分管理工作再委托给另一部分人来协助完成，依此类推而形成组织中从最高主管到具体工作人员之间不同的管理层次。一个组织管理层次的多少，要受到组织规模和管理幅度的影响。在管理幅度给定的条件下，管理层次与组织规模大小成正比，组织规模越大（包括的成员数越多），其所需的管理层次越多；在组织规模给定的条件下，管理幅度与管理层次成反比，即每个主管所能直接控制的下属人数越多，所需的管理层次就越少。在任何组织结构的设计时均要考虑管理幅度问题，选择适宜的规模及其相应的层次。

5. 稳定性与适应性相结合原则

既要保证各方面工作的正常运行，又要对内外部环境的变化作出正确反应，这就要求在进行组织结构设计时要兼顾稳定性与适应性相结合的原则。一成不变的组织是僵化的组织，而经常变动的组织也是无法创出优良业绩的。组织设计的目的就是要在二者之间找到适当的统一。

6. 执行与监督分开原则

在组织中，应分别设立执行机构和监督机构，以利于暴露矛盾、解决问题。例如，在生产执行部门之外应设立质量监督、财务监督以及安全监督机构；另

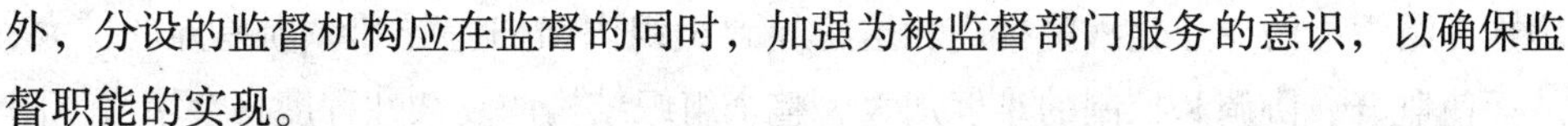

外，分设的监督机构应在监督的同时，加强为被监督部门服务的意识，以确保监督职能的实现。

7. 有效性原则

有效性原则要求建立的组织结构必须有良好的工作效率。管理组织的有效性具体表现为组织机构内各部门、单位和个人均有明确的职责范围，能够节约人力和时间，有利于发挥员工的聪明才智和工作积极性，能使整个组织以最少的费用支出实现其总目标。要使建立的管理组织有效率，关键是使组织系统内每个部门和每位员工的活动，都能与计划的总目标取得一致。如果组织内出现目标不一致的现象，就会产生内耗而影响总目标的顺利实现。

8. 信息的灵活沟通原则

从某种意义上说，灵活沟通是管理目标有效实现的前提。沟通不但是聚合个体组织的黏合剂，也是管理者激励下属实现其领导职能的基本途径，还是组织与外界环境联系的桥梁。组织结构应保证信息沟通能够做到迅速准确，并满足组织成员的心理需要。为此，需要确定合理的管理幅度，建立适合于组织结构的沟通网络。

9. 分工与协作原则

现代组织分工细密，协作关系复杂，要实现组织目标，应在组织机构设置方面贯彻分工与协作的原则，即从各项管理职能的业务性质出发，在管理组织之间进行合理的分工，划清责任范围，提高管理的专业化程度与水平，以达到提高工作效率的目的。同时，应注意各项专业管理工作之间存在的内在联系，在分工的基础上加强协作，相互配合，妥善处理好专业管理和综合管理之间的关系。

4.2　影响组织结构的主要因素

哪些因素会导致不同行业、不同企业在组织结构方面的差别呢？从事组织研究的学者提出若干重要的情景因素，包括规模、环境、科技及战略等，都会对组织结构有明显影响。

4.2.1　规模与组织结构

组织规模对组织结构具有影响是很容易理解的。例如，对于一个生产单一产品且只有几十人的小型企业来说，采用直线制的组织结构形式将是最好的选择；而对于一个拥有成千上万人的大型企业来说，如果没有复杂而严密的组织结构、健全的规章制度以及分权决策，要使企业保持正常运行，取得高效率是很难想象的。

组织规模直接影响着组织结构的复杂性程度：组织规模增大，意味着人数的增加，组织内的专业化程度提高，这将导致组织内横向差异和纵向差异的扩大，从而使监督、协调和控制的难度加大，整个组织结构的复杂性程度将会增大。同样，组织规模也会影响组织结构的规范化程度：组织规模的扩大，管理者或者采用加强直接控制的办法，减少管理幅度而增加管理层次，但会造成管理成本的增加；或者采用正规化的、规范化的管理办法，通过制订更加严密的规章制度来规范员工的行为，这样就会使组织结构规范化的程度得到提高。最后，组织规模也影响着组织结构中的集权和分权：组织规模扩大，组织内的管理业务量大幅度增加，高层管理者很难直接监控下属的一切行为，就有必要委托他人来加强管理，这样就造成了分权。通常情况下，组织规模越大，分权程度就越高。

4.2.2 环境与组织结构

组织结构要能够随着环境的变化来进行设计和调整。

组织环境(主要指外部环境)是指社会环境、经济环境、技术环境和政治环境。按照环境的不确定性程度，组织所处的环境大致可分为三类：一是稳定的环境，表现为产品或服务在近期内基本稳定、政府有关政策法令连续而稳定、在相关领域中技术创新速度平稳、消费者和竞争者均维持稳定、社会政局稳定等，在这种环境下的组织适合采用比较规范化、集权化的组织结构；二是变迁的环境，表现为产品或服务在近期内出现连续性变化、政府有关政策法令发生变化但趋势可以预测、技术创新速度加快但连续性较强、本行业内的竞争态势仍可把握等，在这种环境下的组织虽然仍基本适用规范化和集权化的组织结构，但须加强对环境的关注，适当加强组织结构的弹性；三是动荡的环境，表现为产品或服务经常改变、技术创新日新月异、竞争激烈、政府的政策法令不断更新、消费者的行为和价值取向改变迅速等，处在这种环境下的组织必须建立畅通的信息渠道，采用分权化的形式，整个组织具有很强的弹性，以对多变的环境作出快速反应。

4.2.3 技术与组织结构

科技是指在生产过程中(包括生产商品或提供服务)中所使用的机械工具、技术知识及操作程序。科技水平的高(复杂)低(简单)会对组织结构有一定的影响。

美国著名的组织学家查尔斯·佩罗指出，可从两方面去探讨工作所采用科技的性质：其一是工作多元性，即生产过程是否出现很多的不可预料而奇特的情况；其二是工作活动的可分析性，即工作能否按部就班，依循固有规则即可完成。当一个企业的营运情况简单而重复，鲜有不可预测的处境，并且生产过程是根据既定的程序进行时，则该企业采用“常规科技”，如家用电器、纺织及制衣工厂便是明显例子。与常规科技配合的结构特点包括：高度形式化及标准化，中央集权及较低的专业化程度。与此相反，当一个企业的营运过程既是多元化程度较高，又难于预测且可分析性差，工作活动变化万千无章可循时，则企业应采用“非常规科技”，如商业研究、公关及市场策划工作。在该种科技情况下，企业应采用一个具有弹性的组织结构，下放权力，提高专业化程度，降低形式化程度，使企业变得更为灵活。

4.2.4　战略与组织结构

在影响组织结构的众多因素中，组织战略是一个重要的因素，组织结构只是实现组织目标的手段，而组织目标又源于组织的总体战略。因此，组织结构与组织战略是紧密联系在一起的，组织结构的设计和调整必须服从于组织战略，只有如此，组织战略才能更有效地执行，才能取得竞争优势。

最早进行系统研究组织战略与结构关系的是美国历史学家艾尔弗雷德·钱德勒，他在深入研究了美国200家长达50年发展历程的大公司后得出结论：组织战略的变化先行并且导致于组织结构的变化。一般来说，组织通常起始于单一产品或产品线生产。简单的战略只要求一种简单、松散的结构形式来执行。这时，决策可以集中在一个高层管理人员手中，组织的复杂性和规范化程度都很低。当组织发展壮大后，随之而来的将是发展战略的变化，组织的活动将在既定的产业内不断扩大，向纵向一体化发展。这种纵向一体化的发展战略必将使组织单位之间的相互依赖性增强，从而产生了对更复杂的协调手段的要求，这就要求重新设计组织结构，按职能来建立专业化的组织单位。随着组织的进一步发展，通常在进入产品多样化经营阶段，组织业务活动伸展到不同行业领域，这时又需要对组织再次进行调整，以取得更高效率。这种产品多样化战略所要求的结构必须能够有效地配置资源，控制工作卓有成效，并能保持各单位之间的协调，而组建事业部将能够有效达到上述要求。由此可见，随着组织战略从单一产品或生产线向纵向一体化、再向多样化经营的转变，组织结构也必然进行相应的调整以适应变化了的组织战略。

4.3　组织结构设计的程序

4.3.1　组织设计的程序

企业组织结构设计是一个动态的工作过程，包含着一定的工作程序。科学的进行企业组织设计，要根据企业组织设计的原理和内在规律有步骤地进行，才能取得良好的效果。一般而言，组织设计应按如下程序进行：

1. 确定组织目标

首先应该依据组织宗旨确定组织的基本目标。每个组织最初都是为实现某种目标而建立的，组织目标是组织自我设计和自我保持的出发点，也是衡量组织成功与否的标志。组织的目标必须是具有重要性的社会需求。同时，组织成员必须了解组织目标的具体内容。

2. 基本职能分析

组织的基本职能是组织系统在特定的环境中保持正常运转，保证组织生存和发展所必须具备的功能。

进行组织的基本职能分析必须解决以下三个重要问题：

（1）组织中应该具备哪些基本职能？凡是实现组织目标和战略任务所客观需要的职能均不能遗漏，以便进一步在组织上确定落脚点，即确定承担各项职能的部门；同时，基本职能之间不能有重复，以避免组织结构设立时出现两个或更多的部门承担同一职能，那就会产生职责不清，互相推卸等问题，从而降低管理效率和效果。

（2）各种职能之间相互联系，相互制约的关系是怎样的？弄清了这个问题，就可为部门的设计奠定科学的基础。因为紧密联系的职能应置于同一管理子系统内，不宜分开；相互制约的职能则不能由同一部门或子系统承担，必须分开。否则，就会影响企业组织的横向协调与监督控制，造成管理工作的混乱。

（3）在各种职能中，什么是关键职能？这也是为以下的组织结构设置奠定基础，因为承担关键职能的部门是关键部门，应配置在组织结构的中心地位，其他部门的工作与之配合，以保证组织能够出色地履行职能。不然，各部门竞相争当主角，形成多个中心，就会妨碍组织目标的实现。

3. 职能分解

职能分解就是对组织的基本职能给予细分和归类，体现相对集中，并进一步确定各职能的纵向层次的横向跨度，从而确定组织的部门机构。

职能分解主要包括以下两个步骤：

（1）将某些基本职能进行细分。“细分”的原因是由于组织的基本特性使得某些基本职能的业务活动极为繁琐，而且差别较大，所以，虽然都属于同一职能所管理的工作，但适宜进一步实行专业化分工，从而形成若干细分职能。例如，现代钢铁联合企业的生产过程，涉及原料、能源、运输、冶炼、轧制、综合利用、成品出厂和外部协作等多项复杂的管理工作，仅能源就包括水、电、风、气等十几种能源介质的生产、输送和供应；各种原料和成品的年吞吐量高达数百万吨甚至上千万吨；厂内外运输方式和运输设备多，工作量很大；外协范围广，单位多。在这种条件下，生产管理职能只有细化，才能适应生产过程中复杂性的要求。因此，原料管理、运输管理、能源管理、设备管理、外协管理等领域，适宜独立成为同生产紧密相关的几个细分职能。

（2）职能分解是对各职能进行归类。如果某一职能的业务工作较为简单，工作量也很少，那么，这一阶段的管理职能就可以考虑并入与其紧密关联的其他职能中去；或者某些职能密切相关，不可分割，也可以考虑合并为同一职能。最为典型的例子就是发电厂，它的产出是电能，通过电网直接输送给用户，不像其他行业那样，必须经过市场推销和激烈的竞争才能实现产品的价值。因此，电力生产企业的销售职能尽管依然存在（这是因为它不能无偿地为用户提供电力），但同那些市场营销工作既重要，又很繁重的企业相比，已经缩减得比较简单而且次要了，故可将其业务工作并入生产（如为用户服务）、财务（如电价管理）等直接相关的基本职能中去。

在职能细分、归类之后，就可以确立负责每一职能的相应职能部门，同时综合考虑横向的管理跨度和纵向组织层次，最后形成完整的组织结构。

4. 目标分解

目标分解就是将组织总目标分解为各职能部门和任务单位的具体目标，并在目标之间进行协调，从而形成组织目标体系化。通过目标分解，可以组织和协调各部门共同努力去实现组织目标，同时各具体目标又为评估各部门单位的业绩提供了具体的衡量标准。

5. 职务分析

所谓职务分析，是指经过分析和研究，确定企业内部某一职务的性质、内容、工作方法以及该职务的任职条件的一种程序。职务分析的结果是编制一套职务说明书和职务规范，它是确定职务升迁以及进行职务考评等工作的重要基础条件之一，也是职务设计的最终成果。

职务说明书是说明某一职务的职务性质、责任、权力关系以及资格条件等情况的书面文件，职务规范是对任职责任和条件的具体说明，二者结合起来，构成了针对某一职务的完整、全面、详细的职务说明。相对而言，职务说明书侧重于反映工作定向分析的结果，而职务规范则更集中于对任职人员的分析。对于职务说明书来说，它应该明确、具体，特别是在有关职务的责任和义务方面，从而便于安排适当的人选。

职务说明书还应反映该职务与外界应保持怎样的关系，比如说，某职务是否需要与各种各样的人保持经常的接触？是否会因某职务较为独立而与其他方面的信息联系较少？与该职务经常联系的对象性质是下级单位的主管，还是同级的职能人员？对象的不同，也会直接影响该职务的人选。有的职务需要的是原则性强的人员，而有的也许更需要一些灵活性强的人员。同时，对于例外情况的处理，在整个职务说明中也要加以考虑并予以反映。针对例外情况的处理，应该说明该职务的自主权和授权的程度如何，需要有怎样的创新能力，应更多地具有开创能力还是应保守一些等。此外，职务说明还应包括其他必要的说明，例如需要什么特别要求的技能或管理技术等。

对于职务说明书和职务规范的一般形式分别如表 4-1、表 4-2 所示。

表 4-1　　　　组织职务说明书

职务名称	职务序列	所属部门
	标准代号	任期
(一) 职务性质	(二) 主要工作程序及方法	
1. 职责		
2. 权限	(三) 资格条件	
3. 职务关系	1. 学历	
上级　　同级　　下级	2. 职称	
4. 工作环境及场所	3. 经历	
5. 从何种职务提升，可提升到何种职务	4. 基本素质与能力	

表 4-2　　　　组织职务规范

职务名称		职务系列		所属部门		
		标准代号		任期		
履行职务所需条件		标准等级				
		A	B	C	D	E
政治素质	政策水平					
	事业心					
	相容性					
	原则性					
	坚韧性					
	竞争性					
	廉洁					
	求实					
	自知					
	纪律性					
智力水平	专业知识					
	知识面					
	周密性					
	敏感性					
	主动性					
	灵活性					
工作能力	组织能力					
	决策能力					
	指挥协调能力					
	应变能力					

（续）

履行职务所需条件		标准等级				
		A	B	C	D	E
工作能力	分析能力					
	创新能力					
	任贤能力					
	劝说能力					
	交往能力					
	口头表达能力					
	书面表达能力					
	自学能力					
	独立工作能力					
	解决问题能力					
对个人特性的要求						
其他特别要求的技能						

6. 管理控制

管理控制是为了保证整个组织结构能够按照设计要求正常运行所进行的过程管理和控制。首先，对于组织设计过程的管理控制必须以组织目标为导向，对于偏离了组织目标的组织机构设计必须马上加以修正，只有这样，才能使整个组织设计紧紧围绕目标的需要来进行，从而更有效地实现组织目标；其次是建立组织的标准工作规程，也就是组织正常运行时的标准程序和方法，这是指导组织活动的重要依据，也是保证组织结构能够按照设计要求正常运作的重要前提；最后是制订采取纠正行动时的程序，这些程序的确立必须客观，必须排除主观随意性因素，只有这样，才能对偏差进行客观公止的纠止。

4.3.2　组织文件

组织文件的作用在于显示组织结构，表明组织原则，便于开发组织资源和了解组织。具体包括以下形式：

1. 组织图

组织图是指用图示的方法来显示组织的层次、职能单位、职务间联系、沟通关系以及控制范围等。其中最常用的是组织结构图，它因清楚、简明、标准、易懂而被广泛采用，绘制组织结构图可以参照下述主要原则：

（1）结构图应写明企业名称、制图日期、制图部门。

（2）长方形框表示组织的一个单位或人员。

（3）直线单位通常画在比职能参谋机构低一层的水平线上。

（4）实线表示直线权力，虚线表示职能权力。

（5）将主管人员的职务名称列在框内。职务名称应显示出该职务的职能，如财务副总经理等。

（6）结构图应尽可能地简单。如有需要，对所用的专门标志应加注解说明。

2. 组织手册

组织手册用于说明组织结构目标，权责关系和职务说明等。它有助于促进职责及其相互关系的了解，并为进一步研究组织问题提供依据。不同的组织有不同的组织手册，并且格式各不相同，但通常包括以下内容，如表 4-3 所示。

表 4-3　组织手册

______单位组织手册
一、各部门的职责范围
1.
2.
3.
二、各部门的人员定编资料
1.
2.
3.
三、职务说明书和职务规范
如表 4-1 和表 4-2 所示
四、组织和管理的原则
1.
2.
3.

（1）部门的职责范围。组织手册都应提出组织结构图中各个部门的各项职责及其部门之间相互关系的评估说明书，用于明确部门职责。

（2）部门的人员定编资料。包括各个部门的人员编制以及目前实际人员的状况。

（3）职务说明书和职务规范。职务说明书及职务规范的项目及详尽程度，在实际工作中并没有实际标准，要根据企业的需要和条件制订。

（4）组织和管理的原则。有些手册会突出一些优秀的管理原则：经常保持同上级的某种接触（方式是事先规定的）是下属的义务；不应在公开场合责备下属；上级应当勇于为下级承担责任并放心任用他们；不能越级指挥或越级上报；廉洁奉公，遵纪守法是管理人员的美德等。

3. 标准工作规程

标准工作规程也就是组织正常运作时的各项工作标准。对企业来说，其标准工作规程一般包括技术标准、技术规程、定额标准和管理标准 4 个方面的内容，如表 4-4 所示。

（1）生产技术标准。它是对企业产品或工程施工在质量、技术、规格等方面所作的规定。

（2）生产技术规程。它是按照生产技术过程客观规律的要求，对产品设计、生产操作、设备使用与维修、安全技术、质量检验等方面所作的规定，是有关程序和方法方面的标准。

（3）定额标准。它是企业在一定生产技术组织条件下，对人力、物力、财力、时间的占用和消耗应当遵守的标准，也叫做技术经济定额。

（4）管理标准。这是为了更好地行使计划、组织、控制等管理职能而对各项管理工作（主要是各项专业管理工作）所作的各种详细规定。管理标准主要包括管理业务标准、管理工作标准、管理方法标准和管理岗位定员标准等。

表 4-4　________组织标准工作规程

内　容	包 含 方 面	详 细 规 定
技术标准	质量	
	技术	
	规格	
技术规程	产品设计	
	生产操作	
	设备使用与维修	
	安全技术	
	质量检验	
定额标准	人力	
	物力	
	财力	
	时间的占用和消耗	
管理标准	管理业务标准	
	管理工作标准	
	管理方法标准	
	管理岗位定员标准	

个案分析

案例材料

合理的就是最好的——A 公司的组织结构设计的分析

A 公司是一家以生产脱水蔬菜为主的外贸型小企业，员工总数约 60 人。早期阶段，由于该公司没有进行合理的组织结构设计，造成了很大的成本浪费和人浮于事，企业的发展受到了阻碍。

A 公司早期的组织结构如图 4-1 所示。

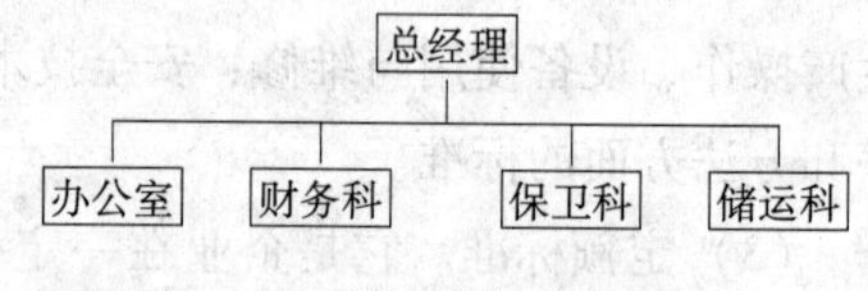

图 4-1　A 公司早期的组织结构

在某些专家的建议下，该公司对现有的组织结构进行了大幅度整改，将原来设置的如办公室、储运科、保卫科及财务科等机构按照新的职能制模型设置成了以下新的组织结构，如图 4-2 所示。

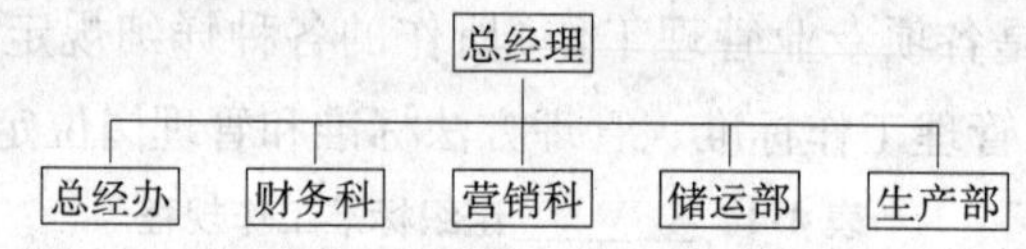

图 4-2　专家建议下的新的组织结构

其中，总经办负责 A 公司的日常办公接待以及保卫等工作；财务部则保留行使原财务科的职权；营销部负责该公司产品的销售和出口；储运部则负责产成品以及原料的储运；生产部主抓整个公司生产任务的落实。

按说这样一个新的组织结构责权应该相当明了，各个部门之间相互协调后公司的整体运营情况也应该趋于良好了；但事实却刚好相反，据财务部统计，在新组织结构设立后的 4 个月内公司整体开支同比增长了 10%，即 A 公司如果原来每月运转开支为 1 万元，现在则为 1.1 万元，这将意味着该公司每月要多做 20 万元的销售额才能达到原来的盈利水平，公司上下一时间变得丈二和尚摸不着头了。

其实从 A 公司的上述组织结构中，我们不难看出症结所在：虽然新的职能制组织结构将原来的保卫科、办公室整合成了总经办，而且也根据市场表现设立了新的营销部，以前未列入组织结构的车间变成了生产部，似乎是更加合理了；但仔细观察新明确的部门职责，我们可以发现，对于产品成本有决定因素的采购工作成了被遗忘的角落，它既不属于生产部，也不属于储运部，成了名副其实的管理“真空环节”。

由于职能制的设立，整个企业的运转机构人员增加，但市场部门在大环境影响下也一时难有所作为，这就造成了 A 公司 4 个月内企业开支增加了逾 0.4 万元，从而导致了整个企业不知所措。

在公司处于发展阶段时，一定要有成本意识，同时组织结构的设立也会秉承这个原则，否则就会造成开支增加，使企业的流动资金捉襟见肘。

怎么才能设置较为合理的组织结构，使在企业开支相同的情况下而取得更多的赢利呢？以 A 公司为例，其实它根本不需要很多的机构，大致可以采取以下的组织结构模式，如图 4-3 所示。

看到这个组织结构设置后，大家一定会感到吃惊，一个公司居然没有总经办，这成何体统，未免也太不注重企业形象了吧！不错，企业的确需要良好的形象，然而企业形象却不是通过增加部门和冗员来体现的。从 A 公司的实际出发，完全没有必要设立总经办，原因有以下几点：

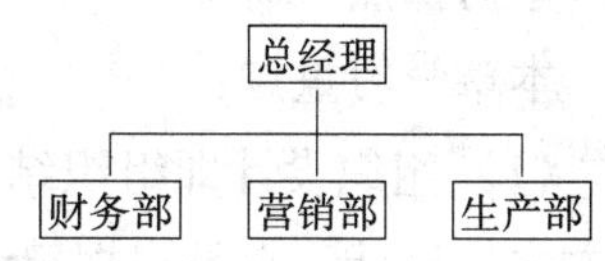

图 4-3　精简后的组织结构模式

（1）A 公司是以外贸为主的生产型企业，虽然受外贸影响后也开展了内贸，但这只是阶段性的营销侧重调整，外贸仍是 A 公司的赢利载体。A 公司的客户群相对集中，很容易掌控，完全可以将原先总经办的职责分担一部分给营销部；原总经办取消后，只配一名行政秘书工作亦会有条不紊。

（2）财务部当然不能动，但财务部必须担当起成本控制的重任，即对所有涉及成本的工作有权加以监督，采取成本倒计法，这样可以避免成本管理环节的遗漏。

（3）生产部在财务部监督下完成采购、生产、储运、安全等工作，而且还便于工作间的协调，不但物流效率增加，而且产品整体不合格率和成本也有所下降。

由于对组织结构进行了精简，使得 A 公司的企业开支甚至低于原来的水平，企业的整体工作效率也得到了较大改善。

分析

本案例材料涵盖了以下知识点：

（1）组织设计应是管理者在其既考虑组织内部要素（战略、人员、技术等），又充分考虑组织外部环境因素之后进行的。

（2）组织结构设计应该遵循集权与分权结合、适度的管理幅度和管理层次、稳定性与适应性结合、有效性原则。

（3）组织结构设计应该考虑规模、环境对组织结构的影响。

（4）在企业进行科学的组织结构设计时，要根据企业组织设计的原理和内在规律有步骤地进行，即应该按照组织设计的程序进行，这样才能取得良好的效果。

案例中，A 公司试图设计更加合理的组织结构的做法值得肯定，但是 A 公司一开始设计的组织结构过于照本宣科，与公司的整体情况不相符合，这样做的结果必然会导致运营成本的增加。在设计组织结构时，企业一定要根据自身的实际情况，结合组织结构设计的原则，考虑组织设计的影响因素，遵守组织结构设计的程序，这样才能避免出现案例中 A 公司的情况。

自学指导

学习重点

本章学习重点：

（1）组织设计即组织结构设计，就是对组织结构的组成要素和它们之间连接方式的设计，它是根据组织目标和组织活动的特点来划分管理层次，确定组织系统，选择合理的组织结构形式的过程。组织设计是一个动态的工作过程，其基本功能就是要协调组织中成员与目标任务的关系，使组织系统能适合目标的要求，最大限度地发挥成员的能动性，使组织成为一个既具有凝聚力又具有很强适应性的有机整体。

（2）组织设计要点有：组织设计是管理者根据目标一致、效率优先的原则在组织中有意识地把任务、权责进行有效组合和协调的过程；组织设计是管理者在其既考虑组织内部要素（战略、人员、技术等），又充分考虑组织外部环境因素之后进行的；组织设计的最终结果是绘制组织图、编制职位说明书和组织手册。

（3）组织结构设计的原则：战略目标原则、集权与分权结合的原则、责权对等原则、管理幅度和管理层次原则、稳定性与适应性相结合原则、执行与监督分开原则、有效性原则、信息的灵活沟通原则、分工与协作原则。

（4）影响组织结构的主要因素：规模、环境、技术、战略。

（5）企业组织结构设计是一个动态的工作过程，包含着一定的工作程序。在企业进行科学的组织结构设计时，要根据企业组织设计的原理和内在规律有步骤地进行。一般而言，组织设计应按如下程序进行：确定组织目标、基本职能分析、职能分解、目标分解、职务分析、管理控制。

（6）组织文件的作用在于显示组织结构，表明组织原则，便于开发组织资源和了解组织。具体包括：组织图、组织手册、标准工作规程。

复习思考题

一、单项选择题（在备选答案中选择 1 个最佳答案，并把它的标号写在题后的括号内）

1. 根据组织目标和组织活动的特点来划分管理层次，确定组织系统，选择合理的组织结构形式的过程是（　　）。

A. 企业组织诊断　　B. 组织变革　　C. 组织结构设计　　D. 流程设计

2. 管理者能够直接有效指挥和监督下属的数量称为(　　)。

A. 管理幅度　　B. 管理层次　　C. 组织幅度　　D. 组织层次

3. 说明某一职务的职务性质、责任、权力关系以及资格条件等情况的书面文件称为(　　)。

A. 职务手册　　B. 职务说明书　　C. 职务规范　　D. 工作规程

二、多项选择题(在备选答案中有 2 ~5 个是正确的,将其全部选出并将它们的标号写在题后的括号内,错选或漏选均不给分)

1. 影响组织结构的主要因素有(　　)。

A. 规模　　B. 流程　　C. 环境　　D. 技术　　E. 战略

2. 组织手册通常包含的内容有(　　)。

A. 部门的职责范围　　B. 部门的人员定编资料

C. 职务说明书和职务规范　　D. 组织和管理的原则

E. 组织规范

3. 组织环境(主要指外部环境)是指(　　)。

A. 社会环境　　B. 经济环境　　C. 人文环境

D. 技术环境　　E. 政治环境

三、名词解释

1. 企业组织结构设计　　2. 组织结构设计的要点　　3. 组织手册

4. 组织图　　5. 标准工作规程

四、填空题

1. 用图示的方法显示组织的层次、职能单位、职务间联系、沟通关系以及控制范围的方法称为________。

2. 组织正常运作时的各项工作标准称为________。

五、简答题

1. 组织结构设计的原则有哪些?

2. 简述影响组织结构设计的主要因素。

3. 简述组织结构设计的程序。

4. 标准工作规程的内容有哪些?

第5章

商业组织变革

学习目标

1. 应了解、知道的内容
   - 组织变革的概念、动因、类型、目标
   - 个体阻力的来源
   - 组织阻力的来源
   - 勒温的力场分析法
2. 应理解、清楚的内容
   - 什么情况下需要组织变革？
   - 组织变革的程序或步骤
   - 实施组织变革的4种方式
   - 克服阻力的主要方法

自学时数

4学时

教师导学

组织是一个不断与环境发生作用的开放系统，它会发生变革，具有变动性。组织变革是一种有意图、有目标取向的活动，它能提高组织适应环境变化的能力，改变员工的行为，是组织实现动态平衡的发展阶段；同时，组织也具有稳定性，组织是变动性和稳定性的统一。组织变革是为了达到组织优化的目的。本章主要介绍了商业组织变革的概念、动因、类型、目标、实施、方式、阻力来源及克服阻力的方法。

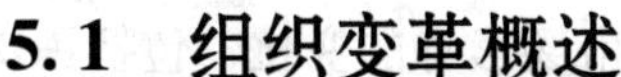

5.1　组织变革概述

组织是一个不断与环境发生作用的开放系统，它会发生变革，具有变动性；同时，组织变革又是发生在组织内部的，仍保持着该组织的形态和特性，具有稳定性。现代组织理论认为变动性与稳定性对于组织的生存和发展都是必不可少的，在观察任何一个组织时，应同时看到其动态和静态两个方面。

5.1.1　组织变革的概念

组织变革是一种有意图、有目标取向的活动，它能提高组织适应环境变化的能力，同时改变员工的行为，是组织实现动态平衡的发展阶段。当组织原有的稳定和平衡不能适应形势变化的要求时，就要通过变革来打破它们，但打破原有的稳定和平衡本身不是目的，目的是建立能够适应新形势的一种新的稳定和平衡，应当把组织的变动性和稳定性有机地结合起来。

5.1.2　组织变革的动因

企业组织变革是为适应内外条件的变化而进行的，以改善和提高组织效能为根本目的的一项活动。组织变革可能面临种种的阻力，但如果能让企业的员工充分认识企业内外环境所发生的变化，以及企业现行组织运行中的一系列问题，那么，发动组织变革所遇到的阻碍力量就会减弱，推动力量就会得到增强。一般来说，引起企业组织结构变革的主要因素，可以归纳为组织外部因素和组织内部因素两个方面。

1. 组织外部因素

组织的变革常常是由于组织外部环境的某种因素变化而引起的。组织外部环境可分为一般环境和特殊环境两种。一般环境是指对任何组织都发生影响的环境，如国家的政治、经济、科学、技术、生态、文化等因素。特殊环境是指与某一行业或某种职能系统相关的特殊因素，也叫任务环境，如机械厂的任务环境与食品厂就不同；在相同的特殊环境下的不同组织之间，还包括了同行业的竞争因素。

组织外部因素主要包括政治因素、经济因素和科学因素三个方面：

（1）社会政治因素。任何组织的内部变革都会受社会政治因素的影响。例如，政权易位、政治体制变动、政治局势的动荡与稳定、民主与法制的健全与破坏、方针政策的改动、社会风气的转变等，都会吸引或迫使组织作相应的变革。通常，社会进步、政治形势稳定和良好的社会风尚，会促进组织变革的健康发展。

（2）社会经济因素。社会经济的发展会推动组织的变革，主要体现在这几个方面：①生产力水平的提高，劳动生产条件与物质条件的改善，会带来生产方式的改变，从而推动组织变革；②社会经济结构的改变以及经济体制的改革将直接推动组织的专业化方向和组织机构的改革与发展；③市场形势的变化，包括销售、原材料、劳动力、资金等市场的活跃与疲软，会给各类组织带来极大的竞争压力，这种市场压力迫使组织作出调整产品、改造工艺、改变人员构成、改革组织内部管理体制等相应的变革，以争取在市场竞争中获胜；④社会经济发展会影响教育、文化、科技以及人们思想观念的变化，这些变化都会促进组织的变革和发展。

（3）科学技术因素。第二次世界大战以后，科学技术突飞猛进的发展，从多方面推动了组织变革：①计算机的应用，使组织的生产活动和管理活动得以实现信息化、程序化、网络化和精确化，极大地提高了组织功能；②新材料、新技术、新工艺的应用，使许多劳动密集型生产组织向知识密集型的高科技产业转化；③机器设备的更新，推动了劳动组织、质量管理、人力资源配置方式的改变；④现代管理技术和方法的使用，促使管理职能向多目标化、管理人员能力向综合化的发展，这也推动了组织的变革；⑤随着信息技术的发展，组织内外沟通的日益重要，信息管理职能的大大加强，使组织系统变得更加开放。

2. 组织内部因素

组织内部因素是指在组织内部起作用，并在组织管理者控制范围之内推动组织变革的内部原因。其主要包括组织结构因素、管理系统因素、社会心理因素三个方面：

（1）组织结构因素。在组织内部系统中，组织结构系统是整个组织的骨架，它直接制约和影响着技术系统和社会心理系统的活动状态。组织结构的优化调整能够促进技术系统的高效运作和社会心理系统的和谐发展。组织结构变革主要包括：①重新划分部门使组织的系统分支发生重新组合，如合并科室为职能部门等；②创造新的组织结构形式，如建立股份公司、集团等；③组织内部临时机构变化，如特别委员会、任务小组的建立与撤消；④非正式组织的变化等。这些组织内部结构的变动，都将为整个组织变革提供动力。

（2）管理系统因素。管理系统协调制约着组织内部技术系统、结构系统和社会心理系统的运动状态。因此，管理决策方式与程序的改变，管理规划（计划）的变动，指挥、协调和控制方式与手段的变更，领导权限的集中与分散，员工参与管理的程度，人员自主管理范围的大小以及领导人的更换等，都会形成组织变革的动力源。

（3）社会心理因素。组织变革的动力还经常来源于社会心理系统，组织变革目标的实现，在很大程度上依赖于人的因素。每位员工观念的变化，工作态度、动机、技能的变化，组织内部群体动力状态、人际关系、信息交流与意见沟通的变化，团体的内聚力与士气的高低等，都对整个组织变革与发展产生重要影响。当改革已是“大势所趋，人心所向”的时候，组织变革必然成为不可阻挡的趋势。但是，如果组织变革仅仅停留在少数人的决心上，得不到广大员工的支持，缺乏必要的社会心理气势，强制推行的变革是很难成功的。

从以上分析可见，企业组织变革是不以人们的意志为转移的客观必然过程。实行组织变革，就是根据变化了的内外因素，对企业的组织结构进行一次重新设计。管理者实施组织改革，就要巧妙地利用组织内外各种变革的动力，使诸动力协调配合、互相助长，形成强大的合力，推动组织变革走向成功。

5.1.3　组织变革的类型

组织变革推动者所从事的活动可以划分为 4 类：结构变革、技术变革、物理环境变革和人员变革。

1. 结构变革

组织的结构并不是一成不变的，环境的变化要求组织结构也发生相应的变化。

组织结构可定义为如何正式归类和协调工作任务。变革推动者可以对组织设计中的一个或多个关键因素加以改变。例如，合并部门职责，精简纵向层次，拓宽管理幅度，从而使组织结构更为扁平，官僚性更为削弱。此外，为了提高标准化程度，可以实施更多的规则和程序。分权程度的提高可以加快决策速度。

变革推动者还可以在现有的结构设计上作出重大变动，如从一个简单的结构转变为以工作团队为基础的结构或一个矩阵结构；变革推动者可以考虑更新设计工作安排，如修订工作说明书、丰富工作内容、实行弹性工作制、改变组织的报酬制度(如通过引进绩效奖金或利润分成等来提高激励水平)。

2. 技术变革

大多数技术变革通常包括引进新设备、新工具或新方法以及实现自动化或计算机化。由于行业内部的革新或竞争压力所以常常需要变革推动者引进新的设备、工具或操作方法。自动化是以机器代替人力的技术变革，它开始于工业革命时期，时至今日，自动化的运用一直是一种变革方案。近几年来，最明显的技术变革则是计算机的普及。由于计算机的广泛使用，如今的办公室与 20 世纪 80 年代的大不相同了，这些典型的差异体现在微型计算机上，它可以运行成百上千个商业软件包和网络系统，而网络系统又使各计算机之间实现了信息共享。

3. 物理环境变革

工作空间的布局不应是随意的。一般来说，当管理者要对空间结构、内部设计、设备安置及其他事项作出决策时，总会认真考虑到工作需要、正常的效率需要和社会需要等这些因素。例如，推倒墙壁和隔板，采用开放的办公室设计，会使员工之间更容易交流；同样，管理者还可以改变光线的亮度与颜色、冷暖的程度、噪声的大小和种类、工作场所的清洁程度以及家具、装饰和配色等内部设计。

有证据表明，仅物理环境本身的改变并不能对组织或个人的绩效产生实质性影响，但它能使员工的某些行为更为容易或更为困难，也就是说，员工和组织的行为可以因此而得到增强或减弱。

4. 人员变革

变革推动者所从事的最后一项活动是帮助组织中的个体和群体更有效地工作。通常，这类变革主要通过沟通、决策和问题解决过程来改变组织成员的态度和行为。

5.1.4 组织变革的目标

组织变革是为了达到组织优化的目的。组织优化包括结构完善、功能优化、气氛和谐和应变力的增强4个方面。

1. 组织结构完善

一般来说，组织结构中包含权力、责任、职务、人员等要素。结构完善就是要求上述各要素编排组织的合理，具体体现在以下4点：

（1）人与事的科学匹配，做到事得其人，人尽其才。

（2）责、权、利统一。责是职责，权是职权，二者是完成职务不可缺少的条件，利是完成职务后的结果。只有三者高度一致，才能保证组织运转有序而充满活力。

（3）组织运转的灵活性。运转的灵活性就是把集中统一领导与分权自主管理结合起来，做到既有统一的目标、计划，合理的规章制度，又要确保各部门、单位能够灵活地、变通地处理具体问题。

（4）本着机构精简的原则，确定合理的管理幅度。

2. 组织功能优化

组织结构完善要通过组织功能优化来体现。功能优化指提高实现组织目标的效率。它具体表现为确定正确目标的决策能力、有效达成目标的管理能力和提高组织效益的能力三个方面。

（1）确定目标的决策能力。该能力是指组织能否正确分析内外环境条件，准确把握时机，及时、正确地确定组织发展目标。功能好的组织，就能把握时机，果断地作出目标决策，为组织发展确立明确的方向；反之，任何错误的或延误时机的决策，都会导致组织的败落。

（2）有效达成目标的管理能力。该能力是指实施目标过程中的计划、组织、协调、控制的能力。良好的管理可以在资源相同的条件下，获得投入最小产出最大的效益。

（3）提高组织效益的能力。组织效益分经济效益和社会效益。一个优化的

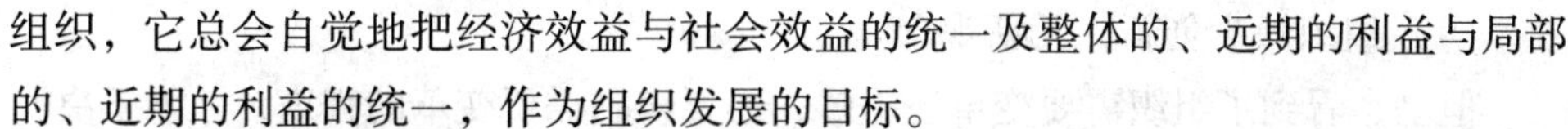

组织，它总会自觉地把经济效益与社会效益的统一及整体的、远期的利益与局部的、近期的利益的统一，作为组织发展的目标。

3. 组织气氛和谐

组织的效能往往与员工的满意度相联系。一个优化的组织要求其沟通要简捷畅快，决策民主，能顺乎情理地协调各种关系，充分尊重人的心理需要，创造有利于发挥员工积极性的和谐气氛。组织的气氛和谐表现在以下三个方面：

（1）成员有强烈的归属感。这是指组织成员对组织目标、规则、制度等有很高的认同感，能自觉地发挥集体主义精神，为实现组织目标尽心尽力。

（2）具有良好的合作意识。在优化的组织中、上下级之间、同事之间有一致的目标，共同的语言和协作行动，大家互相关心，相互支持，争挑重担，同心同德为实现组织目标而奋斗。

（3）具有强烈的主人翁责任感。在优化的组织中，员工能够充分参与管理，行使充分的监督权和自主管理权，组织能为每个人创造发挥潜能、施展才干的环境，员工时时想着自己的责任，处处努力为组织多作贡献。

4. 组织应变力的增强

优化的组织必须是对环境变化具有极强适应力的组织。应变力是组织对环境的一种主动、自觉的适应力，而不是被动地、被迫地适应环境。组织应变力的增强表现在以下三个方面：

（1）组织内部信息流通的快捷与准确。

（2）要有及时反馈的机制并能据此快速果断地调整决策。

（3）组织成员对指挥系统的高度信任，能保证决策得以快速执行。

5.2 组织变革的实施

5.2.1 组织变革的诊断

进行组织变革就好像医治病态机体，必须先了解病情病因一样，确定需要变革的方向和问题，在此基础上才能制订变革方案，采取具体的改革措施。管理者对于“是否应该变革”、“哪些地方应该变革”、“是否具备变革条件”等问题逐一作出明确回答的调查分析活动，就叫做组织变革诊断。

1. 组织是否需要变革

一个组织在什么情况下需要进行变革？西斯克的研究指出，当组织具有以下现象时，就必须进行变革：

（1）组织的主要功能显得无效率或不能发挥其真正的作用。

（2）组织的决策进程过于缓慢。

（3）组织内部有不良意见沟通，即小道消息传播广泛。

(4) 组织缺少创新，无新观念。

但是，看到了组织需要变革还不够，还要辨别需要变革的程度，才能下决心作出是否真要进行变革的决定。为此，美国利特尔咨询公司的格莱彻尔提出了下列公式：$C=(abd)>x$，式中 C 指变革；a 指人员对现状不满的程度；b 指对变革后可能达到结果的把握；d 指现实的起步措施；x 指变革所花的代价。公式说明，是否要进行变革，决定于需要进行变革的各种因素的乘积必须大于变革所付出的代价，否则，进行变革是毫无意义的。

2. 组织变革的条件分析

组织变革是一项革旧立新的重大管理举措，它必须在具备一定的主客观条件时，才能实施；否则，尽管看上去需要变革，也不能实施变革。

进行组织变革需要具备以下几个条件：

(1) 组织成员对变革的期待。这种期待表现在：①人们对组织的现状不满，怨气很大，以及由此带来的工作低效率；②人们对优化组织的羡慕；③管理层感到非改革不可的压力。

(2) 有具备创新胆识和高超领导才能的领导人。领导者是组织变革的带头人，没有一个好带头人，群众再强烈的改革愿望也无法付诸实施。

(3) 有成功变革经验的借鉴。榜样的示范效应是极大的，变革成功的经验可以让人更新观念，触发新思维，增强克服困难的信心和勇气。因此管理者从外部引进改革的成功经验以及在组织内部总结改革试点的经验，对推进组织变革成功都是极为重要的。

(4) 要有较好的外部环境。任何组织内部的改革都需要外部环境的支持与帮助。如果没有改革开放的各项政策，没有市场经济的发展，没有“公司法”、“企业法”等法规的实行，没有社会保障体系的发展等宏观社会条件，我国企业内部变革要想成功是不可能的。因此，组织的变革目标必须确定在外部环境允许的范围内。

当然，制约组织变革成功的条件还有资源、时间、技术等许多方面，但是以上4个基本条件是在变革决策时必须分析到，而且是缺一不可的。

5.2.2 组织变革的程序或步骤

组织变革是否能够保证其取得最大的成效，对变革程序的考虑是不可缺少的。关于组织变革的程序，许多学者提出了不少方案，但他们所提的方案内容大致相似。归纳起来，变革程序可有4个步骤：确定问题、组织诊断、实行变革、变革效果评估。

1. 确定问题

组织是一个开放的社会系统，它是处在动态的环境与结构之中的。因此，有时组织会变得无活力与无效率，这时，组织当局就必须研究和分析造成这种状况的原因，看它是暂时的还是长期的，然后，可以通过分析研究组织的内外环境因素，也可采用心理学的调查方法，如市场调查、消费行为调查、民意测验等来确定问题。但要注意，在确定问题阶段，不仅要对正在发生的环境变化作出正确的评价，而且要注意这种变化对组织以及对整个社会的影响，并判断这种影响会对其他环境因素带来什么变化。

2. 组织诊断

当经过分析研究组织的内外环境因素确定了问题后，组织便可以借助于许多工具和方法对组织当前的状况进行诊断。通过这种诊断可以确定组织是否能应付环境的变化，从而可进一步确定问题所在。常用的组织诊断方法有以下几种：

（1）组织问卷。通过组织问卷可以了解各类人员的职位及功能，其中包括各类人员的职位、工作部门和性质、责任与职权的大小、工作流程等。

（2）职位说明。它的主要内容包括工作名称、主要功能、职责、权力以及该职位与公司其他职位的关系，与外界人员的关系。

（3）组织图。这是一种以图的方式表示某一时间内的组织直线职权与主要机能以及组织间的纵横关系。

（4）组织手册。它是通过职位说明与组织图的综合来表示直线单位的职权与责任，每一职位的主要机能以及职权、责任、主要职位之间的相互关系。

（5）实地调查研究法。其实，单靠以上的几种组织分析工具，很难真正地诊断出组织存在的问题，主要是难以了解非正式组织的许多人际关系及影响力，所以还必须要借助一些成熟的心理学方法，如士气调查、满意度调查、工作态度调查、领导行为的评价等。这些调查研究，不仅可以起到诊断的作用，而且也是确定问题所必要的手段。

3. 实行变革

确定了问题且对组织存在的问题进行了诊断后，接着就是研究如何进行组织变革的问题了。然而，实行变革并不是一件很容易的事情，它必然会受到来自各个方面的阻力，我们知道，变革很可能会打破旧的观念，改变现行的规章制度、工作程序和管理方式，调整组织机构等，而这一切，往往有一些领导难以接受，因此，变革的阻力首先就来自上层领导。但是，对于广大组织成员来说，由于不了解环境的变化和变革的必要性，也可能对变革不理解而持消极态度，从而使变革再次受阻。因此，为了实行变革，就必须要进行宣传教育，提高组织成员对变革意义的认识，使组织中的全体成员都能积极参与到变革中来。

为了使变革能够顺利地进行，在提高认识、消除阻力的同时，还必须要依据对组织的诊断结果来制订切实可行的变革计划。在制订变革计划时，要充分地让组织成员都参加到计划的讨论和参与决策过程中来，从而使变革的计划成为全体成员的计划，而不是少数领导的计划。当变革计划制订以后，可先在部分单位试行，以检验计划的可行性。然后根据试行的结果对计划再进行修改补充，取得经验后在全体组织内试行，从而在实行中不断改进。

4. 变革效果评估

变革的成败取决于变革效果。因此，在变革实行过程中，对变革效果反馈的结果进行研究分析，不断地整理在变革中出现的问题是非常重要的。为了获得反馈信息和对变革效果进行评估：对外要进行定期的市场调查、消费者行为调查、社会心理调查和民意测验等；对内需要进行态度、士气和满意度调查以及工作绩效的评价。由此可见，心理调查方法和社会调查方法以及其他软科学的研究在组织变革中是不可缺少的工具。

5.2.3 实施组织变革的方式

1. 人员导向型变革方式

人员导向型变革方式即以人员为中心实施组织变革，它是假设在人们通过教育、培训等提高素质的方式后，会改变自身的习惯和行为。此种方式的变革是循着知识的改变而改变个人的态度、行为，从而改变群体的行为，最后达到绩效改进的目的，它是采取让有关人员共同参与变革的方式，其人员导向的变革方式如图 5-1 所示。

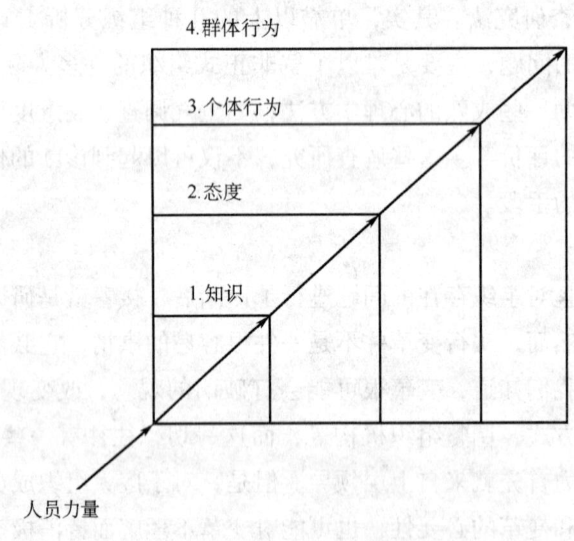

图 5-1 人员导向的变革方式

2. 组织导向的变革方式

组织导向的变革方式即以组织为中心实施组织变革，它是假设人的态度很难自发地变化，因此，只有客观地改变环境，才能导致有绩效的作业行为。它是凭借着改变组织的结构而迫使组织成员学习新知识，改变旧态度，接受新行为，它的措施是修正组织的结构、政策、技术、意见沟通系统、报酬制度，从而从实质上改变企业的环境，特别是改变企业的内部环境。其组织导向的变革方式如图 5-2 所示。

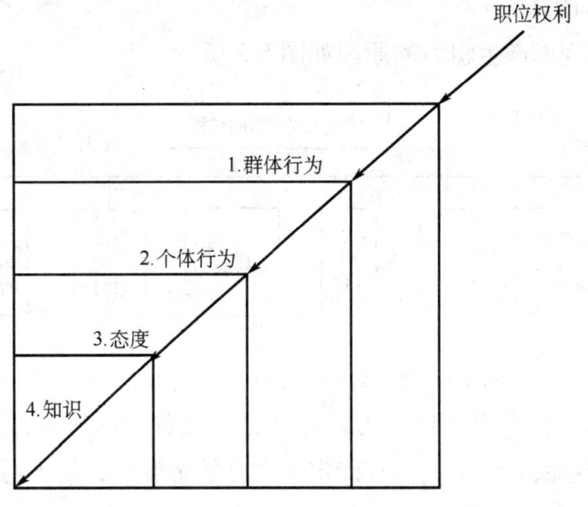

图 5-2　组织导向的变革方式

3. 技术导向的变革方式

改变技术包括引进新设备、新工艺和改变管理技术两个方面，这是组织变革常用的方法。现在，企业都在争先引进各种新技术、新管理。为了与新技术配套，必然牵动人员培训、机构调整、规章制度的改变等一系列变革，从而提高生产效率和产品质量，达到组织变革的目的。

4. 系统导向的变革方式

成功的组织变革既非完全以人为中心的导向，也非完全以组织结构、技术变革为中心的导向，因为所有的组织都是建立在一个相互依存的系统之上的。因此，组织的变革必须兼顾组织的目标、员工的个人需求和技术水平，进行系统规划。变革是属于系统性的，在此系统上，组织结构的职权与意见沟通的变革将导致群体与个人的态度与行为的改变。

5.3　组织变革的阻力及其克服方法

5.3.1　组织变革的阻力

任何组织变革的成功都有赖于绝大多数组织成员的赞成、支持和积极配合。任何一项变革都涉及对原有制度、关系、行为规范、传统和习惯的改变，从而可能会造成人们心理上的失衡和行为上的抵制，这无疑会使组织变革产生阻力。传统的观点认为抵制变革的原因来自技术方面，而现代的观点则认为来自心理、经济、社会等多方面。

赫尔雷格尔和斯洛克姆等人在《组织行为学》一书中系统地分析了来自个人

和组织对组织变革的阻力。我们以此为基础进行介绍，同时兼及其他学者的观点。

1. 个体阻力的来源

个人对组织变革产生阻力的原因如图5-3所示。

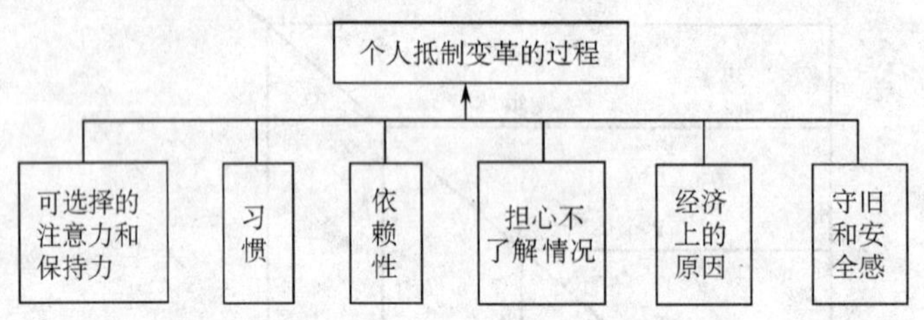

图5-3　个人对组织变革产生阻力的原因

（1）可选择的注意力和保持力。对自己的注意力和保持力进行选择是大多数人处世的一种看法。一个人一旦确定了自己的态度后，就不愿意随意再对新事物作深入客观的了解。如果新事物不能基本符合他们原有的观点，便很容易对变革产生抵制。

（2）习惯。除非情况发生了显著变化，否则人们总是按照自己的习惯对外来刺激作出反应，某种习惯一旦形成，就可能成为个人获得满足的源泉。

（3）依赖性。正如阿吉里斯提出的“不成熟—成熟”的个性理论指出的那样，人在开始生活时都依赖别人，如果一个人在没有建立起自我独立的观念时，他便会一直依赖他人作出决定；对于变革的态度也是这样，除非他所依赖的人也认为需要变革，并把变革的措施纳入到他们的行为中时，他才会不反对变革。

（4）担心不了解情况。变革是新事物，总会存在一些不确定因素。如果一个人还不清楚变革的目的、机制和潜在的结果时，他很可能对变革忧心忡忡，宁愿维持原有的状况。

（5）经济上的原因。当变革还没有充分显示其结果，人们还无法亲身体会到变革所带来的利益时，在具体变革过程中，完全有可能产生某些不利的因素，从局部或短时期内损害某些人的利益，这种对经济利益的担心和顾虑，往往也是人们抵制变革的一个原因。

（6）守旧和安全感。变革意味着原有的平衡状态被打破，要求其成员调整已为他们所习惯的活动和活动方式，以便在新的基础上重建平衡系统。这样往往会使成员暂时处于不稳定的状态中，带来某种程度安全感的丧失，不可思议而又值得注意的是，当因老办法失效而急需变革的时候，这种怀旧情绪反而更严重。

2. 组织阻力的来源

组织对组织变革产生阻力的原因如图5-4所示。

（1）对权力和影响的威胁。组织中某些部门可能把变革看作是对他们权力

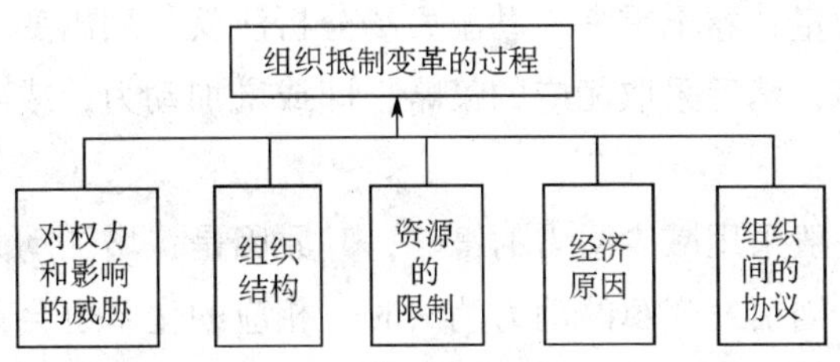

图 5-4　组织对组织变革产生阻力的原因

和影响的一种威胁。一旦人们在组织中的地位已确定，他们就会抵制看来会降低他们权力和影响的那种变革。

（2）组织结构。组织中设有不同层级的管理机构，并对各项工作作了细密的规定，对权力、责任也作了明确的说明，如某项变革要求改变原有的结构体制和信息沟通系统，处于不利地位的某个层次就会反对，精简机构和减少层次尤为如此。

（3）资源的限制。如果一项变革会变更组织的资源结构，那么原有的某些资源就会闲置，造成资源浪费，对固定资产投资大或技术相关性强的组织更是如此；现有的资源也会限制变革的幅度。

（4）经济原因。组织变革总是需要有一定的人、财、物力的投入，经济基础脆弱的组织对变革的承受力也弱。

（5）组织间的协议。组织间的协议通常给人们规定了道义上、法律上的责任，这种协议可以约束人们的行为。如终身雇佣制度，使可能因减少劳动力需求的改变而难以进行。与另一组织签订了某种合同，再要改变组织的目标就不那么容易；所做变革如波及其他组织的成员情绪，那些组织也会通过某种方式进行干预。

5.3.2　克服阻力的方法

要使组织变革获得成功，就在于尽可能地不让那些导致反对变革的因素发挥作用，最大限度地减少反对变革的力量，使变革的阻力尽量减小。克服或消除对变革进行抵制的方法主要有：勒温的力场分析法、让组织成员参与变革、利用群体动力、奖励变革的创新者。

1. 勒温的力场分析法

这是由勒温创造的考察变革过程的一种方法，这种方法已证明对注重行动的管理人员非常有用，主要用以分析变革的动力和阻力，找出变革的突破口。

勒温的基本观点是：改革不是一种静止的状态，而是相反方向作用的各种力量的一种能动的均衡状态。对于一项变革，企业中存在着两种力量：一种是动力，它是指有利于变革实现的力量，能引发一种变化或使变化持续下去；另一种是阻力，它扼制了变革的发生或继续进行。当这两种力量对等时，就会达到平衡。

当变革遇到阻力时，如果用强硬的态度压下去，可能会出现一时的平息；但阻力因素会积聚力量，卷土重来。勒温力场分析法就是列出变革的动力、阻力因素，按其程序排序，然后采取相应的策略，即或增加动力，或减小阻力，使变革顺利进行。

在实践中，一般采用减少阻力的策略，其原因是：增加动力会增加组织成员的紧张感；再者，当引发变革的动力消失时，相应的变革也会无法进行，从而又回复到解冻状态。因此，推动变革的最好办法是保持动力、减少阻力；当动力无法维持时，紧张就会消除，但不会引起任何变化。

力场分析法的程序如下所述：

第一步，寻找问题。

第二步，分析问题，列出动力及阻力因素，并按强弱程度排列。同时注意：变革的动力、阻力大小不必相等，因两者的影响力不一定相同，有时候一项阻力能抵消几项动力。

第三步，制订变革策略，对其中的两至三项阻力因素，要找出减少阻力的办法。其具体考虑是：谁去做、做什么，可行性及成本—效益。

以下是勒温亲自进行“力场分析”的一个实例。

第二次世界大战期间，一家工厂要求全体女工带防护眼镜，但却受到了女工的抵制。勒温调查、分析了正反两方面的因素，绘成了下列图示，如图 5-5 所示。

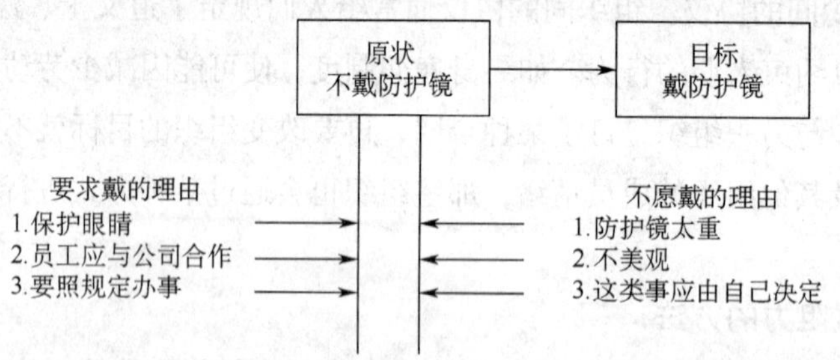

图 5-5　勒温的“力场分析”实例

对第一个反对因素，勒温经过了解后知道，只要多花五美分就能调换一种比较轻而舒适的镜架，公司同意增加这笔支出；对第二种反对因素，让女工自己设计美观合适的眼镜式样，并通过开展评比竞赛来引起大家的兴趣。这样，就可使女工们对公司的规定从反对变为支持了。

用力场分析法来理解变革过程有两个优点：第一，管理者和员工被要求分析目前情境，个体变得有能力诊断变革的动力和阻力后，他能更好理解变革情境的相关方面；第二，力场分析法强调可改变因素和不可改变因素。当个体考虑与其自身不可控力相关的因素时，是在浪费时间；当个体和团队集中于他们的可控因素时，情境改变的可能性会有所增加。

2. 让组织成员参与变革

让成员以不同的形式参与变革，这对变革气氛的改善有很大的好处。不能参与变革的决策，会使人因为未受到尊重而产生冷漠的态度和不合作的心理；相反，如果成员参与了变革的决策，就会把该项工作看成是自己的事，并且主动地承担责任。参与变革可增加人们的认同感，而认同则是支持变革的真正基础。

3. 利用群体动力

在组织变革中，若能运用群体动力的理论和手段，可以有效地推进变革活动。具体方法有以下 4 点：

（1）加强群体凝聚力。创造一种“我们的”感情，形成“命运共同体”，让人们“风雨同舟”、“患难与共”，会大大增加变革成功的可能性。其关键在于组织中那些需要改变态度、价值观和行为方式的人以及那些施加影响促使他人作出改变的人，都要有属于同一群体的归属感。

（2）增强组织归属感。一个组织越能吸引成员，则对成员的影响力与号召力越大。组织归属感越强，成员就越容易受其影响并积极地为组织目标而奋斗。

（3）借助个人的威信。权威不等同于职权，这是得到成员认可的非职权性影响力。如能充分发挥各级领导的作用，利用他们来强化群体的认同感，这对于组织变革无疑会产生强大的推动力。

（4）促进认知的一致性。当组织成员共同认识到变革的必要时，就会产生一种来自群体内部的推动力。事实证明，当组织成员不存在这种变革要求，即使有一群权威专家列举一系列理由和事实来说明改革的必要性，人们也会抵制；而改革的必要性由人们自己认识到的话，结果则会截然相反。

4. 奖励变革的创新者

变革管理者可以给予变革的创新者以切实的物质或精神激励，如提高工资、奖金或薪水、额外津贴等都可以考虑，有时还可以重新安排奖励方案以强化变革的方向。这样可以增加员工的积极性和参与力度，可以使变革工作富有成效。

个案分析

案例材料

万科企业股份有限公司组织结构的创新

1. 万科企业股份有限公司的发展历程简介

万科成立于 1984 年 5 月。创立初期主要是在国内代理经销日产摄录像器材。由于它及时捕捉市场机会，业务迅速上升，占领了国内同类产品市场的 60%，成为该市场的重要销售商之一。该公司与日本的 Sony、日商岩井、JVC 等著名企业建立了良好而稳定的业务联系，并形成了相对稳定的供货渠道和销售网络。但是，由于 1987 至 1988 年期间严峻的贸易形势，万科及时地进行了经营业务的调整，它依靠自身周密而广泛的市场信息网络，不失时机地涉足工业和房地产两大新的领域。接着，在1988年底公司进行了股份制的改造，这又改变了它的资本结构，扩大了资金规模，为公司的长期发展注入了活力，同时也促进了公司经营管理的规模化。到1994年底为止，通过资金参股、合作等多种形式，万科已从单纯依靠进口业务积累资金的小企业发展成为以商业贸易、工业、房地产、文化与传播为四大支柱产业的经营实体，从一间"公"字号的小型国有企业演变为一家颇具规模和知名度的综合性公司。

从万科的发展历程，我们不难发现，它是一个以贸易起家，而逐渐发展成为一家具备经营综合业务的集团化大公司。

2. 万科组织结构的变革

随着万科企业的壮大与发展以及其所面临的环境变化，万科也在不断地变革其组织结构。

（1）在创业之初的组织结构形式。在创业期的前几年时间里，由于业务单一采用了简单的直线组织结构形式，如图5-6所示。

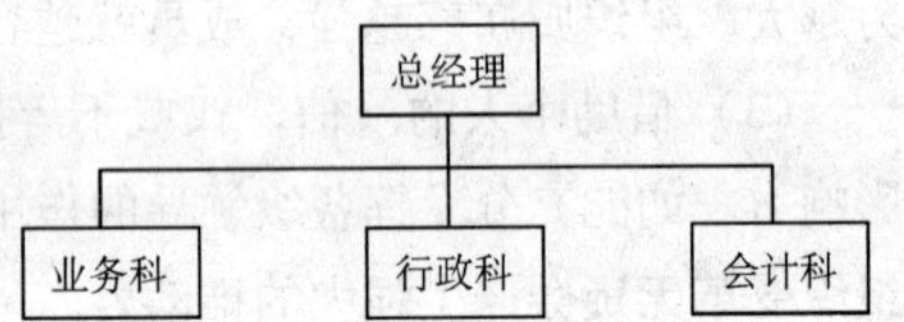

图5-6　万科创业初期的组织结构形式

虽然没有多少规章制度，然而，这种组织结构却能使万科有效地运转。

（2）万科当前的组织结构。由于万科经营活动的多元化和规模的不断扩大，万科多次变革其组织结构，组织的规章制度和职责等也得到了不断的完善。到1994年底，其组织结构图已变为如图5-7所示的形式。

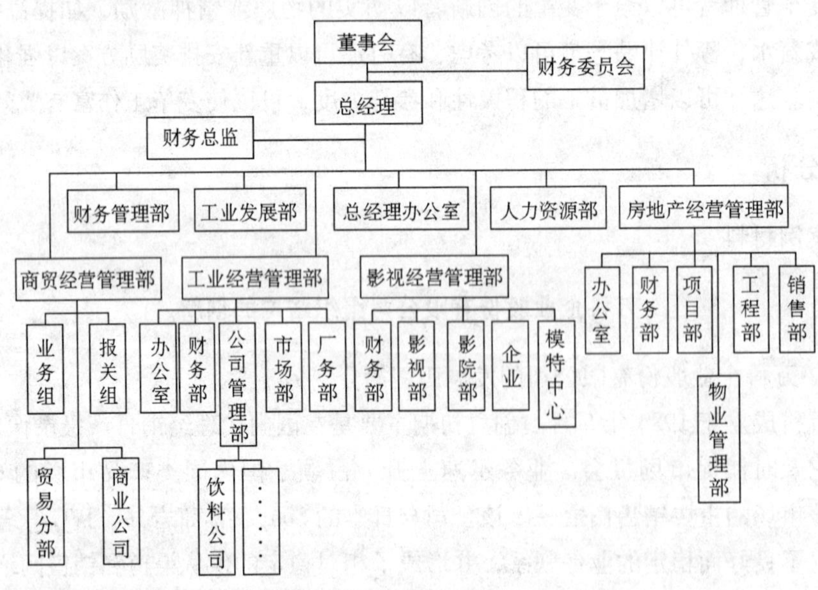

图5-7　万科当前的组织结构

3. 对万科当前组织结构的分析

万科根据自身任务和环境的变化，对其组织结构进行了变革。然而，对其组织结构的变革仍有一些争论，这些争论主要集中在如下几个方面：

（1）从公司行业的性质看，万科是一家跨行业的企业集团公司。为此，相当多的人认为万科考虑到其部门产品众多，业务差异性大，在各部门的经营上有很大的不同，如贸易公司与工业企业公司的运转机制差异迥然，而影视、工业产品和房地产又各具特色，因此，很难对各部门进行统一的管理，只有像现在的事业部制那样实行分权管理和分级核算，才能调动各部门的积极性，使公司整体适应变化着的市场环境。另一部分人则认为：分事业部制造成各事业部机构设置重叠，如，各事业部都有自己的职能机构；其次，各事业部只考虑本身的问题，容易形成本位主义；再则，各事业部经营不一，造成事业部之间员工的收入差距，还不如实行直线职能制的组织机构为好。

（2）从公司的规模看，绝大多数人认为，公司的经营业务广，员工人数多，已无法采用由总经理为首的直线式的管理，为了调动各部门负责人和广大员工的积极性，应该让各事业部的人员有更大的自主性；而另一部分人则认为，可以通过规章制度的加强与完善来统一各部门和广大员工的协调统一性。

（3）对集权与分权的看法绝大多数人认为由于万科经营的多样性和员工的众多性，应该把相当一部分权力下放给事业部，如不放权，凡事都集中在总经理等高层手中，这样总经理则完全忙于日常的事务，而无暇考虑组织的长远发展规划。如实行事业部制，公司领导就能拥有更多的时间来考虑企业的长远战略以及对外部环境的诊断研究，能及时地处理关键问题；再则，实行分权的事业部制，也可培养更多的管理人才。而一些持不同意见者认为，万科在创业期实行集权制，当时公司运转得很好，既然集权能使公司有效运转，就没有必要去分权。

4. 万科的组织变革后的问题

万科的组织变革使万科更加飞速的发展。然而，由于事业的飞速发展，使得事业部越来越多，因此，如何加强各事业部与总部以及各事业部之间的信息沟通仍是亟待解决的问题。

分析

本案例材料涵盖了以下知识点：

（1）组织变革的动因。企业组织变革是为了适应内外条件的变化而进行的，以改善和提高组织效能为根本目的的一项活动。

（2）组织变革的目标是为了组织结构的完善、功能的优化、气氛的和谐和应变力的增强。

（3）组织变革诊断：组织是否需要变革，组织变革的条件分析。

（4）组织变革的程序可有 4 个步骤：确定问题、组织诊断、实行变革、变革效果评估。

(5) 组织变革的阻力：个体和组织阻力，克服变革阻力的方法。

案例中，万科从成立到现在成为“巨无霸”，伴随着组织结构的变革，万科的组织变革使万科更加飞速的发展，组织的各项规章制度和职责等都得到了不断的完善。从公司刚成立简单的直线制到如今实行事业部制，这样做的目的是为了改善和提高组织效能，达到组织优化。现在，围绕组织结构是否需要变革、是否应该实行事业部制的问题具体分析了公司的行业性质、规模、对集权与分权的看法等。作为万科的高级管理者，应该从公司的实际出发，明确公司当前所处的现状，正确评估，作出明智、合理的选择，以解决公司目前所面临的问题。要使组织变革获得成功，就在于尽可能地不让那些导致反对变革的因素发挥作用，最大限度地减小反对变革的力量，使变革的阻力尽量降低。克服或消除对变革抵制的方法主要有：勒温的力场分析法、让组织成员参与变革、利用群体动力、奖励变革的创新者。管理者实施组织改革，就要巧妙地利用组织内外各种变革的动力，使诸动力协调配合、互相助长，形成强大的合力，推动组织变革走向成功。

对于越来越多的事业部，如何加强各事业部与总部以及各事业部之间的信息沟通问题呢？可以尝试设计新的组织结构，如超事业部制，超事业部制不仅可以减轻高层管理人员的日常事务工作，而且还有利于加大各事业部进行市场开发的力度，增强企业的灵活性和适应性。

自学指导

学习重点

本章学习重点：

(1) 组织变革是一种有意图、目标取向的活动，它能提高组织适应环境变化的能力，同时改变员工的行为，是组织实现动态平衡的发展阶段。

(2) 企业组织变革是为适应内外条件的变化而进行的，以改善和提高组织效能为根本目的的一项活动。一般来说，引起企业组织结构变革的主要因素可以归纳为组织外部因素和组织内部因素两个方面：组织外部因素主要有政治因素、经济因素和科学技术因素三个方面；组织内部因素主要包括组织结构因素、管理系统因素、社会心理因素三个方面。

(3) 组织变革推动者所从事的活动可以划分为4类：结构变革、技术变革、物理环境变革和人员变革。

(4) 组织变革是为了达到组织优化的目的。组织优化包括结构完善、功能优化、气氛和谐和应变力的增强4个方面。

(5) 进行组织变革就像医治病态机体必须先了解病情病因一样，确定需要变革的方向和问题，在此基础上才能制订变革方案，采取具体的改革措施。组织

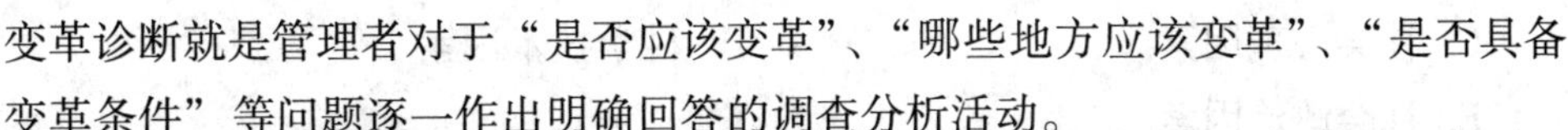

变革诊断就是管理者对于“是否应该变革”、“哪些地方应该变革”、“是否具备变革条件”等问题逐一作出明确回答的调查分析活动。

（6）组织变革是否能够保证取得最大的成效，对变革程序的考虑是不可缺少的，组织变革程序有 4 个步骤：确定问题，组织诊断、实行变革，变革效果评估。

（7）实施组织变革的 4 种方式：人员导向型变革方式、组织导向的变革方式、技术导向的变革方式、系统导向的变革方式。

（8）任何组织变革的成功都有赖于绝大多数组织成员的赞成、支持和积极配合。任何一项变革都涉及对原有制度、关系、行为规范、传统和习惯的改变，从而造成人们心理上的失衡和行为上的抵制，无疑使组织变革产生阻力。组织变革的阻力主要来自个人和组织对变革的阻力。

（9）要使组织变革获得成功，就在于尽可能地不让那些导致反对变革的因素发挥作用，最大限度地减小反对变革的力量，使变革的阻力尽量降低。克服或消除对变革抵制的方法主要有：勒温的力场分析法、让组织成员参与变革、利用群体动力、奖励变革的创新者。

复习思考题

一、单项选择题（在备选答案中选择 1 个最佳答案，并把它的标号写在题后的括号内）

1. 假设人的态度很难自发地变化，只有客观地改变环境，才能导致有绩效的作业行为的变革方式称为(　　)。

A. 人员导向型变革　　B. 组织导向的变革

C. 技术导向的变革　　D. 系统导向的变革

2. 组织能否正确分析内外环境条件，准确把握时机，及时、正确地确定组织发展目标的能力称为(　　)。

A. 确定目标的决策能力　　B. 达成目标的管理能力

C. 提高组织效益的能力　　D. 完善组织功能的能力

二、多项选择题（在备选答案中有 2 ~ 5 个是正确的，将其全部选出并将它们的标号写在题后的括号内，错选或漏选均不给分）

1. 组织变革的外部因素有(　　)。

A. 社会政治因素　　B. 社会经济因素

C. 社会心理因素　　D. 管理系统因素

E. 科学技术因素

2. 组织变革的内部因素有(　　)。

A. 组织结构因素　　B. 管理系统因素

C. 社会心理因素　　　　　　　　D. 科学技术因素

E. 社会政治因素

3. 组织变革推动者所从事的活动可以划分为(　　)。

A. 结构变革　　　　　　　　　　B. 技术变革

C. 物理环境变革　　　　　　　　D. 人员变革

E. 政治环境变革

三、名词解释

1. 组织变革　2. 组织变革的阻力　3. 组织变革诊断　4. 勒温的力场分析法

四、填空题

1. 组织变革的动因主要有________和________。

2. 组织变革程序的 4 个步骤为：________、组织诊断、________、变革效果评估。

五、简答题

1. 简述组织变革的目标。

2. 试说明组织什么情况下需要进行变革。

3. 简述实施组织变革的方式。

4. 克服阻力的方法主要有哪些?

第6章 业务流程设计

学习目标

1. 应了解、知道的内容
   - 业务流程设计的概念
   - 业务流程设计的原则
   - 流程图和业务流程图的概念
   - 单体流程图和综合流程图的概念
2. 应理解、清楚的内容
   - 业务流程设计的意义
   - 业务流程图绘制的目的
   - 业务流程图绘制的原则
   - 业务流程设计基础
   - 业务流程设计的要点
3. 应掌握、会用的内容
   - 单体流程图的绘制
   - 业务流程设计的基本步骤
4. 应熟练掌握的内容
   - 会进行简单的业务流程设计

自学时数

5 学时

教师导学

本章主要针对业务流程设计方面的内容，首先介绍了业务流程设计的概念、意义和原则，接着介绍了业务流程设计的重要工具——流程图的基本概念及其绘制方法，最后介绍了业务流程设计的基本步骤。对于本章的学习，读者需要在理解业务流程设计基本概念的基础上，掌握业务流程的描述方法。同时，需要理解业务流程设计的基础和要点，能够根据业务流程的基本步骤设计简单的流程。

6.1 业务流程设计概述

6.1.1 业务流程设计的概念

业务流程设计是指组织根据预定的目标，采用系统化的思想，对组织业务流程进行设计或再设计的决策过程。该概念的内涵包括以下三个方面：

1. 业务流程设计是针对预定目标的

根据第1章中业务流程的定义可知，业务流程是组织运行中为了获得一定的输出结果而形成的各种活动的组合序列。在这里，输出结果就是业务流程想要达成的目的或要完成的任务。但由于业务流程具有一定的结构，当活动之间的关系不同时，其目的或任务完成的效果也有较大差异。例如，活动间的关系为串行结构时，流程运行所需人工较少，但流程的执行速度慢，效率较低；改为并行结构后，流程效率会提高，但需要更多的人员。另外，员工针对活动所采用的操作方法和技术不同时，业务流程完成任务的效果也大不同，如采购流程中，如果应用互联网技术给供应商在网络上下订单，较之传统的传真或电话方式，订单下达的正确性和速度均会有很大的提高。因此，在商业组织的发展过程中，由于竞争的需要，组织需要不断提高业务流程的运行效率和质量，降低流程的运行成本，为了达到速度、质量、效率和成本方面的目标，组织需要设计新的业务流程或者对原有业务流程进行优化和再造。

2. 业务流程设计需要依据系统化的思想

任何业务流程设计的最终目的都是为了组织能够赢得竞争或提高利润。因此，某个业务流程的设计并不是一个独立的任务，而是应该以组织整体效果最好来设计的。也就是说，业务流程设计关注的不是局部最优，而是组织的整体最优。系统化的业务流程设计思想需要企业在设计业务流程时作如下思考：

（1）业务流程设计能否提高顾客价值。商业组织生存发展的基础是顾客，业务流程设计要能够增强企业与顾客之间的关系，为目标顾客创造价值、作出贡献。在进行流程设计时，应该关注目标顾客的需求和偏爱，尽可能收集详细数据，观察变化趋势，明确顾客对产品或服务的需求，为提高满足顾客需求的能力而规划业务流程。

（2）业务流程设计需要能够支持组织的发展战略。组织的产品和服务经营战略决定业务流程的方向，因为，只有组织具备提供这种产品或服务的核心能

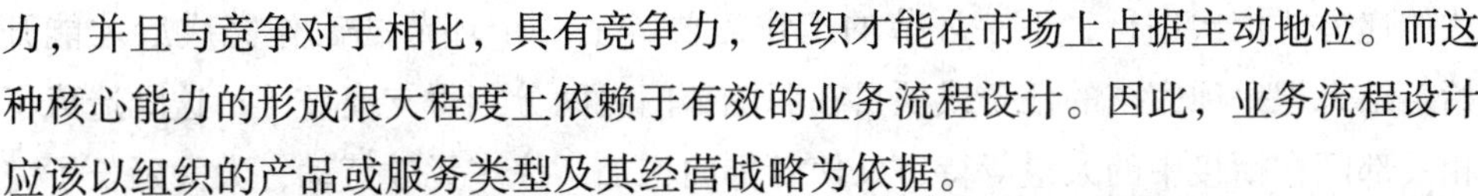

力，并且与竞争对手相比，具有竞争力，组织才能在市场上占据主动地位。而这种核心能力的形成很大程度上依赖于有效的业务流程设计。因此，业务流程设计应该以组织的产品或服务类型及其经营战略为依据。

3. 业务流程设计方式包括新建、优化和再造

业务流程设计的方式包括新建流程、对原有流程进行优化或再造。当组织新成立、组织添加了新职能或者组织从事新的业务时，组织常常要建立新的流程以支持业务开展。例如，某计算机公司原先通过传统渠道销售产品，如果现在想在互联网上以 B2C 形式进行产品销售，则其订单流程、会计流程等均需要重新构造，以适应这一新的业务。但是对于大多数组织来说，业务流程设计是指对原有流程进行优化或再造。业务流程优化是指对原先不合理的业务流程进行改善，以提高效率、降低资源浪费、提升用户对服务的满意度。业务流程再造则是对组织业务流程存在的问题进行根本性再思考，对其采取彻底性的重新设计，以求组织在成本、收入、质量、服务和速度等这些当前衡量组织业绩的重要尺度上取得显著的进步。业务流程优化与业务流程再造不同，前者是对现有流程不断改善的过程，后者则是从根本上推翻以前的流程而重新构建。业务流程优化和业务流程再造将在本书的第 7 章和第 8 章分别阐述。

6.1.2　业务流程设计的意义

组织的业务流程对于业务运作的时间、质量和业绩有极具重要的影响和作用，业务流程的改进与设计（再设计）是组织适应变化、增强竞争优势的根本方法和工具。

自 20 世纪 80 年代以来，商业组织开始面临着与以前大不相同的环境与挑战，具体表现有三点：①市场环境发生了重大的变化。其变化趋势是：从短缺经济转向过剩经济，卖方市场转向买方市场，企业的产品和服务供应由企业自身生产主导转向消费者主导，在企业供给与需求之间的关系方面则由供给创造需求转向了需求创造供给。②在技术环境方面，以信息技术为标志的新技术革命日新月异，突飞猛进，给商业组织内部运作方式以及与外部的沟通方式带来了很大的变化。③经济全球化。经济的日益全球化前所未有地拓展了商业组织的视野和舞台，参与全球竞争、利用全球资源和市场成了生存和发展的需要。

而目前的商业组织大多是以职能为导向的传统组织结构。随着业务拓展、分工的日益细化，部门越来越多，层级越来越多，结构越来越复杂，导致组织结构呈现出尖凸化趋向，整个组织架构变成了一座层级不断加高的金字塔，决策层与作业层之间的距离拉长。在管理形式上，每个部门只对上级负责，一级管一级，一级服一级，一级望一级，由此生成一种森严的“等级制”和“唯上文化”，大家都面向上司工作而非面向顾客工作。如此，在企业内部，整个工作流程按接力

式传递方式依次进行，下一环节的工作需要等上一个环节的工作完成后才能开始，结果把一项完整的任务或项目在职能部门之间分割得支离破碎，这既造成了相关部门在衔接中的大量等待，又使各部门增加了许多无效劳动，大大延长了完成任务所花费的时间。

因此，面对今天市场环境的急剧变化，组织的传统业务流程往往难以满足竞争的要求。这就意味着，商业组织要想占领产品与服务市场，并设法开拓国际市场，根本途径是认清未来市场的变化和顾客的需求，对业务流程进行重新设计、优化或再造，使组织的产品与服务的质量为顾客所满意，交货期和售价为顾客所能接受；否则，企业将失去竞争力。

6.1.3 业务流程设计的原则

业务流程设计是企业进行革新和赢得竞争的重要武器，但要让企业所设计的业务流程真正能在质量、成本和交货期等方面满足顾客的要求，其设计应该遵循下列原则：

（1）必须使业务流程有效、清晰和完整。业务流程的基本特点就是要求相关的管理要素能够按照既定的程序化方式进行流动。因此，一个好的流程应该至少满足以下6个要素的同步流动，即工作任务的流动、责任的流动、目标和绩效指标的流动、时间的流动、相关资源的流动以及信息的流动。只有这6大管理要素的同步流动，才能保证业务流程的效率和效果。然而，在实际的流程管理中很多企业的流程所关注的要素都不完整，通常集中在工作任务的流动上，而忽视了其他要素的同步流动，因此导致授权不明确、责任不到位、目标不清晰、流程的流通时间拖延、资源不充分、信息不完整等缺陷。而实际上，这些缺陷在流程设计之初是可以避免的。

（2）必须严格贯彻执行企业的方针和政策。流程的设计是以企业的业务目标为导向的，而业务目标直接产生于企业的方针和政策；不同的流程要在不同的层级归属上支持和服务于企业方针和政策的实现。

（3）必须注重业务流程的连续性和关联性。扁平化组织结构的发展趋势和以顾客满意为导向的服务模式，都要求业务流程需要强化连续性和关联性。“跑马圈地”和“诸侯割据”式的流程设计，无论对于整个企业、部门还是员工都是灾难。

（4）必须遵循环境的要求。遵循环境要求的原则是企业流程设计的基础，企业在一个特定的环境中运营，必然要受到环境的约束，企业的主要环境约束为政府的法律法规。企业流程设计的前提是必须考虑政府的法律法规，如健康、安全、环保等因素，也就是说，企业的产品设计流程中必须增加健康、安全、环保设计，生产流程中必须考虑环保流程。

(5) 必须以顾客满意为中心。以顾客满意为中心的原则是企业流程设计的核心原则。企业流程是企业为实现既定目标而开展的系列活动，要以提高产品和服务满足顾客需要的能力为中心。流程设计要始于顾客需求，终于顾客满意，也就是说，在进行企业业务流程设计时，在满足业务需求的基础上，需要流程的设计人员要有敬业精神和开阔的视野，关注流程的输入及输出结果的增值和效率，尽最大努力消灭无效流程的存在。

(6) 必须遵循资源约束原则。企业的资源可以分为组织资源和技术资源。组织资源包括组织的人员(决策者、员工)、顾客、渠道(供应商、销售商)、知识、制度和文化等；技术资源包括信息技术、设计技术、生产技术、仪器设备等。业务流程必然要受到企业组织资源和技术资源的约束，最后形成实际的企业业务流程。产品或服务相同的企业，决定企业业务流程的方式不同的是它们所采用的资源不同。例如，如果某制造企业的知识结构完整、资源全面、综合能力高，其市场营销、产品开发和生产等业务可以进行一体化运作，其基本流程如图 6-1 所示；如果企业的生产资源不足，则可以将生产外包，其基本业务流程如图 6-2 所示；如果企业的市场资源不足，可以专职生产产品，为其他企业进行代加工，其基本业务流程如图 6-3 所示。

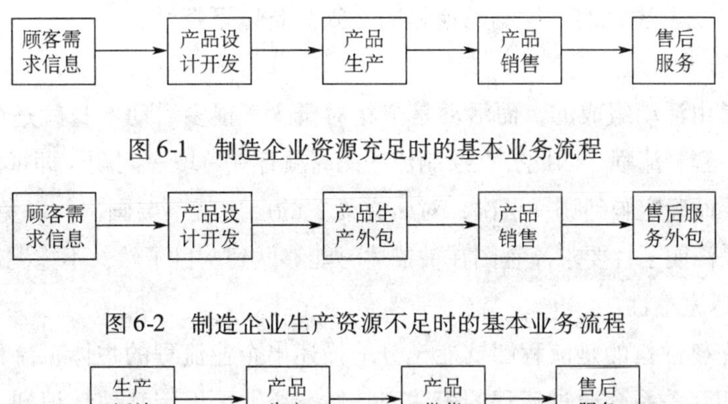

图 6-1 制造企业资源充足时的基本业务流程

图 6-2 制造企业生产资源不足时的基本业务流程

图 6-3 制造企业市场资源不足时的基本业务流程

6.2 业务流程的描述方法——流程图

6.2.1 流程图的概念及其绘制目的

1. 流程图的概念

要进行业务流程的设计，我们需要有一种方法将流程内的活动关系以及不同流程间的关系清晰地表示出来。业务流程的描述可以用文字形式、表格形式或框图形式。但如果用文字描述流程，则比较缺乏直观性，流程的结构也难以描述清楚，尤其是对于较为复杂的流程。因此，我们常常采用直观的图形或表格来表示业务流程，即使用一些特定的符号来描述业务流程的各种活动、活动间的关系以及流程间的关系，这样形成的图形称之为流程图。

2. 流程图绘制的目的

流程图是对组织业务过程活动描述的基本工具，也是业务流程设计的重要工具。具体来讲，绘制流程图的主要目的是以下两点：

(1) 确定增值的核心活动集。该目的包括：①分解一个流程的活动集合；②识别增值或业务流程的核心活动，将所有流程活动分类，找出核心或增值活动，并明确其相关性；③简化活动，对核心与非核心、增值与非增值活动进行简化；④重新定义流程的活动集合和活动间的时间顺序。

(2) 建立持续流动的流程。该目的包括：①设计核心流程的流动顺序，配置保证流程持续运行的支持活动；②进行瓶颈分析和流程分析，消除公开与隐藏的(潜在的)问题、故障，保证流程活动的最低差错率；③确保核心活动流程的功能与性能。

6.2.2 流程图必须具备的特性

为了实现上述目的，绘制的流程图必须具备以下特性：

1. 简洁明了性

流程是由活动组成的，而活动是个相对概念，很多活动本身就是个复杂的流程，流程中套着流程。因此，在绘制流程图时就存在着取舍问题，即视研究完全和方便的需要而确定画到哪一层次，对研究无关的层次就不要画出，以免干扰视线。流程图的简洁明了性要求流程图在被描述时能够做到一目了然，不拖泥带水。

2. 表达完整性

表达完整性指的是流程图要能充分地描述出企业流程的主体、流程的各组成活动及其相互关系。通过流程的表达完整性，企业可以清楚地认识到，流程是由若干个活动通过一定方式的结合而形成的，它有自己明确的起始活动和终止活动及特定的接受对象。通过完整的流程图，人们很容易就能了解流程的来龙去脉、流程所包含的组成活动、各活动之间的结合方式，有的流程图中还可看出各活动是由什么部门的人参与的。流程的完整性要求流程图能显示出流程的基本特性，不会使人感到不知所云。

3. 可计算机化

所谓可计算机化，就是说某些企业的有些流程图可以应用计算机来辅助建模，且能够让计算机模拟。这样，在重组过程中，就可用计算机来优化流程，从而提高流程再设计的效率和效果。并不是企业中的所有流程都要求具备可计算机化的特性。事实上，目前只有为数不多的、很复杂的营运流程才动用计算机来模拟，这些流程图需具备可计算机化的特性。但随着现代信息技术的发展，会有越来越多的企业流程图可用计算机来模拟与优化。

6.2.3　流程图的类型

在用具体的流程图法来描述业务流程时，根据待描述对象的复杂性，可以将企业的流程图大致分为两大类：单体流程图与综合流程图。单体流程图展示的是某一流程中各活动之间的关系，仅反映了从事这些活动的个体与个体之间的某种关系，而综合流程图则是让人们对企业的全部流程有一种整体的把握和认识。

1. 单体流程图

单体流程图主要是反映企业的某一单个流程中各活动的组成及活动之间的逻辑关系。企业中大量的流程图都是单体流程图。单体流程主要采用工艺视图进行描述。流程的工艺视图是按时间的先后顺序或依次安排的活动步骤，用标准的图形形式表达的流程模型。这种图形表达之所以称为工艺视图，是因为它和制造工艺有类似之处。工艺视图所描述的流程图在企业中也称为“业务流程图”或“管理流程图”或“作业流程图”。流程的工艺视图的形式可以是框图形式，也可以是表格形式。一般来说，从业务流程图上可以体现：①明确的活动；②各个活动所涉及的部门或岗位；③明确的工艺步骤和时间顺序；④各活动之间的主要信息联系。因此，流程的工艺视图的特点是：比较形象、直观，易于理解。下面简要介绍几种描述形式的业务流程图：

（1）表格形式的业务流程图。美国机械工程师学会（American Society of Mechanical Engineers，ASME）为业务流程图的描述专门制订了标准图形和标准画法，该标准为制造业和服务业在流程描述和流程设计中广泛采用。ASME 采用 6 种标准的符号表示流程中的各种活动，如表 6-1 所示。如表 6-2 所示的内容则是用这些符号描绘的工作零用现金申请流程图。

表 6-1　ASME 表示活动的标准图形符号

图形符号	活动含义	图形符号	活动含义
○	加工或操作，如车削、打字等	◎	暂时存储或延迟，如卡车在码头等待卸货、生产过程中的待料加工等
⇨	移动或搬运，如叉车搬运、手工传递物品等	□	检查，如质量检验、检查文档等
▽	存储，如原材料的存储、文件归档等	◇	决策，如对某项活动的可行性进行判断等

表 6-2　ASME 表格形式的工作零用现金申请流程图

工作零用现金申请流程图	分析员	页数	操作	移动	检查	延迟	存储
步骤说明							
部门负责人申请报告			●	⇨	□	◎	▽
到会计部门			○	➡	□	◎	▽
报账、签字确认			○	⇨	■	◎	▽
会计批准量			●	⇨	□	◎	▽
出纳员			●	⇨	□	◎	▽
记账员记录			●	⇨	□	◎	▽
现金装入信封			●	⇨	□	◎	▽
送到部门			○	➡	□	◎	▽
与申请报告对比现金额			○	⇨	■	◎	▽
签收			●	⇨	□	◎	▽
存入保险柜			○	⇨	□	◎	▼
			○	⇨	□	◎	▽
			○	⇨	□	◎	▽

（2）框图形式的业务流程图。ASME 的标准图形符号除了可以通过表格形式描述流程，也可以将这些符合加上联结箭头，用框图形式表达单体流程。如图 6-4 所示的是一个框图形式的某餐饮企业的服务流程图。

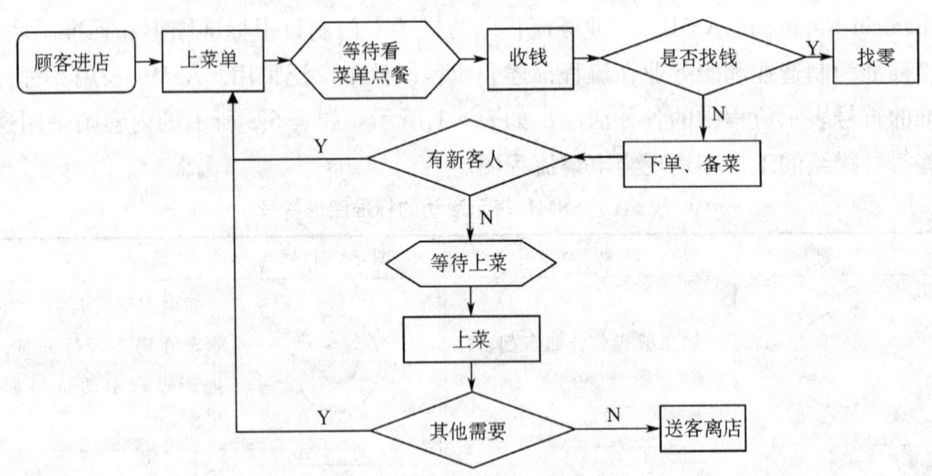

图 6-4　某餐饮企业的服务流程图

除了 ASME 的图形符号，其他一些组织也开发了多种图形符号来表示流程活动，如美国摩托罗拉公司和 IBM 公司均有其标准化的业务流程图描述图形符号。

（3）跨职能业务流程图。上面两种形式的业务流程图描述方法虽然表达了业务流程活动的先后次序，但难以看出每项活动的执行者。因此，为了使流程图法能够满足企业中跨部门职能描述的需求，流程图法被进一步拓展为跨职能业务流程图。跨职能业务流程图主要用以表达出企业业务流程与执行该流程的功能单元或组织单元之间的关系，其组成要素包括：组织的业务流程、执行相应流程的功能单元或组织单元。跨职能流程图最大的好处是能够显示一个业务流程在各部门之间是如何进行的，或者显示一个业务流程是如何影响组织中的不同职能单位的。如图 6-5 所示的是一个跨职能业务流程图示例。

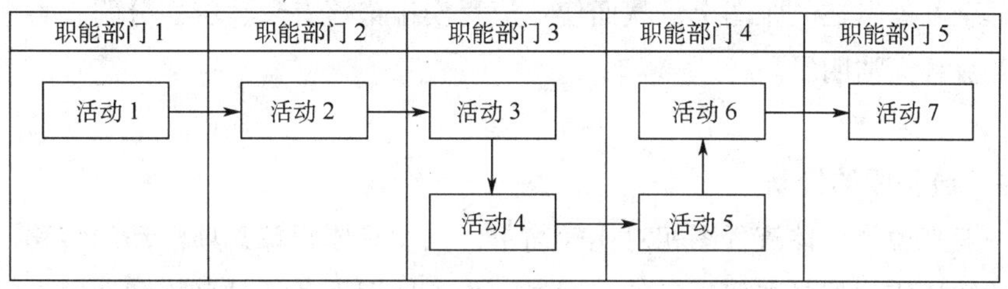

图 6-5　跨职能业务流程图示例

2. 综合流程图

单体流程图展示的只是流程中各活动之间的关系，仅反映了从事这些活动的个体与个体之间的某种关系，它无法让企业对组织的全部流程有一种整体的把握。如果要表示整个组织的流程结构，则需要使用综合流程图。综合流程图反映的是在组织里的众多的流程中，流程与流程之间的关系。它不是以活动为基本单位，相反，它是以一个个活动的集合流程作为基本单位，反映的是构成一个个流程的群体与群体之间的关系，而不是组织的个体与个体之间的关系。如图 6-6 所示的是一家盐业公司的综合流程图。

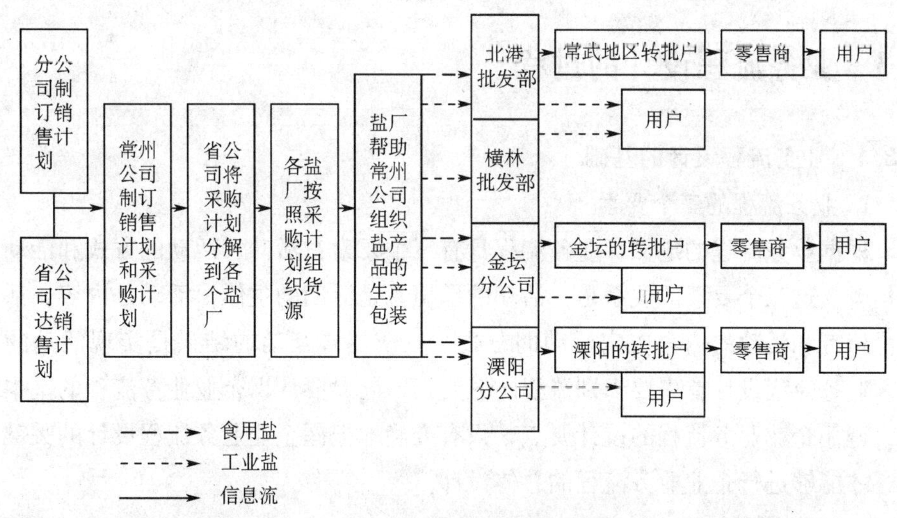

图 6-6　某盐业公司的综合流程图

综合流程图具有多个特点：①简洁明了性，通过一张简单的综合流程图，就能一目了然地勾画出一个公司复杂的运作程序；②使流程服务的对象——顾客得以体现，在图6-6中，盐业公司服务的顾客包括转批户、零售商和最终用户均清晰地被描述出来，这在单体流程图中则难以如此全面的表达；③层次性，综合流程图是一种高度综合、层次分明的业务流程展示，它的每个环节均可进一步分解出更为细致的流程，在图6-6中，“分公司制订销售计划”这一活动本身就是一个更小的业务流程。综合流程图利用其层次特性，使得企业能够不必将事无巨细的流程全部展示在一张图上，从而使各流程安排错落有致、层次分明，整个企业的业务流程简洁明了。

6.2.4 流程图的绘制

一般来说，单体流程图相对比较简单，人们只要跟踪某项活动的转移，就能清楚地知道该流程是如何运作的。通过一步步地记下各活动名称和活动之间的关系，把它们连接起来就形成了一张特定的单体流程图。单体流程图的形式可以使用表格形式、框图形式，也可以使用跨职能框图形式，组织可根据需要选择合适的形式。

但是，综合流程图的绘制就复杂得多。首先要绘制其企业级的综合流程图，再根据需要绘制次级的综合流程图。在绘制企业级的综合流程图时，要理清企业中有哪些主要的单体流程，这些单体流程之间的关系如何，其层次性又如何。也就是说，通过高度的概括，才能够使这些单体流程尽可能的被包含进去，形成一些级别的主要流程，然后再理清这些主要流程之间的关系，才能够绘制出企业高层次的综合流程图。

6.3 业务流程设计的过程

6.3.1 业务流程设计的基础

1. 业务流程的三个要素

根据业务流程的定义，业务流程具有三个要素：活动、活动的方式和活动的承担者。这三个要素的关系是，活动的承担者是活动的主体，活动是内容，活动的承担者和活动的内容决定活动的方式。三个要素互动的结果是实现活动的目的。业务流程设计首先要识别流程的三要素，同时要认识企业业务流程的基本结构，遵循企业业务流程的设计要点，只有准确地把握企业业务流程设计的关键步骤，才能够进行企业业务流程的总体设计。

2. 业务流程的基本结构

不同的业务活动决定了业务流程的基本结构也不相同。制造业企业和商业企业业务流程的基本结构图如图 6-7 所示。

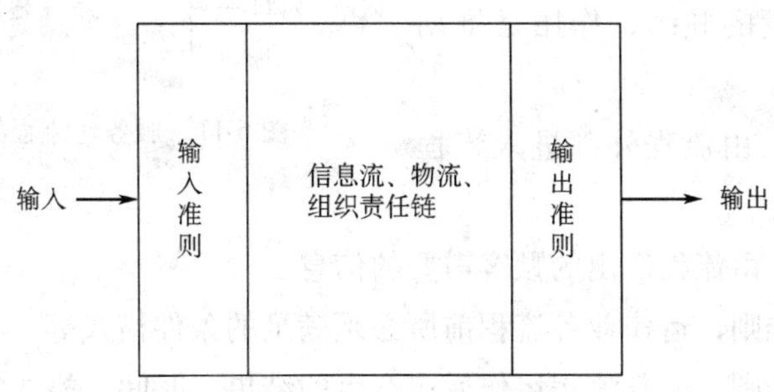

图 6-7 制造业企业和商业企业业务流程的基本结构图

制造业企业的活动内容即为顾客生产工业产品，其业务流程是一体三面的，即信息流、物流和组织责任链；商业企业的活动内容即为顾客提供商品，其业务流程也是一体三面的，即信息流、物流和组织责任链。

制造业和商业业务流程的结构要素如下：

(1) 信息流，信息流即物流的指挥和控制系统，如图 6-8 所示。

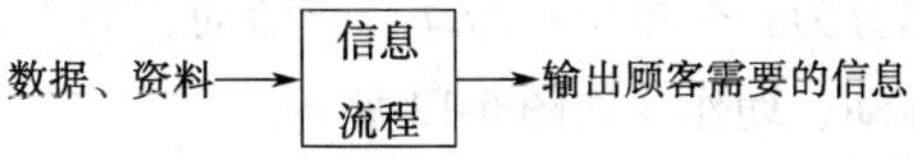

数据、资料 → 信息流程 → 输出顾客需要的信息

图 6-8 信息流

(2) 物流，物流即价值实物的流动，如图 6-9 所示。

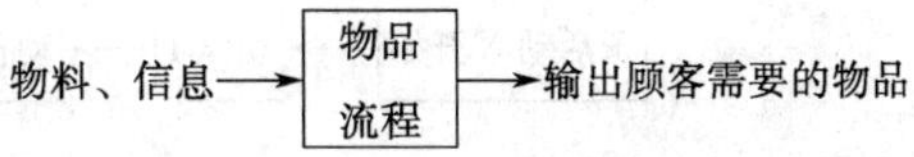

物料、信息 → 物品流程 → 输出顾客需要的物品

图 6-9 物流

(3) 组织责任链，它是所有业务流程所有者的职责的联结，作用是推动流程运行。

(4) 输入，由流程外界进入流程的数据、图像、声音、信息、原料、部件或者是其他流程的输出等。

(5) 输出，从流程中产出的顾客需要的信息、产品等。

(6) 进入准则，运作业务流程所必须满足的条件、量、标准等。

(7) 输出准则，业务流程运作后应产生的结果、量、数量等。

许多服务业企业的活动内容只是提供信息，没有产品或商品的“实物”，例如，律师行业、咨询行业等，这些服务是一体两面的，即只有信息流和组织责任链，其流程的基本结构图如图 6-10 所示。

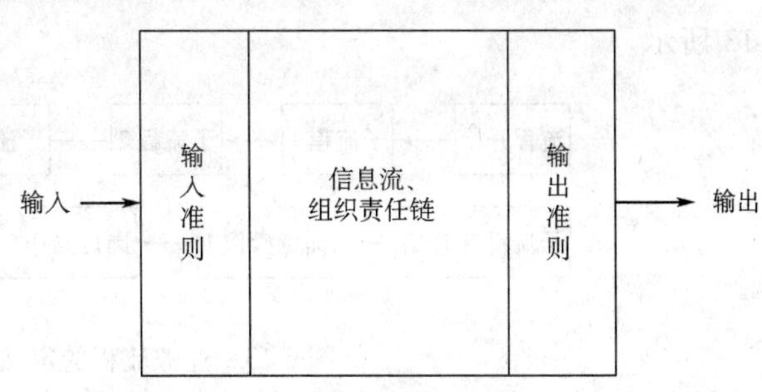

图 6-10 服务业企业业务流程的基本结构图

服务业业务流程的结构要素如下：

(1) 信息流，即服务的指挥和控制系统，如图 6-11 所示。

（2）组织责任链，即所有业务流程所有者的职责的联结，作用是推动流程运行。

数据、资料→服务流程→输出顾客需要的信息

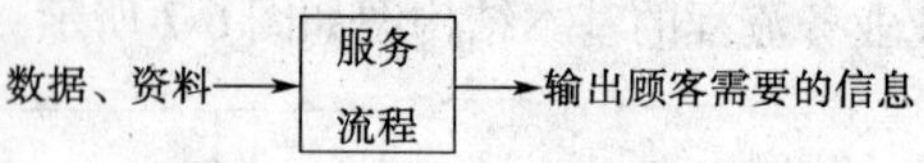

图 6-11　服务业流程的信息流

（3）输入，由流程外部进入流程的数据信息等。

（4）输出，由流程产出的顾客需要的信息。

（5）进入准则，运作业务流程前所必须满足的条件格式等。

（6）输出准则，业务流程运作后应产生的结果、时间、格式等。

6.3.2　业务流程设计的要点

1. 确定业务活动

不同的业务活动有着不同的范围和内容，如经营活动、管理活动、销售活动、设计活动、生产活动等的活动范围和内容是各不相同的。通常的业务活动可以分为三个单位：活动、子活动、动作。企业的所有工作都可以细分为活动、子活动、动作，如图 6-12 所示。

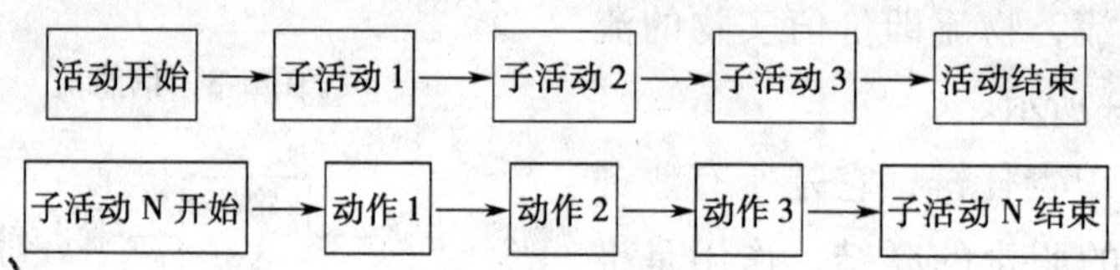

图 6-12　业务活动细分

2. 定义业务流程

企业可以根据活动的不同来定义业务流程。例如，根据经营活动、管理活动、销售活动、设计活动、生产活动等活动范围和内容定义经营流程、管理流程、销售流程、设计流程、生产流程等。一般情况下，活动表现为流程，子活动表现为子流程(生产管理中为工序)，动作表现为一个岗位做的具体操作，如图 6-13 所示。

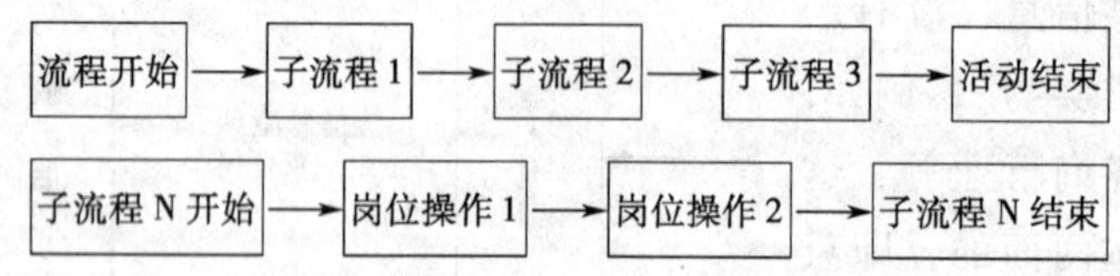

图 6-13　业务流程的定义

流程、子流程都具有一定的运行时间。岗位是流程的最基本单位，要有定额，能计算考核工作量的工种和岗位均应制订劳动定额。根据标准的不同，劳动定额可以分为两种：①产量定额，即单位时间内应完成的合格品数量，如日产量、月产量等；②时间定额，即工时定额，指生产一个合格品所

需的时间。

分析时间定额的方法是技术测定法。研究人员利用一定的技术手段，分析员工在从事特定的工作时所做的不同动作。消除无效动作，增加动作速度，并在考虑疲劳等因素的前提下，确定完成工作内容所需要的时间。计算时间定额的方法除了技术测定法，还有经验估计法、统计分析法、类比比较法等。

时间定额计算公式如下：

流程单位时间 = 准备时间 + 作业辅助时间 + 作业时间 + 结束时间

只生产一个产品的流程时间称为流程单位时间，流程单位时间又称为流程周转时间。在实际生产中，每个流程单位时间往往会产生偏差，因此要经常统计生产 N 个产品的流程时间的平均值，其计算公式如下：

平均流程单位时间 = 准备时间/N + 作业辅助时间/N + 作业时间/N + 结束时间/N

当 N 大于某个数值，准备时间、作业辅助时间、结束时间的数值很小的时候，可以忽略不计，此时，平均流程单位时间≈作业时间/N。

同样可以利用上述方法测定子流程、流程的时间定额，即流程周期时间。

3. 确定流程责任链

确认流程所有者、子流程所有者和岗位责任人，形成一条无缝的责任链条，是保证流程运行质量的前提。例如，只有分别确定经营流程、管理流程、销售流程、设计流程、生产流程的所有者，并且规定他们对流程的设计、运行、优化和管理所承担的责任，才能够做到保证各个流程以及整体流程的运行畅通。

4. 合理设计子流程组合，以保证流程周期时间最短

流程周期时间等于子流程周期时间平均值之和。通常来说，流程的周期时间是由流程中时间最长的环节所决定的。企业可以通过采用信息技术、新设备、新工艺等手段，压缩流程中时间最长的环节，从而减少流程周期时间；也可以合理地设计子流程组合，使得流程周期时间最短。

5. 流程设计需要注意的几点

（1）信息的统一性。信息流程是对物流的指挥和控制，因此，对同一个流程而言，必须保证输入信息的统一性。不同部门对信息的要求不同，在对同一个流程下达指令时，如果不能保证信息的统一性，势必造成信息输入时间的不同步，造成流程运行时间延迟，如图 6-14 所示。

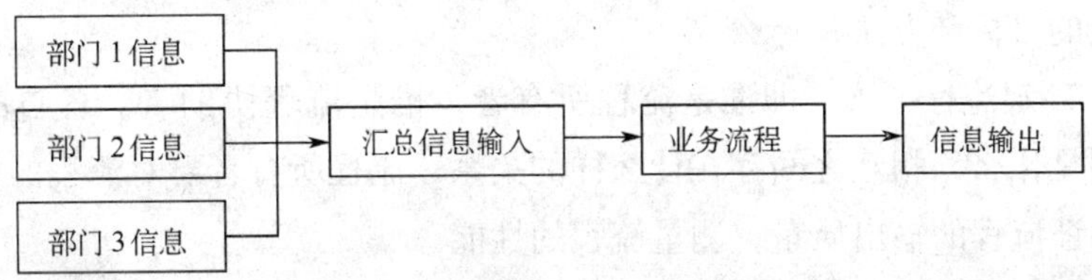

图 6-14　信息流程通过汇总获得统一性

（2）可以有多个信息输出。由于流程输出的每一条信息常常对多个部门的运作起着指挥、控制的作用，所以每个流程可以同时有多个信息输出。

（3）信息流程大于工作流程。信息流程是物流的指挥和控制系统。物流的前端必须有信息输入，物流只有在得到相应的信息后才能启动；物流的后端即物流结束后，必须输出信息给相关的部门。例如，车间工作流程输出的信息，或者是通知质量部门检查输出的质量，或者是启动下一个部门的流程。

（4）信息的同步性。信息的同步性表现为一条信息可以为多个单位、部门共同使用，信息的同步性可以减少信息传输时间的延迟，降低跨单位、跨部门流程的时间周期。

6.3.3 业务流程设计的步骤

业务流程设计的基本步骤如下：

（1）确定业务流程设计的目标，即为什么要设计该流程，流程设计要达到什么样的目的。流程设计的目标也将成为考核流程设计是否成功和流程运行是否正常的指标。

（2）按照产品功能、技术、服务等特性设计基本流程；按照企业的营销特性、产销特性、产品生产模式设计核心流程。

（3）业务流程价值分析。从顾客的角度审视业务流程的价值，某个流程是否是顾客愿意付钱的业务流程，即业务流程能否为顾客增值；是否是为增值活动提供支持的流程；如果是必要的非增值流程，能否简化。

（4）确定业务流程边界，即指信息流程的起点和终点。

（5）确定信息流程和物品流程的输入内容和输出内容：

1）确定信息流程的输入内容和输出内容。信息流程起点需要哪些信息，信息流程的终点将提供哪些信息。

2）确定物品流程的输入内容和输出内容。物品流程的起点需要哪些物料，谁提供，什么时间、地点提供，是否可以满足进入流程的要求，是否保证输出的质量，如何测量输入，测量的目标和方法是什么；物品流程的终点将输出哪些产品，什么标准，提供给谁，什么时间、地点提供，能否满足顾客的需求和目标，能否有更好的方法满足顾客需求，流程能否对不同的顾客区别对待，如何测量输出，测量的目标和方法是什么。

（6）确定流程主体，即谁是流程所有者，谁是流程协助者。各自的职责和职权分别是什么，相互之间存在什么样的关系；流程所有者要对流程的运行结果负责，保证流程的输出质量，测量流程的性能。

（7）建立流程指标体系。提高流程运行能力是提高产品和服务质量的基础，因此，企业必须建立流程指标体系来测试流程运行的能力。流程指标体系由流程设计的 4 个目标，即产品质量、服务质量、产品价格、响应时间构成。依据流程指标体系可以检验流程的运行是否遵循了以顾客为中心的流程设计原则。①产品质量指标：如开箱率、废品率、返修率；②服务质量指标：如服务响应时间、顾客满意度；③产品价格指标：如流程费用、流程效用比率(增值/非增值)；④响应时间指标：如流程周期时间、流通效率。

流程周期时间，即从流程输入到输出，供给一个单位的产品或提供一次服务所需要的流程运作时间。流程周期时间是业务流程指标体系的核心指标，缩短流程周期时间可以提高企业运营效率和效益。新产品开发周期时间短，则新产品能够被快速推向市场。缩短生产周期时间，能够提高产能，减少库存。流程周期时间也表示了流程占用流动资产的时间，流程周期时间短，能够降低流程占用。企业产、供、销流程周期时间短，就能够保证产品快速交付顾客。缩短服务周期时间，可以加快服务响应时间，提高顾客满意度。

（8）流程标准化：

1）制订流程程序文件。信息边界、活动边界、信息内容、活动内容、职责范围、职权范围、质量日标、例外处理、文档等所有的流程要素的描述要做到标准化。

2）流程输入规范。检查输入是否正确，时间地点是否合适，质量是否正确；提供准确的流程输入说明书。

3）流程输出规范。检查输出质量、时间和地点是否正确；提供准确的流程输出说明书。

4）绘制流程图。

5）编制业务流程清单。

个案分析

案例材料

爆玉米花流程的再设计

1. 改进现有爆玉米花流程的目标

我国城乡流动地摊式的爆玉米花加工有多处不足，应该改进，其改进的目标有以下两点。

（1）绿色化目标，具体是：①消除铅质安全阀对食品的污染，保护顾客健康；②消除流动加工对市容的影响和燃煤造成的空气污染；③杜绝糖精的使用。

（2）自助化目标，具体包括：①简化流程，在实现上述绿色化目标的同时，使爆玉米花成为顾客可在家自助加工，可以随时享用的休闲食品；②清洁卫生，分包量合理，售价公道。

2. 传统爆玉米花的活动流程

传统爆玉米花的运作活动流程如下：①准备爆花帆、风箱、焦炭、糖精、自用油和爆存袋；②生火、预热；③接受顾客生干玉米粒和了解爆制要求，如是否爆开成花？是否要甜味？④开炉罐盖，倒油；⑤把罐放在炉架上；⑥预热 2 分钟；⑦倒进玉米粒，但加入量不应超过量碗的体积；⑧放入少许糖精；⑨盖罐盖，开始烘烤；⑩一只手转动炉罐，另一只手拉风箱，眼睛盯着压力表，进行烘烤；⑪当压力表达到刻度 6 时，转开炉罐，停止加热烘烤；⑫开炉罐爆玉米花，或徐徐开盖倒出玉米花；⑬检查质量；⑭将成品倒入顾客容器或装入包装袋；⑮收款。其流程图如图 6-15 所示。

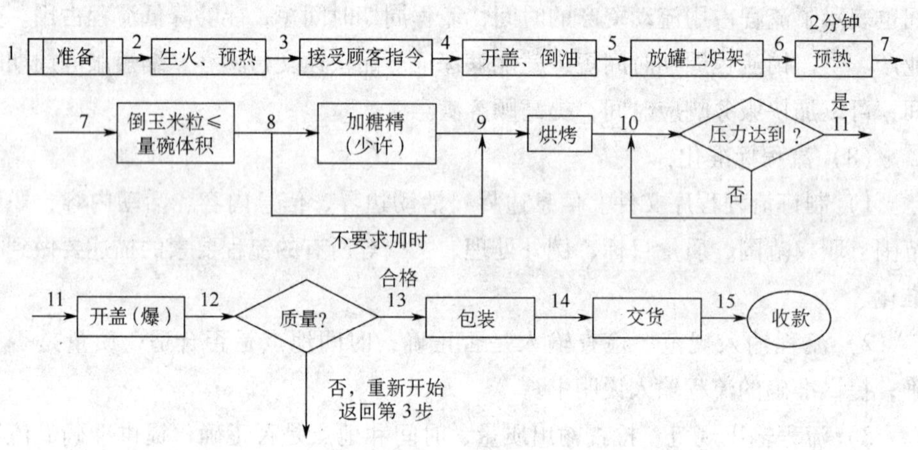

图 6-15　传统爆玉米花的活动流程

3. 确定核心流程和非核心流程

显然，从流程改进目标要求看，上述活动可以分解出的核心流程是：④、⑧、⑪、⑫、⑬、⑭，而其他活动为非核心(非增值)活动。

4. 根据改进目标对流程进行改进，设计新的流程

(1) 进行工艺革新，采用微波炉烘烤工艺，废除传统装置，消除铅污染和燃煤的空气与粉尘污染，不用糖精。

(2) 流程输入革新，改进所爆玉米的品种，引进美国小玉米，进行烘烤试验，确定新流程活动与参数。

(3) 流程输出革新，设计专用袋，定量封装，为公开面市作准备。

(4) 确定微波炉烘烤的核心流程活动和辅助活动。核心活动：放玉米烘烤袋入炉，运作微波炉与控制烘烤质量，出炉；辅助活动有：超市选购专用玉米烘烤袋，阅读说明，准备烘烤。新流程为：准备活动→入炉→烘烤→检查→出炉。

(5) 建立新流程的指标体系。规定新流程的设计目标为实现绿色化、自助化、简捷、安全，口味的调制符合大多数顾客要求。

5. 流程标准化

（1）规定核心流程活动的特征与数据：将微波炉调到 100%（高温）、设置时间 5 分钟。要求顾客根据自己的微波炉和观察未爆小玉米残流量以及烧焦比例调整时间。

（2）将有关流程活动顺序和时间要求明显地标注在烘烤袋上。

（3）绘制新流程图，如图 6-16 所示。

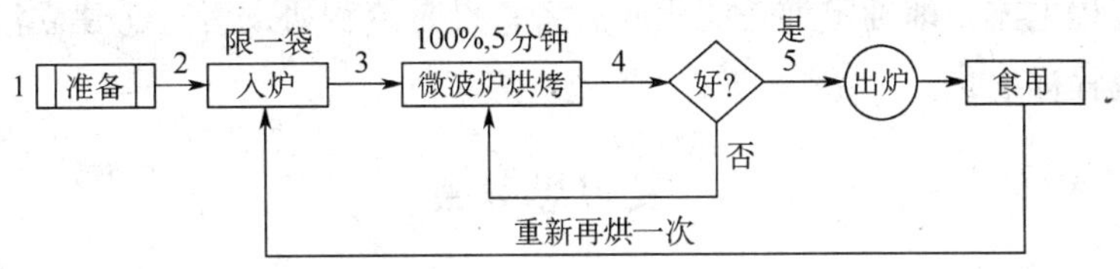

图 6-16　新的爆玉米花流程

分析

本案例主要演示了爆玉米花新的流程设计的过程。案例材料主要涵盖了以下的知识点：

（1）业务流程描述方法。图 6-15 和图 6-16 是两个单体流程图，采用框图形式进行描述。

（2）流程设计的基本步骤。业务流程设计应该首先确定设计目标，然后依次确定其流程边界、输入输出内容，明确核心活动和辅助活动，对活动之间的关系进行合理化，建立业务流程的指标体系，最后对业务流程进行标准化。

自学指导

学习重点

本章学习重点：单体流程图、综合流程图、业务流程设计步骤

（1）单体流程图和综合流程图的概念及其区别。单体流程图展示的只是流程中各活动之间的关系，仅反映了从事这些活动的个体与个体之间的某种关系，它无法让企业对组织的全部流程有一种整体的把握。如果要表示整个组织的流程结构，则需要使用综合流程图。综合流程图反映的是在组织里的众多流程中，流程与流程之间的关系。它不是以活动为基本单位，相反，它以一个个活动的集合——流程作为基本单位，反映了构成一个个流程的群体与群体之间的关系，而不是组织的个体与个体之间的关系。

（2）单体流程的描述形式。单体流程的描述主要是采用工艺视图，工艺视图的绘制有三种方法：①表格形式；②框图形式；③跨职能流程图。

学习难点

本章学习难点：业务流程设计的步骤

业务流程设计的步骤既是本章重点，也是难点。学习该部分内容首先要了解业务流程设计基础中的概念和业务流程设计的要点。业务流程的设计主要包括以下步骤：①确定业务流程设计目标；②按照产品功能、技术、服务等特性设计基本流程以及按照企业的营销特性、产销特性、产品生产模式设计核心流程；③业务流程价值分析，从顾客的角度审视业务流程的价值；④确定业务流程边界，即确定信息流程和物品流程的起点和终点；⑤确定流程的输入内容和输出内容；⑥确定流程主体，即确定谁是流程所有者，谁是流程协助者；⑦建立流程指标体系；⑧流程标准化。

复习思考题

一、单项选择题（在备选答案中选择1个最佳答案，并把它的标号写在题后的括号内）

1. 描述流程与流程之间关系的是(　　)。

A. 单体流程图　　B. 跨职能流程图

C. 综合流程图　　D. 流程的工艺视图

2. 下列不属于流程三要素的是(　　)。

A. 活动　　B. 活动的方式

C. 活动的承担者　　D. 组织责任链

二、多项选择题（在备选答案中有2～5个是正确的，将其全部选出并将它们的标号写在题后的括号内，错选或漏选均不给分）

以下属于业务设计原则的是(　　)。

A. 必须使业务流程有效、清晰和完整

B. 必须严格贯彻执行企业的方针和政策

C. 必须遵循环境的要求

D. 必须以顾客满意为中心

E. 必须遵循资源约束原则

三、名词解释

1. 单体流程图　2. 综合流程图　3. 流程的工艺视图

四、简答题

1. 简述业务流程设计的基本概念。

2. 简述业务流程设计的意义。

3. 简述业务流程设计的基本原则。

4. 简述单体流程图和综合流程图的区别。

五、论述题

试述业务流程设计的基本步骤。

第 7 章

业务流程优化

学习目标

1. 应了解、知道的内容
   - 全面质量管理的概念及其特点
   - PDCA 循环的概念及其特点
   - 6Sigma 管理的概念与基本思想
   - DMAIC 的概念
2. 应理解、清楚的内容
   - 全面质量管理的起源
   - 6Sigma 管理的起源
3. 应掌握、会用的内容
   - PDCA 循环的 8 个步骤
   - DMAIC 的工作步骤
4. 应熟练掌握的内容
   - 应用 PDCA 循环和 DMAIC 改进流程的基本方法

自学时数

6 学时

教师导学

全面质量管理 TQM 和 6Sigma 管理是业务流程优化的两种重要方法。本章主要介绍的是全面质量管理的基本内容，包括基本概念和特点，同时介绍了 PDCA 和其细分的 8 个步骤。对于 6Sigma 管理，本章也介绍了其起源和核心思想，具体描述了应用 DMAIC 优化业务流程时的每个阶段的工作内容。读者在学习过程中，应该注意理解全面质量管理和6Sigma管理的基本概念和思想，重点把握PDCA和DMAIC的工作过程，并结合本章的两个案例，对它们优化业务流程时的具体步骤有一个较为透彻的理解。

7.1 全面质量管理TQM概述

7.1.1 全面质量管理的起源

20世纪20年代至40年代，来自贝尔实验室的美国统计数理专家休哈特(W. A. Shewhart)提出了统计过程控制(SPC)理论，用统计技术对生产过程进行监控，以减少对检验的依赖。罗米格(H. G. Romig)、道奇(H. F. Dodge)等人提出了统计抽样检验方法，这些先驱的努力将统计学引入了质量管理。他们认为，任何生产过程都存在一定程度的波动。对于负责质量管理的经理们来说，他们的责任就是通过统计过程控制技术控制波动的水平，使生产过程处于受控状态。

20世纪40年代以后，人类在科学技术上获得了巨大的突破，生产力水平得到了空前的发展和提高，市场竞争加剧，消费者意识日渐清晰，消费者权益运动日益高涨，人们对产品和服务的质量的要求越来越高。企业逐渐开始意识到，光靠统计质量控制，不足以实现对质量的有效控制。质量的实现，还受到许多其他因素的影响，如员工的参与度和积极性、生产过程的合理性等。在这样的背景下，全面质量管理(Total Quality Management,TQM)开始兴起。

1951年，朱兰博士将当时关于质量管理的一些重要思想和论文汇编成《质量控制手册》，后来这本书风靡全球。同一时期，美国的贝尔实验室开展了"全面质量保证计划(Overall Quality Assurance Plan)"活动，宣传和强调从建立质量标准到产品最终处理为止的各种活动的重要性。

1956年，美国通用电器公司的A. V. 费根堡姆在《哈佛商业评论》上发表了论文《全面质量控制》(Total Quality Control)，首次提出了TQC——全面质量控制的概念。1961年，费根堡姆出版了著作《全面质量控制》，正式提出了全面质量管理的思想：为了生产具有合理成本和较高质量的产品，以适应市场的要求，只注意个别部门的活动是不够的，需要对覆盖所有职能部门的质量活动进行策划。他认为，"全面质量管理是为了能够在最经济的水平和考虑到充分满足顾客要求的条件下进行市场研究、设计、生产和服务的，将企业内部各部门研制质量、维持质量和提高质量的活动整合为一体的有效体系"。质量管理由制造过程中的统计质量控制发展到了对满足顾客要求所必须关注的各方面的控制和管理。

质量管理开始渗透到各个行业，各国也纷纷开展全面质量管理。20世纪50年代后期，美国的一些银行、航空公司为了解决自己所面临的问题，逐步开始运用质量管理的思想和方法，并取得了很好的效果。但在全面质量管理运动中，成就最为突出的当属日本。

二战后，美国在帮助日本重建经济时，派了大量专家前往日本，爱德华·戴明就是其中的一位。戴明是统计专家，他在帮助日本的过程中，将各种管理原则与统计方法相结合，逐步建立了致力于产品(服务)和过程无止境改进的全面质量管理思想，并为日本所接受和发展。全面质量管理在日本叫做“全公司质量管理(Company-wide Quality Control,CWQC)”。石川馨博士对CWQC进行了概括：CWQC的特点在于整个公司从上层管理者到全体员工都参与质量管理，不仅研究、设计和制造部门参与，其他部门如销售、材料供应、计划、会计和人事等所有部门也都参与。质量管理的概念和方法不仅用于解决原材料、生产过程和产品设计等问题，当上层管理者决定公司方针时，也可以被用于进行行业分析和检查方针的实施情况以及解决销售、人事管理等问题。日本在开展全面质量管理的深度和广度上，都比其他国家更为深刻。因此，在20世纪80年代以后，日本的全面质量管理经验已为其他国家所借鉴。

经过几十年的发展，全面质量管理也得到了进一步的深化。从20世纪80年代后期以来，全面质量管理由早期的TQC演变为TQM。TQM的实质是以顾客满意、附加价值和持续改善为核心的一种全面的经营管理理念。它指的是组织以质量为中心、以全员参与为基础，目的在于通过让顾客满意和本组织所有成员及社会受益而达到长期成功的一种管理理念。TQM强调用事实和数据说话，强调广泛应用统计方法和技术。TQM的对象不仅包括一般意义上的产品和服务，还包括组织的所有活动、过程、人员和组织结构等各个方面。

随着全面质量管理的发展，各国纷纷设立国家质量奖，以促进全面质量管理的普及和提升企业的管理水平及企业竞争力。日本的戴明奖是最早设立的国家质量奖，它始创于1951年，如今，它已成为世界上最著名的三大质量奖项之一；另外两个为美国波多里奇国家质量奖(1998年建立)和欧洲质量奖(1993年建立)；其他国家的质量奖的设置大都以美国质量奖或者欧洲质量奖为蓝本。各国都希望通过质量奖的实施来实现对全面质量管理发展的促进，最终实现国家经济竞争力的提升。

随着经济全球化的发展，竞争越来越激烈，环境对企业成本、绩效和服务的要求越来越高，对质量的要求也越来越高，企业如何在这样一种环境里实现可持续发展，全面质量管理将成为组织实现其战略目标的强有力的保证。

7.1.2 全面质量管理的概念及其特点

1. 全面质量管理的概念

全面质量管理TQM是指一个组织以质量为中心，以全员参与为基础，充分考虑顾客要求，将专业技术、管理技术和数理统计结合起来，控制生产全过程中的影响质量的因素，在最经济的水平上把组织内各部门研制质量、维持质量和提高质量的活动融为一体给顾客提供所需产品和服务的一种科学、严密、高效的管理体系，其目的是通过顾客满意和本组织所有成员及社会受益达到组织的长期成功。

全面质量管理的基本原理与其他概念的根本差别在于，它强调为了取得真正的经济效益，管理必须始于识别顾客的质量要求，终于顾客对产品的满意。全面质量管理为实现这一目标而对市场调研、产品设计、生产制造和后勤物流等影响产品质量的所有过程进行了全面的控制。

2. 全面质量管理的特点

全面质量管理的基本特点是：以质量为中心，让顾客满意；以全员参与为基础，进行全过程的控制。此外，它还蕴含着“预防为主”、“下工序是用户”、“一切为用户”等管理理念。具体来讲，全面质量管理包含下面5个方面的要求：

（1）质量管理应以顾客为导向。质量是满足顾客现有和潜在需求的产品或服务特性。全面质量管理必须理解顾客当前和未来的需求，对生产的各个环节进行控制，最终生产出符合或超出顾客质量预期的产品。可以说，顾客满意是未来质量管理的核心。但是，以顾客为导向不仅仅是一句口号，它要求组织必须建立以顾客为中心的企业文化，在组织内部不断对员工进行培训，传达满足顾客要求的重要性。顾客导向还包括顾客识别（细分顾客群体和顾客要求识别）、顾客沟通、监测顾客感受（测量顾客满意度）和分析顾客的相关数据并据此提出改进依据。

（2）全面质量管理的对象是全面质量。所谓全面质量就是指产品质量、过程质量和工作质量。全面质量管理指的是，只有抓好工作质量和过程质量，产品质量才能得到保证。

（3）全面质量管理要求全员参与。产品质量的优劣取决于企业全体员工的工作质量水平，提高产品质量必须依靠企业全体人员的共同努力。企业中任何人的工作都会在一定范围和一定程度上影响产品的质量。因此，无论哪个部门的人员，无论是企业高层还是普通员工，都必须具备质量意识和相应的质量技能，积极关心和提高产品质量。为此，组织需要通过合理的人力资源开发，提高员工的工作能力，充分调动员工的工作积极性和创新能力，培养员工端正的质量态度，并最终提高企业的总体质量保证能力。

（4）全面质量管理是对全过程质量的管理。质量是所有核心质量职能和非核心质量职能共同作用的结果。因此，要保证质量，必须对市场调研、产品开发、生产控制、销售、外包、后勤、物流等产品形成的全过程进行控制。只有当每个环节的质量得到保证时，最终的产品质量才能得到保证。因此，组织需要识别质量形成的过程，确定这些过程的顺序和相互作用，确定确保这些过程有效运作和控制所需的准则和方法，对这些过程进行有效的测量监视和分析，并对这些过程进行持续的改进。

（5）全面质量管理要求强有力的领导。全面质量管理要求整个组织的各个部门、全体员工、各个过程共同努力以确保质量目标的实现。因此，作为领导作用的管理层必须制订组织统一的质量方针和目标，确保整个组织关注顾客，提高整个组织的质量意识，配置和提供各项适宜资源，创造并保持员工能充分实现质量目标的内部环境。根据朱兰的“二八”法则，产品质量问题 80% 出于管理层，而只有 20% 的问题来自员工。员工所能解决的只是基层所发生的一些实际问题，而如技术革新、设备换代等问题不是员工所能左右和改变的。因此，全面质量管理需要管理层科学、正确的引导和决策。

7.1.3　TQM 与业务流程优化

众所周知，质量不是检验出来的，而是制造出来的。也就是说，要提高产品和服务质量，最根本的方法是对产品和服务的形成过程进行改进，即对提高产品和服务的业务流程进行改进。全面质量管理正是通过对企业的全过程进行改进，逐步提高业务流程的质量，最终达到提高产品和服务质量的目的。因此，自全面质量管理产生以来，全面质量管理理论就一直被作为业务流程优化的重要思想和方法。

相对于业务流程再造（BPR）那种激进的、对业务流程进行彻底性的再思考的流程改进方法（BPR 见第 8 章），TQM 是对现行流程的渐进式、持续的改进；在所涉及的流程类型上，BPR 涉及结构、文化和技能，TQM 则主要是流程的工作设计；在流程改进执行方式上，BPR 强调自上而下，TQM 虽然也要求强有力的领导，但基本工作方式则是自下而上，由基本流程开始优化逐步过渡到更高层流程；在对组织的影响上，BPR 会导致组织结构的变化，特别是强调横向联系的扁平化，TQM 一般较少涉及组织的结构形式；在风险和收益上，TQM 较之 BPR 要小。

7.2　TQM 的业务流程优化方法——PDCA 循环

7.2.1　PDCA 循环的概念

在进行业务流程优化时，首先需要有个优化计划，然后按照计划去执行，并在执行过程中进行检查和调整，在计划执行完成时进行总结处理，成功的活动纳入标准，不成功的在下一阶段继续改进。戴明将这一业务流程优化的工作方法总结为“PDCA 循环”，质量学界将其称为“戴明环”。PDCA 4 个字母分别代表英文的计划(Plan)、执行(Do)、检查(Check)和处理(Action)，如图 7-1 所示。

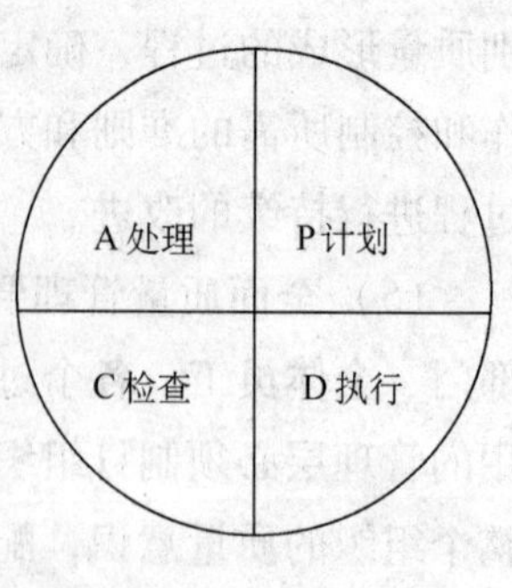

图 7-1 PDCA 循环

1. 计划阶段(P 阶段)

计划阶段是发现适应用户的要求，并以取得最经济的效果为目标，通过调查、设计、试制，制订技术经济指标、质量目标、管理项目以及达到这些目标的具体措施和方法。

2. 执行阶段(D 阶段)

执行阶段则是按照所制订的计划和措施去付诸实施。

3. 检查阶段(C 阶段)

检查阶段是对照计划，对执行情况和效果进行分析，明确哪些做对了，哪些做错了，总结经验，找出问题。

4. 处理阶段(A 阶段)

处理阶段是对检查的结果进行处理。对于成功的经验要加以肯定，并予以标准化，或制订作业指导书，便于以后工作时遵循；对于失败的教训要予以总结，避免重现；对于没有解决的问题，应交给下一个 PDCA 循环解决。

以上 4 个阶段不是运行一次就完结，而是要周而复始地进行：一个循环完了，解决了一部分问题，可能还有其他问题尚待解决，或者又出现了新的问题，就要再进行下一次的循环。

7.2.2 PDCA 循环的 8 个步骤

以上的 P、D、C、A 4 个阶段可以具体化为 8 个步骤：

(1) 分析现状，找出业务流程中存在的质量问题。对于存在的质量问题，要尽可能用数据加以说明。

(2) 找出业务流程内外产生问题的各种原因和影响因素。

(3) 找出原因或影响因素中的主要原因或影响因素。一个问题的形成因素很多，如设备、员工、工艺、生产环境等方面。如果对于每一个因素都同等程度地考虑，必然会造成管理人员精力分散，结果往往适得其反；另外，考虑所有因素也会造成实施成本过高。因此，要想解决质量问题，需要在诸多影响因素中，全力找出主要影响因素，以便从主要影响因素入手解决质量问题。

(4) 针对主要影响因素或原因，制订解决计划和措施。计划措施的制订可采用 5W1H 法，即针对每一项措施回答下列问题：为什么要制订这一措施(Why)？执行该措施能达到什么样的预期目的(What)？在何处执行(Where)？由谁来执行(Who)？何时开始执行和何时完成(When)？如何执行(How)？

(5) 按照制订的计划执行措施。

(6) 根据原先制订的计划，检查实际执行的结果，看是否达到预期目标。

(7) 巩固提高。对成功的经验进行总结，并将其纳入相关的标准、制度或规定中，巩固已取得的成绩。

(8) 将本次循环没有解决的问题或出现的新问题，转入下一个 PDCA 循环加以解决。

在以上 8 个步骤中，步骤(1)～(4)是 P 阶段的具体化；步骤(5)属于 D 阶段；(6)属于 C 阶段；(7)、(8)归为 A 阶段。

7.2.3 PDCA 循环的特点

PDCA 循环这一工作方法可以归结为三个特点：大环套小环、阶梯式循环上升、循环推动关键在 A 阶段。

1. 大环套小环

PDCA 不仅适用于整个企业，而且也适用于各个具体执行部门甚至每一个人。如果把整个企业的工作作为一个大的 PDCA 循环，那么各个部门、小组还有各自小的 PDCA 循环。大的 PDCA 是小的 PDCA 循环的母体和依据，小的 PDCA 循环是大的 PDCA 循环的分解和保证。就像一个行星轮系一样，大环带动小环，一级带一级，构成一个有机运转的体系。

2. 阶梯式循环上升

PDCA 循环不是在同一水平上原地循环，它每循环一次，就解决一部分问题，取得一部分成果，工作就前进一步，水平就上升一个台阶。到了下一次循环，又有了新的目标和内容。如此像爬楼梯一样逐步上升，使质量水平不断得到提高。如图 7-2 所示。

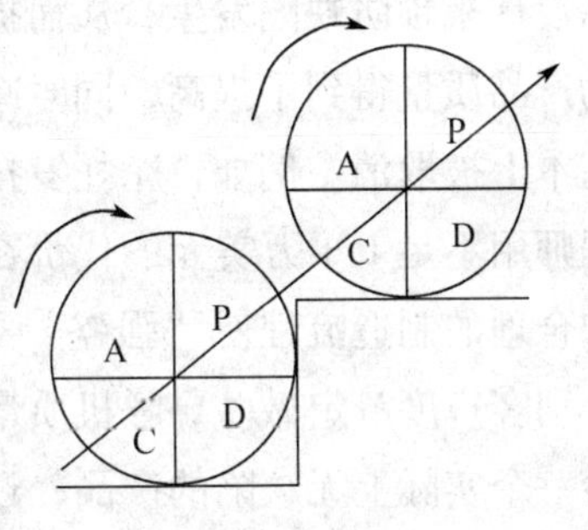

图 7-2 PDCA 循环阶梯式上升

3. 循环推动关键在 A 阶段

PDCA 循环上升的关键在于 A 阶段。该阶段对解决问题的成功经验进行了总结，使质量水平提高了一个层次；同时指出本次循环出现的问题和不足，推动下一次循环的进行。因此，处理阶段对 PDCA 循环的不断滚动上升起到了承前启后的关键性作用。

7.3 6Sigma 管理

7.3.1 6Sigma 管理的起源

20 世纪 70 年代到 80 年代，美国摩托罗拉公司(以下简称摩托罗拉)在同日本企业的竞争中逐渐失掉了收音机和电视机的市场，后来又失掉了BP机和半导体的市场。摩托罗拉惊讶地发现：一家日本企业在70年代并购了摩托罗拉的电视机生产公司。经过改造后，很快投入了生产，他们虽然使用了同样的人员、技术和设计，但产品不合格率只有摩托罗拉管理时的1/20。1979年，面对日本企业的严峻挑战，在一次管理会议上，摩托罗拉执行总裁Art Sundry拍案而起："摩托罗拉真正的问题是我们的产品质量低劣。"Sundry的宣言拉开了摩托罗拉的质量改进序幕。1981年，Bob Galvin要求其产品必须在5年内有10倍的改善。当时，公司拿出年收入的5%～10%甚至是20%来纠正低劣的产品质量。在改进过程中，随着生产流程质量的优化，这些投入转化为每年最低限度的8亿～9亿美元的巨大回报。这些实践经验开始让摩托罗拉发现，提高产品质量、提供最佳产品实质上会降低成本。

1985年，通信工程部的一位名叫比尔·史密斯的工程师提交了一份报告，他证明如果一件产品有某种缺陷，如果在生产流程中纠正了它，同件产品的其他缺陷一定会被遗漏，当客户初次使用该产品就会发现其被遗漏的缺陷且引起客户不满。但当产品无缺陷时，它在初次使用时就很少失败。因此为了避免隐藏的缺陷导致产品刚被客户使用就出错的状况，必须采取措施改善生产流程。史密斯的发现使得摩托罗拉开始关注产品设计和制造流程。

1987年，摩托罗拉建立了"6Sigma"的概念，要求通过改善生产控制和产品设计来预防缺陷发生，从而提高质量。过程质量的提高不但使得摩托罗拉最终的产品质量得到了提高，同时减少了残次品，节省了制造时间，产品检验过程也基本上被取消。例如，摩托罗拉在它的"强盗"寻呼机开发时，组织了23位工程师用不足1千万美元的代价在18个月内设计了6Sigma生产系统。出色的设计和合理的制造流程使"强盗"寻呼机平均寿命达到150年，并提供各种选项为个别客户度身定做。寻呼机质量如此可靠，对顾客而言，与其花费时间和金钱检验一个实际上无缺陷的产品，还不如更换一个寻呼机划算得多。在6Sigma开始实施的4年内，为摩托罗拉节约了22亿美元。1988年，摩托罗拉荣获首届波多里奇国家质量奖。到1993年，摩托罗拉在它的大部分制造领域都几乎达到了6Sigma水平。

而6Sigma真正在全世界得到推广得归功于摩托罗拉电子事业部(GEG)高级工程师M. Harry博士。在GEG工作期间，他创建了一套6Sigma的详细指导方针，并率先在GEG实行。在取得显著成效后，Harry开始向整个公司宣传他的观点。他的一篇题为《在摩托罗拉内部推进6Sigma的战略观》的报告引起了当时总裁Robert Galvin的注意。1990年，Galvin要求Harry离开GEG，去领导创建位于伊利诺伊州的摩托罗拉6Sigma研究院。该研究院的建设也得到IBM、德州仪器、DEC和柯达等大公司的支持，其任务是创立6Sigma执行战略、发展方针以及能适用于不同公司和行业的高级统计学工具。与此同时，摩托罗拉副总裁兼 Codex 分公司客服部常务总裁 Richard Schroeder 听说 Harry 利用 6Sigma 在 GEG 取得了成功，他决定在 Codex 也采用这种策略。Schroeder 的 6Sigma 使得分公司质量成本降低了 58%，错误减少了 40%，产品设计时间缩短了 60%。1993 年，Schroeder 劝服 Harry 离开摩托罗拉，与其一起加入瑞士制造业巨人 ABB 变压器部门。两年后，6Sigma 使得 ABB 的缺陷水平降低了 68%，产品成本减少了 30%，最终节约了 8.98 亿美元。

1994 年，Harry 博士开始在 Arizona 州筹建了 6Sigma 学院，开展 6Sigma 管理培训，接纳了 GE 和 Allied Signal 为学院的第一批客户，并使它们大获成功。从此，6Sigma 学院受到包括《财富》50 强在内的全世界各大公司的关注。这些公司纷纷邀请 Harry 对其公司员工进行培训，6Sigma 管理开始风行全球。

7.3.2 6Sigma 管理的概念与基本思想

Sigma(σ)的定义来源于俄国数学家 P. L. Chebyshtv(1821—1894)的理论，用来描述任意过程参数平均值的分布或离散程度。简单地说，如果 σ 的数量越多，质量就越好。如果产品某个质量指标控制在 3σ 程度时，产品在这个质量指标下的合格率为 99.73%，或者说每一千件产品只有 2.7 件在该质量指标下出现缺陷。这种质量对于目前的许多公司来说，可能会较为满意。但当产品质量控制在 ±6σ时，不合格品率或差错率为 3.4PPM(PPM:百万分之一)，也就是一百万个产品只有 3.4 个不合格品。可见，6Sigma 质量较之以往的质量观是一个飞跃。当然，在质量改善方面，6Sigma 并不代表终极，8Sigma、10Sigma、12Sigma 会继续出现。因此，Arthur M. Schneiderman 认为，所谓 6Sigma 其实只是一个口号，意在通过这样一种提法达到全面质量管理的目的。

与全面质量管理思想相似，6Sigma 也是面向业务流程的，通过对业务流程的优化和改进达到提高产品和服务质量的目的，并认为如果流程质量提高，那些无价值且只会增加成本的返工、修复和检验等活动就会减少，产品和服务的成本就会随之下降，即高质量带来低成本。因此，6Sigma 的基本思想归结起来就是：通过运用各种统计技术对产品设计和生产流程进行严格控制，逐步消除那些无价值的返工、检查和修复流程，从而降低成本，提高质量，降低库存，缩短生产周期和加快产品/服务开发，并增加市场占有率，提升顾客满意度和企业竞争力，最终达到为企业创造利润的目的。换句话说，6Sigma 管理是一种通过提高过程质量寻求的同时增加顾客满意和企业经济增长的经营战略途径，是一种全新的质量战略，是一种使企业获得快速增长的有效经营方式。

7.3.3 6Sigma 管理的业务流程优化方法——DMAIC

6Sigma 管理不仅是理念，同时也是一套帮助企业提高质量和提升业绩的方法。这套方法就是 6Sigma 业务流程的改进方法 DMAIC。DMAIC 是定义(Define)、测量(Measure)、分析(Analyze)、改进(Improve)、控制(Control)5 个阶段构成的过程改进方法，一般用于对现有流程的改进，包括制造过程、服务过程以及工作过程等。

一个业务流程利用 6Sigma 管理进行改进时，通常被称为一个 6Sigma 项目。一个项目完整的过程应依次完成定义 D、测量 M、分析 A、改进 I 和控制 C 5 个阶段的工作，这 5 个阶段的每一阶段又由若干个工作步骤构成。虽然一些企业在具体运用 6Sigma 时，采用的工作步骤不尽相同，有的是 6 步骤，有的采用 12 步骤或 24 步骤，但每个阶段的主要内容是大致相同的。现对一个 6Sigma 项目的 DMAIC 具体步骤作一阐述。

1. D：定义阶段

定义阶段是整个 6Sigma 项目的起点也是至关重要的一步。该阶段主要是确定业务流程优化的目标，界定业务流程的范畴，确认业务流程的顾客是谁，定义业务流程中所要攻克的质量问题，最后，建立项目小组，确定项目完成计划。

2. M：测量阶段

在这个阶段主要是对业务流程进行描述和测量。首先将各个业务流程文件化、图示化，收集有关数据，测量业务流程的短期和长期能力，将测量结果记录在过程控制卡上，以达到识别产品特性和业务流程参数，了解业务流程并测量其性能的目的，并在 6Sigma 管理一开始，即对业务流程现状有一个准确的评估。

(1) 业务流程的描述与分析。利用业务流程图来说明产品(服务)形成的全过程，为了说明业务流程所有可能的波动偏差，应把所有人力资源、文件、程序方法、设备、零部件和测量仪器都包括在业务流程的说明中。业务流程图应使用标准或公认的图形符号(或语言)及结构来绘制。常用的绘制流程图方法可参见第 6 章，在这里我们也列出了另一套使用很广的图形符号，如表 7-1 所示。如图 7-3 所示的内容则给出了某企业“提供某项电信服务”的业务流程图。业务流程描述后，可以对业务流程循环进行分析，分析的结果包括：业务流程之间的关系、是否有多余的环节、问题的发生点等。

表 7-1 描述流程的另一套符号

符号	说　明	符号	说　明
(椭圆)	椭圆符号表示终端。它表示一个过程的开始(输入)或结束(输出)，“开始”或“结束”写在符号内	(文件)	文件符号表示信息。它表示过程的书面信息，文件的题目和说明写在符号内

（续）

符号	说　明	符号	说　明
▭	矩形符号表示活动。它表示在过程中一个单独的步骤，活动的简要说明写在矩形内	(数据库符号)	数据库符号也表示信息。它表示过程的电子储存信息，数据库的名称和说明写在符号内
◇	菱形符号表示判断。它表示过程中的一项判定或一个分岔点。判定或分岔的说明写在菱形内，以问题的形式出现；对该问题的回答判定了在判定符号之外引出的路线。每条路线标上相应的回答	○	圆圈符号表示延续。它表示在相互联系的流程图内，圈内使用同样的字母或数字，以表示各个过程间是如何连接的
→	流线符号表示进展。它表示过程的流程方向（流线箭头指向）		

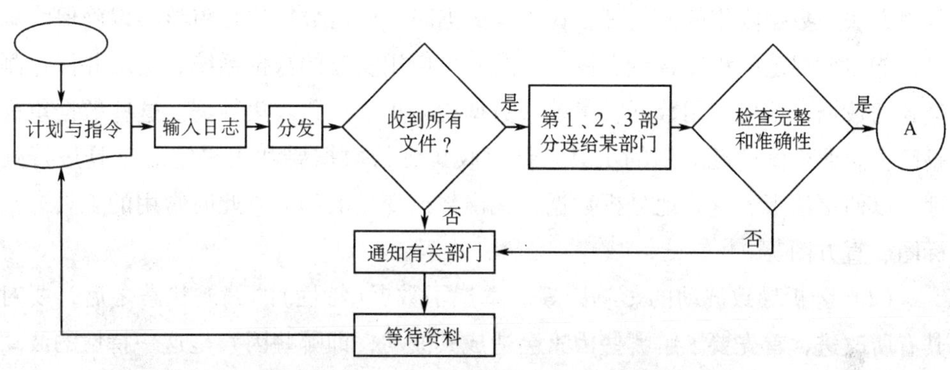

图 7-3　某企业提供“某项电信服务”的业务流程图

（2）识别顾客需求质量。通过调查，识别顾客需求，了解顾客的认知质量（需求），尤其是关键顾客需求。因为过程所提供的产品或服务特性（感知质量）如果不能满足其需求，将直接影响顾客满意程度，甚至是抱怨。

（3）确定关键产品、特性和过程参数。这是提高质量降低成本的一个重要步骤。在新产品的开发过程中存在着许多重要的且需加以控制的性能（或标准），然而对于那些影响到产品安全、国家法规、装配产品功能或随后的制造和服务部门有关产品质量的关键产品特性（KPC）和关键过程参数（KCC）需要特别地加以控制。KPC 和 KCC 识别应在设计开发过程中标明关键产品特性，规划控制系统和过程参数，在检验和确认产品时保持关键产品性能。

（4）测量过程能力。过程能力指数用于反映过程是否处于正常状态。通过计算过程能力指数能够清楚过程质量和产品缺陷率。

3. A：分析阶段

这个阶段需要对测量阶段中得到的数据进行收集和分析，将主要产品性能与基准值相比较，应用方差分析、直方图等工具找出波动源，提出并验证波动源与质量结果之间因果关系的假设。在因果关系明确之后，确定影响过程业绩的决定因素，这些决定因素将成为下一阶段(改进阶段)关注的重点。这一阶段应完成的主要任务是把握要改进的问题，并找出改进的切入点，即绩效结果的决定因素。这一阶段的主要工作如图 7-4 所示。

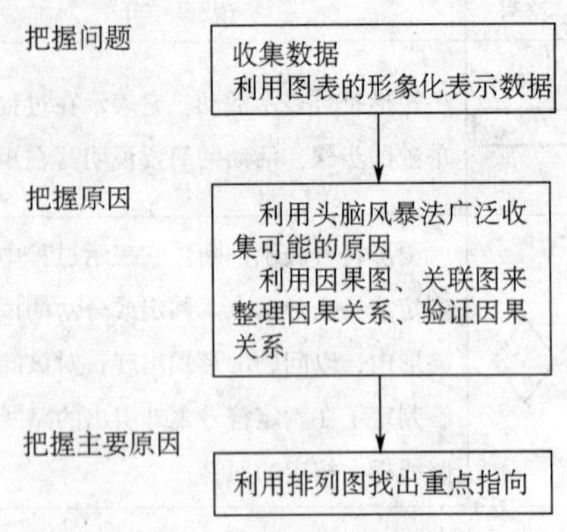

图 7-4　分析阶段的主要工作

(1) 收集并分析数据。制订好数据收集计划，包括数据收集的地点、具体收集方法、数据收集的人员等。在收集数据时，应对数据进行审核，以确保收集过程能遵循规定的程序，没有偏误。此时可应用实时的数据系统，记录并保存测量到的数据，也可应用数据收集单、数据检验单等形式收集数据。这些数据单都是已在企业得到广泛应用的工具。针对收集到的数据要利用一定的工具进行处理，以便更清晰、直观地分析数据，找出数据变化的趋势，此时常用的工具有坐标图、直方图等。

(2) 分析导致波动的影响因素。掌握了数据(特性)的偏差状态之后，要对其有所改进，首先要了解哪些因素会造成其波动，即哪些因素是这一特性的波动源。影响特性值的因素会有很多，此时可用头脑风暴法找出所有的相关因素。其相关工具包括因果图、散布图、关联图等。

(3) 确定过程业绩的决定因素。找出影响因素和因果关系后，还要确定哪些是“关键的少数”因素。解决问题时应该把握重点指向，也就是说，要集中力量改进那些能够产生明显效果的因素。其相关工具有排列图。

4. I：改进阶段

选择必须改进的因素，用实验设计(DOE)方法或其他方法对因子参数进行优化，确定影响因素的最佳参数，以减少主要的变异来源。

实验设计法是由英国学者 R. A. Fisher 于 1920 年首创的，20 世纪 50 年代，田口玄一博士发明了英美的实验设计法，用“正交表”来安排实验和分析结果，即所谓的“正交实验设计”。正交实验设计法是一种多因素的选优法，它利用一种规格化的表——正交表，科学地选择实验条件，合理分析实验结果。这种方法的优点是：能在很多的实验条件中，选出代表性强的少数次条件，通过这少数几次实验，选取最佳设计方案。

5. C：控制阶段

过程参数改进后，需要采用控制图等统计过程控制技术对改进后过程进行监控，保持新的水准，并通过系统和组织的修正使改进制度化。经过一段时间，如果出现新的变化因素，过程能力需要重新测量。

个案分析

案例材料

案例一：某纸箱厂应用 PDCA 循环改进业务流程

某纸箱二级厂近年来大力开发食品、医药、玻璃等包装市场，取得了良好效果。市场订单接踵而至，纸箱需求量迅速上升，尤其是到了秋冬旺季，生产任务非常紧张，因此造成了部分产品不能按期交货。经过调查，延误供货的主要原因是印刷效率低下。为了提高印刷工序的单机日产量，缩短生产周期，攻关小组便采用了 PDCA 循环方法。

1. 第一次 PDCA 循环

（1）P 阶段：计划。

1）进行现状调查。印刷机组实行三班连续生产，凭借加班的传统办法是解决不了问题的，只能从提高印刷效率入手。根据市场销售情况，每班单机日产量必须达到 4500 平方米才能满足需要，而现在的每班单机产量平均只有 4000 平方米；印刷机组 4 人操作，其中机长 1 人；经过统计，每班生产品种平均为 3 个。

2）对原因进行分析，攻关小组利用头脑风暴法对原因进行了分析。原因如下：准备工作不充分，上版调试速度慢，校样签字时间长，工单安排不合理，换色洗车次数多等。下一步进行原因确认，经过跟踪观察和记录，确认甄别主要原因。原因的分析与确认内容如表 7-2 所示。

表 7-2 原因的分析与确认

产生质量问题的原因	跟 踪 情 况	原因确认
准备不充分	跟踪 6 单，其中 1 次无专色油墨，联系调墨师调墨 1 小时；1 次版房发版有误，延误 20 分钟	是
工单安排不合理，换色洗车次数多	查阅一周的印刷操作记录，中途因更换色序、专色油墨等洗车 5 次	否
上版调试速度慢	跟踪 7 单，平均用时 1 小时	是
校样签字时间长	联系巡检的当班质检人员，核对原稿、样品，签字，登录台账，平均用时 45 分钟	是
其他	未发现异常	否

针对问题的主要原因制订计划措施，如表 7-3 所示。

表 7-3　改进的计划与措施

原　因	措　施	计划用时
准备不充分	制订分工明细表，机长负责将原稿、样品领至现场；一辅负责提前备版；二辅甲负责油墨及其他辅助材料；二辅乙负责纸板原料	10 分钟
上版调试速度慢	集中培训，并进行理论和实践考试，提高机组人员的印刷水平，提高上版调试速度	15 分钟
校样签字时间长	提前通知品质管理人员进行现场审核签字，需客户或客户代表签样的，提前预约现场签样	15 分钟

（2）D 阶段：执行。

1）生产前根据机组分工明细，各自准备物料、原稿、样品等。经统计，准备工作平均用时 7 分钟，未出现延误生产的情况。

2）聘请技师对印刷工序培训 3 课时，使员工的理论和实践考试达到合格。

3）首件签样记录现场保存，提前领取原稿、样品，实施现场校样签字；检验合格后立即批量生产。

（3）C 阶段：检查。PDCA 循环中的大环 P 阶段的目标是班组单机日产量 4500 平方米。小环 P 阶段的目标：准备工作 7 分钟，达到目标，未出现延误生产问题；上版调试时间 30 分钟，比之前的 1 小时有所提高，但仍未达到预期目标值，需要纳入下一循环进行攻关；校样签字时间平均 15 分钟，达到目标。

（4）A 阶段：处理。

1）标准化：将准备工作分工明细和现场签样审核方式分别纳入工序控制标准和首件签样管理制度中，并遵照执行。

2）遗留问题：上版调试速度慢，未达到目标值，转入下一个 PDCA 循环。

2. 第二次 PDCA 循环

（1）P2 阶段：计划。目标为 15 分钟完成上版调试工作，生产出首件待检产品。现状调查：机长负责前规尺寸、调试压力以及一组上版、开槽尺寸；一辅负责其他机组上版以及最后找规矩；二辅协助。原因：机长任务较多，其他人完工后需要等待，造成误工；版衬大小不一，需要调换、匹配；片基挂版误差较大，套印不准。计划措施：按照劳动量和技术难度重新进行分工，机长负责前规尺寸、压力等的调节以及最后的调试审核；二辅负责开槽尺寸，并协助一辅完成上版。版衬按照不同的规格分类存放、分类领取；版房改进挂版技术，提高套准精度。

（2）D2 阶段：执行。印刷机组必须按照分工进行重点培训二辅，提高二辅的操作技能，合理调配人力资源；版衬分类存放，利用标签进行外部标示；控制挂版套准精度。

（3）C2 阶段：检查。分工后配合默契，各机组完成时间大致相同，机长最后审核时间充足；版衬分类清晰，使用正确，搭配合理；挂版套准精度提高，上机后微调即可。经过跟踪验证 8 单上版情况，上版调试时间约为 15 分钟，达到目标；班组单机日产量实现 4600 平方米。

（4）A2 阶段：处理。标准化：将机组上版分工协作纳入操作规程手册，并遵照执行；版衬分类管理纳入 6S 现场管理规范；挂版套准精度纳入工艺质量考核标准。

分析

PDCA 循环是全面质量管理优化业务流程的基本工作方式。本案例材料较为详细地展示了如何应用 PDCA 循环进行业务流程质量的改进。在分析案例时，需要注意以下知识点：

（1）PDCA 循环各步骤的工作内容。

（2）PDCA 循环的特点，尤其是阶梯式循环上升、循环推动关键在 A 阶段这两个特点。案例中通过第一次 PDCA 循环的 A 阶段确定“上版调试速度慢，未达到目标值”，而将其转入下一次循环，通过两次循环，最终大幅度地提高了业务流程质量。

案例二：某印刷公司的 6Sigma 质量改进

某公司在印刷质量问题上，多次收到顾客投诉，甚至经常被退货和对产品进行返工。营业部当然对印刷部非常不满，印刷部又控诉采购部来料不良，包括纸面扔粉、纸毛多和油墨太软等，印刷部还控诉生产部处理不当，引致退货率上升。同时，采购部亦控诉货仓部储存纸张不良，并非采购不当。当然，货仓部亦会控诉船务部来货迟，导致没人收货等。总之他们互相指责，没完没了，这些指责对于改善产品质量没有任何意义。不过，现在他们决定采用 6Sigma 的革新方法解决以上问题。

1. 定义(D)和测量(M)问题

分析顾客的控诉，主要有以下原因：纸粉多(40 宗)、色差(20 宗)、套印不良(8 宗)、过底(12 宗)和油墨雾散(5 宗)。

把以上数据转化为百分比及利用 Pareto 图表达，纸粉多占 47%、色差占 23.6%、套印不良为 9.4%、过底为 14%、油墨雾散为 6%等。这些问题不能一下子全部解决，必须按部就班，逐个解决。如果能够首先解决纸粉问题，便差不多解决了一半的控诉，所以解决纸粉问题，是首要目标。

2. 分析(A)影响问题的因素

通过头脑风暴法，使员工提出了很多影响问题的因素，如纸品不良、缺乏清洗胶布、检查不足、机器缺乏保养、喷粉过多等。用鱼刺图表示，便可把各类原因归纳为如图 7-5 所示的内容。

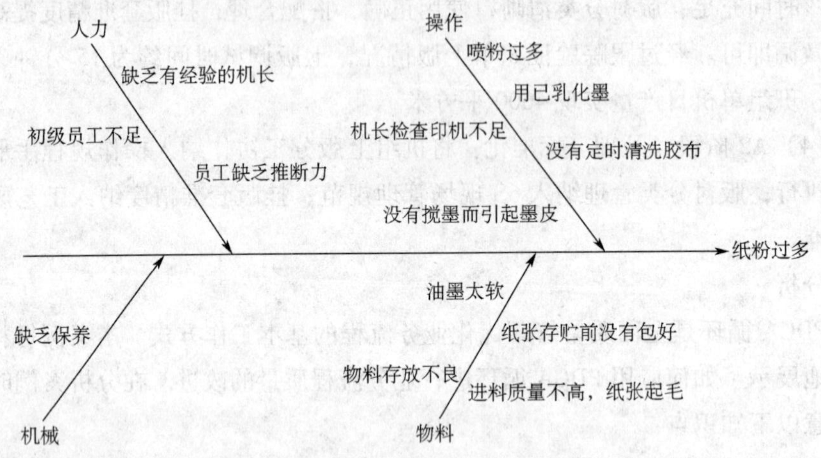

图 7-5　对纸粉过多的原因进行分析的鱼刺图

3. 制订改进(I)措施和控制(C)方法

(1) 操作。①制订表格，记录及监察定时清洗胶布；②制订表格，记录何时搅墨一次；③规定印制一定的张数便要检查一次，如果每印 500 张检查不足一次，便要求正、副机长都要马上检查，并且随后每印 250 张就检查一次。如有问题，立即改善，甚至停机清洗胶布，当然，也可采用一些监察印刷品质的仪器；④制订守则，限制喷粉用量。

(2) 人力。①人事部必须协助聘请有经验的机长，并给在职机长提供在职训练，让他们能达到应有水平；②鼓励员工发挥团队精神，充分利用奖惩制度，如果员工在数量和品质上达到某一要求的水平，便可获得奖金，相反，便要扣工资；③问责性制度，每一位机长必须负责所管辖机器的性能、保养、产量与品质。

(3) 物料。①建立制度，采购回的物料必须适当地存入仓库及贮存，并记录在文件中；②制订标准，要求供货商提供合格物料的规格；③生产部制订表格，在记录生产时，物料的稳定性应作为和供货商交涉的证据(譬如每印 4000 张便必须清洗胶布，并记录在案；如果每印 2000 张便要洗胶布，原因又是由于纸粉造成的，这便成为要求供货商赔偿的证据)。

(4) 机械。①制订时间表，定期为机器保养、清洗、加油或换零件等，各项工作均记录在案并由上级核实；②制订品质管制表，监察机器运作情况。

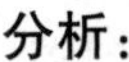

分析：

本案例较为简单，但作为演示 6Sigma 业务流程改进的工作方法非常有效。在阅读本案例时，应结合书中介绍的 DMAIC 的具体步骤来进行比照，以清楚各步骤的具体做法。

自学指导

学习重点

本章学习重点：

（1）全面质量管理概念及其基本思想。全面质量管理是以质量为中心，让顾客满意，以全员参与为基础，进行全过程的控制。其基本思想包括以下 5 个方面：①质量管理应以顾客为导向；②全面质量管理的对象是全面质量；③全面质量管理要求全员参与；④全面质量管理是对全过程质量的管理；⑤全面质量管理要求强有力的领导。

（2）PDCA 循环的工作方法及其特点。PDCA 的 4 个阶段代表英文的计划（Plan）、执行（Do）、检查（Check）和处理（Action），可以转化为 8 个步骤，A 阶段最为重要，处理阶段对 PDCA 循环的不断滚动上升起到承前启后的作用。PDCA 的三大特点指的是：①大环套小环；②阶梯式循环上升；③循环推动的关键在 A 阶段。

（3）6Sigma 的概念和基本思想。6Sigma 管理的核心思想是：通过运用各种统计技术对产品设计和生产流程进行严格控制，逐步消除那些无价值的返工、检查和修复流程，从而降低成本，提高质量，降低库存，缩短生产周期和加快产品/服务开发，并增加市场占有率，提升顾客满意度和企业竞争力，最终达到为企业创造利润的目的。

（4）DMAIC 优化业务流程的步骤。DMAIC 对业务流程的优化过程包括定义、测量、分析、改进、控制 5 个阶段，每个阶段可细分为更小的步骤。

学习难点

本章学习难点：

（1）PDCA 循环的工作步骤。PDCA 循环虽然只有 4 个阶段，但应用到实际的业务流程优化中还是相对较为复杂的。学习该难点时，应结合案例一，以能够深入理解 PDCA 的具体做法。

（2）DMAIC 的工作步骤。与 PDCA 循环这一难点类似，读者在自学时应结合案例二，仔细阅读案例二的分析过程，以更好地了解 DMAIC 的工作原理和具体步骤。

复习思考题

一、单项选择题(在备选答案中选择1个最佳答案,并把它的标号写在题后的括号内)

1. 当某产品质量为6Sigma时,意味着每生产100万件该类产品,出现的不合格品数量为(   )。

A. 4.7　　B. 5.2　　C. 3.4　　D. 3.9

2. TQM优化业务流程的工作方法是(   )。

A. DPCA循环　　B. PDCA循环　　C. APCD循环　　D. CDPA循环

二、多项选择题(在备选答案中有2~5个是正确的,将其全部选出并将它们的标号写在题后的括号内,错选或漏选均不给分)

下列对PDCA循环特点描述正确的是(   )。

A. 大环套小环　　B. 循环阶梯式下降

C. 循环阶梯式上升　　D. 循环推动的关键在A阶段

E. 循环推动的关键在D阶段

三、名词解释

1. 全面质量管理　　2. 6Sigma

四、简答题

1. 简述全面质量管理的特点。

2. 简述DMAIC的工作步骤。

3. 6Sigma管理为什么能提高产品质量又能降低成本?

第 8 章

业务流程再造 BPR

学习目标

1. 应了解、知道的内容
   - 业务流程再造的产生
   - 业务流程再造的概念
   - 业务流程再造的基本原则
2. 应理解、清楚的内容
   - 业务流程再造的实施步骤
   - 业务流程再造的基本方式
3. 应掌握、会用的内容
   - 业务流程再造的方法：作业成本法、价值链分析法和 ASME 方法
4. 应熟练掌握的内容
   - 运用作业成本法、价值链分析法和 ASME 方法再造简单的业务流程

自学时数

6 学时

教师导学

本章首先简单介绍了业务流程再造的产生、概念，以及在进行业务流程再造过程中所要遵守的基本原则。然后重点讲解了业务流程再造的实施步骤、方式和优化流程的方法。读者在学习的过程中要清楚业务流程再造的概念，牢记流程再造的基本原则，重点掌握业务流程再造的实施步骤和再造方法；同时读者可以参考其他关于业务流程再造的资料，达到对 BPR 的全面理解，最终要能够运用作业成本法、价值链分析法和 ASME 方法进行简单的业务流程再造。

8.1 业务流程再造概述

近年来，业务流程再造(Business Process Reengineering，BPR)又称业务流程重组，已经成为一个非常流行的组织概念。业务流程再造是20世纪80年代起源于美国的一种管理理念，是美国主要工业企业在全面学习日本制造业全面质量管理(Total Quality Management)、精益生产(Lean Produce)、准时制生产(Just-In-Time)、零缺陷(Zero Dement)等优秀管理经验的基础上发展起来的一种全面变革企业经营管理、提高企业整体竞争力的管理思想。在本章，我们重点学习业务流程再造的概念、基本原则、基本方法和实施步骤。

8.1.1 业务流程再造的产生

20世纪80年代，美国麻省理工学院计算机教授、Hammer and Company顾问公司经理迈克尔·哈默(Michael Hammer)和美国实施流程再造活动的权威之一CSC index顾问公司总裁詹姆斯·钱皮(James Champy)在广泛深入的企业调研中发现，一些企业由于较大幅度地改变了它们的工作方法而在一个或多个领域取得了惊人成就。这些企业并没有改变它们所从事的业务，而只是改变了那些业务中的“过程”，或者干脆取消了那些陈旧的业务过程。

通过进一步观察，他们还发现追求根本性的改变而不是渐进式的改良是这些企业的另一特点。它们首先向自己提出问题：不是“如何把我们所做的事情做得更快”、“如何把我们的事情做得更好”和“如何用最低的成本来完成我们现在所做的事情”，而是“为什么我们要做现在正在做的事情”。

围绕“为什么我们要做现在正在做的事情”这一问题，哈默和钱皮更为细致地对美国其他企业进行了提问和调查。令人惊讶的是，调查结果表明，企业员工们所完成的许多任务与满足顾客的需求无关，他们所做的许多事情并不能创造高质量、低价格的产品和提供出色的服务，而只能简单地满足本企业组织内部的规定和要求。

通过对企业长期大量的调查研究，他们逐渐分清了企业中哪些活动可以导致成功，哪些不能。最后，终于形成了一套关于企业如何形成有效的彻底改变的理论、方法和步骤，并编著出版了《改造企业——再生策略的蓝本》。

企业流程再造的产生具有深刻的背景，首先是BPR产生的外部环境。现在的社会，市场竞争越来越激烈，企业要想在日益激烈的竞争中赢得一席之地，必须具有自身独特的竞争优势。随着技术的革新，企业所处的环境正在发生着翻天覆地的变化，而严重影响企业的三个竞争要素(3C)：顾客(Customer)、竞争(Competition)和变化(Change)，也在发生着根本性的变化，而且这三个要素对企

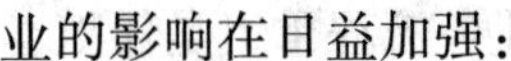

业的影响在日益加强：

（1）顾客。20 世纪 80 年代初期至今，买卖双方的关系发生了重大变化，现在完全是买方市场，顾客主宰着买卖关系。顾客在需求方面的特点明显地表现为多样化、个性化、现代化、时尚化。亨利·福特一世要将黑色的 T 型车卖给整整一代美国人的时代早已结束了。

（2）竞争。自第二次世界大战以来，世界经济向全球化演变的趋势日益明显。东南亚经济危机能由一个国家引发而迅速波及整个东南亚，并进而对全球经济构成重大影响，这就是全球经济一体化的具体反映。全球经济一体化使得原本激烈的市场竞争变得更加激烈。如今，几乎任何一家企业都能感受到来自国内外市场上的竞争压力。

（3）变化。我们上面提到的顾客和竞争两股力量的演变，其背后其实就有变化的影响。信息时代进一步加快了变化节奏。正如花旗银行公司总裁约翰·里德所说："如果有谁认为今天存在的一切都将永远真实存在，那么他就输定了。"

正是由于这三个要素的影响，企业家们必须寻求获得突破的新的生存之路。企业为了寻求持续增长，势必借助于新的商业规则，于是，业务流程再造应运而生。

其次是 BPR 产生的内部环境。工作、工作者以及工作手段的变化导致组织的变化，这是 BPR 产生的内部环境。具体来说：①随着信息时代的来临，工作方式要灵活，要以"快"为主，小批量生产，工作方式必须与工作本身统一起来，从而提高企业的整体效益和效率；②满足员工高层次需要的要求，对企业的流程进行根本性思考和重新设计，使劳动者的参与更有效，提高劳动生产率和满足劳动者自我实现的需要；③技术的进步，使得企业改变工作方式成为可能。

由于企业外部环境和内部环境的变化，使得对企业业务流程的再造，不仅是必要的，而且是必须的。

8.1.2　业务流程再造的概念

业务流程再造按照其创始人迈克尔·哈默和詹姆斯·钱皮所下的定义：业务流程再造就是对企业的流程、组织架构、文化等进行彻底的、急剧的重塑，以达到绩效的飞跃。在此基础上他们又做了更精确的表述：业务流程再造是对企业流程进行根本的再思考和彻底的再设计，以求企业在关键的性能指标上获得巨大的提高，如速度、质量、服务和成本(TQSC)。

这里描述 BPR 用了三个关键词：根本的、彻底的和巨大的。"根本的"是指不是枝节的、表面的，而是本质的，要跳出传统的框架，针对实际需要来进行；"彻底的"是指要动大手术，要大破大立，是对企业进行重新构造，而不是对企业进行改良、增强或调整；"巨大的"是指用新系统代替旧系统，取得业绩上的突飞猛进，如大幅度降低成本、减少时间、提高质量等。业务流程重组是伴随着信息经济时代的到来必然产生的一场改变工业化时代的工作方式的革命，其再造的对象是企业的战略、增值和运营流程。

哈默在他的另一本著作《超越变革》中，更进一步地把企业流程再造的概念扩大到不仅对流程进行再造，而且要将以职能为核心的传统企业改造成以流程为核心的新型企业，这就是业务流程的第二层概念。

业务流程再造以企业的流程为核心，围绕着流程，以更快的速度向顾客提供高质量的产品和服务。由于 BPR 运用了最新技术，特别是运用信息技术对企业系统自身进行改进，提高劳动生产率和经济效益，从而提高竞争力；同时 BPR 的发展给很多中小型企业带来了新的机遇和挑战，精心设计的业务流程架构将会全面增强企业的业务竞争力，拓展企业的业务领域。所以，BPR 是企业获取竞争优势的有效手段。目前，很多企业都纷纷实施业务流程再造，流程再造的成功实施会给企业的核心竞争力带来很大的改善。

8.2 业务流程再造的基本原则

企业要成功地实施业务流程再造，就必须遵守一定的原则。BPR 的基本原则可以分为两大类：核心原则和操作性原则。核心原则是指那些指导变革的根本性原则，而操作性原则是指那些保障变革顺利进行的必须的原则。

8.2.1 业务流程再造的核心原则

1. 以流程为中心

以流程为中心的原则，就是使流程再造的目的由过去的以职能部门和分工为中心改变为以流程为中心。以流程为中心，意味着企业形态的弹性特征。流程是直接面对顾客需求的，随着市场的变化，流程也必须随时变化。所以，仅仅一次的改进，即使是显著的改进，也没有多大价值。以流程为中心的革命是一场持久的革命。一个企业必须持续集中关注它的流程，这样才能够与不断变化的企业环境相协调。

为了贯彻流程导向的原则，使企业真正走上以流程为中心的道路，企业必须做好 4 件事：①企业必须识别和命名它的各种流程；②企业必须保证企业中的每个员工都能够意识到这些流程以及它们对企业的重要性；③重新设计企业的流程体系；④认真实施流程的管理。只有做好这 4 件事，企业才能真正走上以流程为中心的道路。

2. 坚持以人为本的团队式管理

BPR 要求企业坚持以人为本的团队式管理，企业中的每个员工都要关心流程的运作。进行团队式管理不是企业领导者的任意发挥和想象，而是由组织所负担的任务所决定的。传统的企业所面对的相对静止的环境决定了细致分工的任务型管理是高效率的，传统企业中除了领导人以外，其他人思考问题的出发点是如何完成本职工作，衡量一个员工称职与否的标准也是他工作是否努力、是否能完成本职的工作。在这样的企业里每个人都不关心自己工作所属流程的进展。一个员工就是每天按照交给他的生产任务加工规定数量的零件，至于仓库里这种零件已经堆积如山那就不是他关心的事了；而一个产品开发工程师只需要关注于他的图纸，至于顾客将有什么反映，市场前景如何，那是别人的事。但是在激烈变动和竞争中挣扎的现代企业，必须以流程为中心，在这样的企业里，每个人都关心整个流程的运转情况，积极参与企业的流程运作，只有这样，BPR 才能够有效实施。

在以流程为中心的企业里，领导者们将主要流程编制在一起，分配资源，制订战略；而其他员工则按照自己的职责努力工作，积极参与整个流程的运作，关心流程的进展情况。让员工从“要我做”变成“我要做”，这是流程再造的最高境界，也是坚持团队式管理的精髓所在。

3. 顾客导向

企业要想在激烈竞争的环境中生存并且成功，必须赢得顾客，无论多么优秀的产品，如果签不到与顾客的订单也是举步维艰的，顾客至上、顾客是上帝等都是这一思想的集中体现。企业实施 BPR 也必须坚持以顾客为导向的原则，争取顾客是企业成功之本。

以顾客为导向，意味着企业在判断流程绩效的时候，要站在顾客的立场考虑问题，尽管这样做有时候会和企业的其他需要相冲突，但是顾客至上，企业必须以顾客的需要为第一。虽然从短期看，可能企业为了迎合顾客的需要而损害了企业某一方面的利益，但是长远来看，企业一定是获利的。

以顾客为中心的原则必须让企业的各级人员都明确，企业存在的理由是为顾客提供价值，而价值是在流程进行中创造的。只有改进为顾客创造价值的流程，企业的改革才有意义。顾客要的是流程的结果，过程与顾客无关。所以，任何流程的设计和实施都必须以顾客标准为标准，以顾客为中心，这是流程再造成功的保证。

下面是流程再造的核心原则与传统企业原则的比较，如表 8-1 所示。

表 8-1　流程再造的核心原则与传统企业原则的比较

流程再造核心原则	传统企业原则
以流程为中心	以职能为中心
以人为本的团队式管理	以工作顺序为基础的部门式管理
以顾客为导向	以成本为导向

8.2.2 业务流程再造的操作性原则

在实施 BPR 的时候，仅仅遵循核心原则是不够的，还有一些至关重要的操作性原则需要领导者遵循。这些操作性原则指导我们在实施业务流程再造的过程中如何避免战术性失误，主要的操作性原则有：

1. 围绕结果而不是工作顺序进行组织

BPR 的核心是实现流程的再造和企业的流程化，与传统操作不同，BPR 在实施过程中要围绕结果，而不是工作顺序进行组织。所谓围绕结果，就是围绕企业最终要为顾客提供的产品和服务进行流程的设计和组织。

在传统的以职能为核心的企业里，流程被分割成独立的任务，按照工作顺序分配给不同的部门完成。在这样的企业里，流程是隐含的，而呈现在企业领导人面前的是一道道明显的工作顺序。当企业进行流程再造时，多年来形成的围绕工作顺序思考问题的习惯和各部门为了维护部门利益进行的阻挠或抵触很容易使再造领导者被迫陷入围绕工作顺序进行再造组织的陷阱里。

BPR 再造的是流程而不是部门，变革部门是没有用的。这是因为部门只承担流程的部分工作，履行的只是整个流程中的一小部分责任。如果把重点放在部门上，流程再造就不能实现彻底的变革。重点放在部门上，会由于工作顺序的上下游的需求而阻碍流程再造方案的思路。因此，只有变革总的流程，以满足客户需求为首要任务，从结果出发，才能拥有进行彻底再造所需要的灵活性。

2. 让那些影响生产结果的人参与到 BPR 中来

流程再造要取得成功必须让那些利用生产结果的人参与这些流程。而传统企业中流程被拖延的现象在很大程度上就是由于利用生产结果的人并不参与这些流程。设想一下，一位销售人员接到顾客的要求，把某种产品按照他的要求进行改造，如果能如期拿出样品，企业会签到数额不小的一份订单；如果延期或者样品没有达到预先商定的要求，就会签不到订单。在传统企业里，这位销售员能做的就是把样品的规格数据交给产品开发部门，然后就只能等待，既不能对开发工作作日程上的监督，也不能对开发中的问题提出建议，然而他是企业里对这件事最清楚也最关心的人，事情的结果决定着他的销售业绩。显然，这是一个糟糕的流程，但这正是我们习以为常的流程。也就是说，让那些有影响力的人干预流程，才能使责任和利益相统一，既调动了流程实施者的积极性，又使流程成为有人负责的过程，避免了相互推托现象。

3. 在真正产生信息的流程中处理信息

企业进行管理的过程中，经常会出现信息的缺失和扭曲。目前，解决这一问题的方法主要有两种：一种就是由于计算机网络的普及，信息的速度和质量有了空前的飞跃，信息的缺失和扭曲现象大幅度减少；另一种则是通过流程重组，使信息的产生和传递之间的联系方式更为合理。

4. 把地域上分散的资源当作集中的资源进行对待

人们在流程再造的时候，往往容易把传统企业里资源的部门分割、工序分割理解为一种人为的分割，认为理应成为再造的对象。其实，应该根据流程的实际情况配置资源，如果有必要，完全可以将分散在不同地区的资源纳入同一个流程，现代计算机网络的普遍应用已经使地域分散这一传统障碍在很大程度上得以消除。

将不同地域的资源当作集中资源利用，除了物资运输费用这一不利因素以外，极大地节约了资源的使用。现代企业中，最宝贵的资源是人力资源和技术资源（包括知识产权、核心技术和管理技术）。过去，身处异地的工程师们被邀同时参与一项产品的开发时需要把他们召集到一起；而今天，互联网的使用让他们的沟通变得容易起来，他们可以通过网络会议进行相关决策，因此没有必要再在企业开展业务的所在地都配置重复的资源。

5. 把类似活动的过程联系起来

企业在实施 BPR 的过程中不要等各项活动结束后才把所有结果拼凑起来，而是要在再造的过程中把类似活动的过程联系起来，这与操作性原则的第一条：围绕结果而不是工作顺序进行组织是一致的，区别在于前者是针对流程再造实施过程的，而后者则是针对流程再造的设计提出的。

业务流程再造是一个有机的系统，不像制造一辆汽车，可以把所有的零部件制造好，最后组装起来。流程再造的工程不是这样的机械结构，它要求流程运作一开始，各环节就需要相互联系。比如，当再造设计小组开始理解现有流程时，设计就已经开始在他们的头脑中和小组讨论会上逐渐成型，不可能将设计分成流程分析和流程再设计两步。一些企业的再造小组在流程分析中花费了大量的精力和时间，指望在一个详尽的分析结果的基础上设计出一个近乎完美的新流程，这样的做法是灾难性的。大多数这样的企业再造工程将以失败告终，而且往往是夭折在正式实施开始之前。因为太长的分析时间使人们失去了耐心，也使小组成员失去了对原有流程的宏观判断力，找不到再造的切入点。

6. 在工作中决策，让工作过程实现自我控制

所有流程导向的团队式管理的典型做法就是在工作中决策，让工作过程实现自我控制，这也是流程再造的操作性原则之一。企业不仅是把企业改造成为以流程为中心的企业，而且再造本身就是以“再造”这一流程为中心的，成败的关键是这一流程的结果，而不是再造任务的过程。对于再造的组织者来说，他们能够设想的只是流程再造希望达到的目标，至于怎样达到，心中全然无数。就像美国进步保险公司佛罗里达分公司总经理兼公司理赔流程负责人鲍勃·麦克米伦说的那样：“……1991 年 7 月我们刚开始实行即时理赔计划时，我所管辖的范围要涉及 200 个地方，但却没有一个现成的模式可以遵循。我们只是告诉他们：不能

再像从前那样花一周到10天的时间来处理一件理赔事项了，从现在开始你们要进行即时理赔。……出现了200种不同的方法……，我们发现有些采用以团队为基础的处理方式显得相当成功……，现在我们在全公司推广以团队为基础的理赔裁决。”

虽然不是每个企业在开始再造时都像进步保险公司这样混乱不堪，但有一点是相同的，那就是：再造是创造一个新的流程，没有一模一样的再造，所以无法规定和衡量再造的每一个任务的完成情况，甚至事先根本不知道每一步该如何去做，决策只能在再造工作中逐渐形成。

作为流程再造的领导人，能做的就是建立再造小组，提出任务，激励他们，然后在工作中密切关注，随时与他们共同决策。

7. 从信息源一次性捕捉信息

从信息源一次性捕捉信息有利于企业节省时间和金钱，但是在具体实施过程中，工作人员往往不能够一次性捕捉所有信息，而是两次或多次，这样就浪费了大量的时间和成本，也降低了流程再造的效率。

一次性获取信息，一个看似简单的道理，在企业流程中的运用却需要很高的决策水平。但无论如何，这是再造流程时一个必须遵循的操作性原则。它提供了判断流程效率的一个依据，也是重新塑造流程的有用思路。

8. 在流程运用之前应该做可行性实验

流程再造中的许多错误发生于新流程的设计刚开始实施的时候。无论多么小心，无论多么丰富的变革经验，新设计的流程方案也不可能与实际实施的方案完全相同。一个新的设计方案不可能不经实验就准确无误地有效运作，并取得预期的突破性效果。不管想法多么巧妙完美，总会有疏漏的地方，实际情况总比当初预想的要复杂。技术不尽如人意，人们的反应超出预料等，总会有这样那样的问题发生。

不妨设想一下变革一个订单的实验流程。先找一个房间，将它布置成预先设想的工作场所，按照新流程的要求培训一批人，给他们提供所有必需的工具，然后发出一些模拟的订单，让这些实验中的工作者来加工。在这个实验场所中，流程设计者可以观察流程是如何运作的，哪里成功，哪里失败。实验室的环境要尽量接近真实环境，以便让实验结果更接近真实结果。因为整个项目只是“仿真”，所以成本不会太高，特别是与真正实施系统后再发现运作不灵相比，成本要低很多。

这样做的目的是使企业尽量避免流程在实际运作中出现缺陷。更重要的是，通过一系列的重复，可以使最初的设计得到不断改进和完善。

9. 再造必须顾及企业所有成员的切身利益

设计流程再造方案时必须邀请当事人参与，任何变革都不是变革者个人的事，它涉及许多人的切身利益。如果关起门来搞变革，企业的大多数员工难免心存疑虑，失去了正当的消息来源，各种小道消息就会大行其道。

不注意组织中员工的所思所想，就不能指望员工理解和投入到变革中来。事实上，员工问的第一个也可能是唯一的一个问题是：这对我有什么好处？如果再造的设计者完全集中于逻辑和设计方面的问题，漠视实际承受者的感受，忽视了实际工作者——最后的变革实施者和流程实施者的交流，变革就很难得到认同和支持。最终，变革的努力很可能被沉重的个人利益压垮。

所以，从一开始，就要倾听一线工作人员的意见，并邀请他们参与再造的设计和论证。

10. 再造应该在 12 个月内初见成效

尽管变革应该连续地保持热度，尽管应该视变革为不断改进的努力过程，尽管变革应该循序渐进，但如果过了 12 个月还拿不出任何实实在在的证据向组织成员表明再造的优越性，一般来说，无论是管理层还是普通员工都将失去信心，原来反对者的反对理由会更显得具有说服力，使得流程再造将夭折。

12 个月的时间限制并不是指整个流程要在一年中充分实施，也不是指新流程必须在整个企业中展开，而是说新流程的部分将产生出足够好的运作效果，可以以此为证据说明新流程会在企业的实际运作中起作用。这就要求从对流程进行再造的考虑开始到获得一些企业绩效的时间不应超过 12 个月。

遵循以上 10 项再造操作原则，将避免再造操作中的绝大多数错误。当然，最大的错误可能正是对这些原则的拘泥和教条化，所以最重要的原则永远是——结合实际，灵活操作。

8.3　业务流程再造的实施步骤

8.3.1　确定业务流程再造目标和组建流程再造团队

企业在准备进行业务流程再造之前，需要对流程再造配置人员和相应的组织，参加人员必须掌握企业的真实信息和相关技术，拥有良好的个人信誉和和谐的人际关系。首先企业要组建流程再造团队，该团队主要包括两部分人：一部分是当前正在再造流程中工作的人员，他们了解现有的流程，并且清楚现有流程的利与弊，熟悉流程中的专业知识；第二部分是没有在再造流程中工作的人员，他们可以从外部的视角观察现有的流程。再造团队分析现有的流程，发现问题，提出解决方案，拟订新的流程，对再造后的流程进行维护。具体人员如下：

（1）领导者。任何一个团队都必须拥有领导者，流程再造团队也不例外。领导者应是一名资深主管，具有足够的权威和影响力，能号召整个企业进行一场令企业脱胎换骨的变革，可以说服全体员工接受再造所带来的激烈的变动。领导者必须有权调用与再造流程有关的一切资源。

(2) 流程负责人。负责一个特定流程，并专注于再造的经理人员。流程负责人通常是从与再造流程相关的某一部门的管理人员中选定。这个人必须有威信、受尊重，而且在企业内有影响力、对再造流程有着坚定的信念，乐于改变，不畏艰难和困苦。

(3) 再造小组。负责分析、诊断现有的流程，制订新流程的设计方案，并监督方案的实施。再造小组的人员不能太多，由内部和外部成员共同组成。内部成员熟知现存流程以及企业当前的运行情况，有助于发现流程中的缺陷，并且可以跟踪问题发生的原因；不利的方面在于过于熟悉现存流程，容易落入俗套，无法发挥想象力，从新的角度来思考流程问题。而外部人员可以更客观地看待问题。

(4) 指导委员会。由一些高级管理者所组成的政策制订团体，他们负责制订再造流程的总体战略，监督再造流程的进程。

(5) 再造总监。负责全企业再造技术和方法的开发，并对企业各再造项目进行协调。再造总监是领导者的助理，应该向领导者直接报告工作。授权和支持每个流程负责人和每个再造小组，对一切再造活动进行协调工作。

在建立流程再造团体的基础上，进一步确认企业流程再造的使命和目标。首先需要用具体的实例描述企业的现状，包括企业所处的经营环境，客户对产品的需求变化，竞争对手的领先优势，企业的主要差距和缺陷。如果渐进的改善不能解决企业的根本问题，只有对企业的流程进行彻底的再造，才能从根本上解决企业存在的问题。

在充分认识企业现状的基础上，提出企业流程再造的使命和目标。这些目标可以是成本降低的目标、或者是对质量和顾客满意度的目标，这些目标必须以可衡量的定性和定量的方式表达出来，这些目标代表了企业竞争力的实质性飞跃。使命和目标时刻提醒员工哪些流程需要改造，使流程再造具有更强的可操作性。

8.3.2 获得企业流程的系统描述和识别再造的机会

分析企业流程现状是企业流程再造的主要部分，企业必须充分了解现有流程，对现有流程进行详细的描述，然后才能够在此描述的基础上提出再造模型。通过模型，我们可以清楚不同活动、不同流程之间的关系。只有进行了详细的流程描述和提出准确的再造模型，才能够为进一步的流程分析提供依据，使我们能够更好地识别不同流程的作用。

在对流程进行系统描述和建立模型之后，企业就应该识别流程再造的时机，对企业现有流程进行分析诊断，从而开发和设计更加合理的流程。在对现有流程进行识别的过程中，主要有以下几个步骤：

(1) 首先把获得的流程进行分类，以便在进行业务流程再造的过程中突出

重点，目标明确。

（2）在分析过程中，重点分析耗时过长的流程、被多个流程共享的资源、曾经发生过重大事故的流程。

（3）对现有流程进行定量分析，比如目前比较流行的作业成本法已经被广泛使用。作业成本法为流程再造提供了成本信息，帮助员工更好地理解成本，增强成本意识，确认需要改造的流程。

（4）发现限制组织目标完成的约束因素，这些约束会限制组织绩效的提高。约束是在组织的流程中没有必要存在的、运行不良的、有所欠缺的活动。在流程再造时，要把这些不利的约束消除。

8.3.3　再设计企业流程

BPR 的核心是再设计企业流程，而再设计企业流程的核心则是再设计流程的输入和输出以及输入和输出之间的过程。在流程分析和识别再造时机的基础上，围绕着企业流程再造的目标和使命，系统地清除存在的约束，提高企业运行的绩效指标。这个过程需要开放的思维方式，不是使原有的流程变得更好，而是重新设计流程。在分析和设计开始时，很难确认新流程是否有效，因此尽可能多地准备备选方案，再经过一系列的确认评估，最终形成完善的设计。这是一个不断完善的循环过程。流程再设计要遵循以下的基本原则：

（1）工作的合并。在流程再造过程中，适度地将不同的任务合并成一个任务，从而减少交接手续，共享信息，并能够对顾客的需求变化作出快速响应。

（2）增加员工的决策权。在流程中，执行流程的员工和流程小组既有责任，也有对该项目的决策权力，决策应成为工作的一部分。这样会节约时间，降低管理成本，加快对客户的反应速度，垂直的等级制度也相应被压缩。

（3）采用同步流程。同步流程是指多个工序在互动的情况下同时进行，各个工序之间随时可以“交流”，及时更新共享数据，及时发现和处理问题，减少整个流程的实际运行时间。

（4）减少不必要的审核和监督。许多审核和监督是为了保证质量，控制生产率和财务状况。但是在流程再造过程中要注意减少那些沿袭旧规则的、没有实质内容的、不必要的检查和监督，从而节省企业资源。

（5）建立信息资源的共享和在源头获取信息。信息资源的共享对企业极其重要，流程的各环节共享资源，随时获得最新的资源，有利于流程的平稳进行。在源头一次性捕捉信息，这在前面已经论述过。

除了以上5点原则，在进行流程再设计的过程中还有一些原则要遵守，如清除非增值活动、增加增值流程、为流程安排有效的资源和预测可能的失败方式。

8.3.4 制订实施计划并实施和维护新流程

在完成流程的模拟分析后，就需要为新流程制订实施计划。为了确保新流程正常运行，企业需要在组织中建立流程管理系统、建立有效的组织保障和规划新流程实施的时间表。同时，在实施新流程时，有时候还需要为新流程引进技术，培训员工，对企业资源进行再分配等。

因为内外部环境是不断变化的，对系统的要求也是随时间而改变的，所以系统必须适应这些要不断地进行流程再造。

8.3.5 分析业务流程再造失败的原因

目前，虽然BPR在企业中很流行，但是也不乏失败的例子，流程再造失败以后，企业不能立即放弃，而是要寻找失败的原因，从中吸取教训。但是如何衡量BPR的失败，在实践中是相当复杂的，没有一套可以参照的标准。但是如果出现生产不稳定、产量下降、员工士气消沉、人力资源管理成本上升、企业利润下降等现象，企业必须提高警惕了，要反思BPR实施过程中的缺点，及时补救。

8.4 业务流程再造的基本方式

企业进行业务流程再造的内容和方式在很大程度上取决于企业决定再造的流程范围和内容。在对流程进行再造时，出于对风险的规避性心理以及所涉及问题重要性的考虑，并不是所有的企业都采取全面再造的方式。通常将流程再造分为两类：业务流程的局部再造和业务流程的系统性再造。下面我们来具体分析这两类流程再造方式的作用以及各自的优缺点。

8.4.1 业务流程的局部再造

业务流程的局部再造是指辨析理解现有流程，系统地在现有流程的基础上创建提供所需产品的新流程。这种方式的优点在于变革可以实现一点一点地积累，因此能够迅速取得收效，并且风险较低，对正常运营干扰小；缺点是仍然以现有流程为基础，创新流程虽然并非不可能，但与全新设计相比，不太容易实现。对企业的局部流程进行改造，这些被挑出来的流程项目通常被命名为BPR项目。在这些项目上，企业采取了激进式的变革方式，而其他项目只是作相应的微调。

选择局部流程再造方式的企业一般具有以下几个特点：

（1）这些企业的业绩普遍较好，原有流程的运行并没有出现大的问题。企业进行流程再造的原因只是为了适应顾客环境的变化或者是同业竞争的需要，并且希望通过此项目在未来获得核心竞争力优势。这样，在合理规避风险和保持企业原有资源或者战略要素基本不变的前提下，采取局部流程变革成为企业理所当

然的选择；而全面再造所固有的巨大风险容易使这类企业望而却步。

（2）这些企业往往具有不断在流程中进行小规模革新的习惯，并且这种习惯已经渗入到企业文化里，成为企业行为的一种基本模式和习惯。

（3）这些企业多属于较为成熟的产业。工作流程经过多年的考验，极具技术性；员工素质参差不齐，难以实行工作团队建设；对短期企业利润变化敏感；企业文化多趋于稳定保守。而以上诸因素正是进行全面流程再造所面临的主要阻力来源，所以这些企业在流程再造时具有很强的保守性。

总的来看，局部流程再造方式的优点是：风险相对较小、再造范围窄、牵涉范围小、再造流程的方式简单易行，实施起来阻力也相对较小，而且短期效果也较明显。然而，这种流程再造方式还存在一些不可避免的缺点：

（1）由于这种局部再造只是对局部的关键性流程进行了基于原有流程的再造，而缺乏依据流程要素状态和任务进行的根本性重构，所以流程再造的力度是有限的，其效率也不可能出现根本性的变化。

（2）企业的文化和行为模式存在着趋同性的影响。企业进行局部流程再造时，由于新流程并非在短时间内形成，事实上，很多时候，我们的新流程与原有流程并无太大区别。这样，再造企业的文化形态和行为模式就会在此过程中形成对新流程的阻滞作用，企业员工将非常容易失去对流程再造的热情。这个时候，如果流程再造领导人处理不当，将有可能导致业务流程再造的失败。

因此，企业在决定是否采用局部流程再造之前，一定要慎重考虑，问问自己是否适合这种再造方式，员工是否强烈支持，是否做好了局部流程再造的充分准备。

8.4.2 业务流程的系统性再造

系统性再造与局部流程再造不同，系统性再造从根本上考虑重新再造产品或服务的提供方式，零起点设计新流程。这种方式的优点是抛开现有流程中所隐含的全部假设，从根本上重新思考企业开展业务的方式。这种方式提供了绩效飞跃的可能性，使得所求结果成倍地改变。全新设计将从目标开始，逐步倒推，设计能够达到要求的新流程。

企业采取全新流程再造的原因较之渐进式再造更为复杂些，分布上也没有什么规律性。通常，一些企业是因为他们认为流程的改善已经到了重要的转折点时期，非进行彻底地、革命性地变革无法取得实质性的效果，还有一些企业甚至是由于它们先前采用局部再造方式但未能取得显著的业绩改善，不得已才转而采取系统性再造的方式的。

业务流程的系统性再造方式的主要缺点是实现所要求的组织变革相当困难。总体来说，这种方式的风险高，企业经历的痛苦深，对正常的流程运营干扰大。许多采用过这种方式的组织发现，实施阶段最大的问题是新流程与原有流程的差别非常大，使得员工难以适应。如果没有做好认真仔细的准备或者管理部门不够坚定，员工可能会拒绝采用这种方法或在流程内过分依赖某些人，而形成事实上的职能化的流程。

一般而言，这种系统性的变革方式比局部流程的变革更有吸引力。但是，它的风险也往往被忽视。据资料显示，在盛行对流程进行系统性设计的美国，流程再造项目的失败率高达70%以上，可见其危险性相当高。所以如果顾客和股东都更看中企业的可靠性，除非企业的绩效严重低下或者企业面临空前的危机，否则，都不要轻易采取业务流程的系统性再造，任何一种系统性再造的方案都要经过充分而谨慎的讨论才行。

即使是从再造所付出的成本和获得的收益来看，系统性的流程再造与局部流程再造也是难分伯仲的。从再造成本上而言，系统性的流程设计需要一次性地支付较大的费用，而局部流程再造则更多的是一种连续性的支付，但每次金额较小。至于这两笔费用孰高孰低，难以判断，事实上也与再造选择的具体内容和再造环节直接相关。不过对于收益而言，系统性的方式却往往不尽如人意，这主要是因为系统性的流程的磨合期有时远远超过设计者的想象，项目取得预期改进绩效的时间过长，以至于在此期间竞争对手通过持续的局部流程再造所得到的绩效提高已经超过了自己设定的系统性流程设计目标。不过，有时系统性流程再造的实际绩效要远远超过设计者的预先估计水平。㊀

所以，选择哪一种流程再造方式，对于企业来说都是很困难的。两种流程再造的方式都各有优缺点，企业要根据自身的特点以及需要来作出正确的选择。其实，局部流程再造和系统性流程再造并没有非常绝对的区分，两个极端之间还是有广阔的中间地带，许多企业都是选择两种方式相结合的方式。但是不论企业选择何种再造方式，都要注意对现有流程的分析不能过分，应该对改造后的新的核心流程给予更多的关注。

8.5 业务流程再造的方法

8.5.1 作业成本法

作业成本法(Activity Based Costing, ABC)是市场竞争和技术进步的结果，是西方国家于20世纪80年代末开始研究、90年代以来在先进制造企业首先应用起来的一种管理理论和方法。

作业成本法是一种以“作业”为基础来计算成本的全新思维模式，它以“成本驱动因素”理论为基本依据，根据产品生产或企业经营过程中发生与形成

㊀ 彭东辉. 流程再造教程[M]. 北京：航空工业出版社，2004(4)。

的产品与作业、价值链与价值链之间的关系，对成本发生的动因加以分析，选择作业为基本计算和分析的对象，将所耗用的资源成本准确计入作业，然后将所有作业成本分配给成本计算对象的一种成本计算法。作业成本法可以让成本信息更精确，改善经营过程，并且以作业成本为核算对象，以“产品消耗作业，作业消耗资源”为根本理念核算成本。

所谓“成本驱动因素”是指决定成本发生的那些活动，可作为分配成本的标准。而作业是企业为提供一定量的产品或劳务所消耗的人力、技术、原材料、方法和环境的集合体，是指企业为了达到其生产经营的目标所进行的与产品相关或对产品有影响的各项具体活动，作业活动贯穿于动态活动的全过程。作业成本以作业为核心，但实际上并不是所有的作业都能形成产品价值或称作业价值，所以，一般又将作业分为“增值作业”和“非增值作业”。“增值作业”反映作业消耗的有效性；而“非增值作业”则反映作业工作的无效性。

而企业业务流程(在此仅考虑企业的经营流程)由具有一定逻辑关系的活动(即作业)组成，依据作业成本法计算原理，可以通过对所有作业进行追踪反馈，计算每种作业所发生的成本，然后以业务流程对这些作业的消耗为基础，就可以循着业务流程的逻辑关系轨迹将成本追溯至某项具体的业务流程，即“流程消耗作业、作业消耗资源”。这与作业成本法的理念具有惊人的相似，所以作业成本法正逐渐地被众多企业引入到业务流程再造中来。

在传统的劳动分工指引下，现行企业的组织结构仍按功能进行划分，各职能部门将一个流程分为若干小段。企业的资源并不完全由某个作业消耗，有的资源只支持一个作业，而有的资源则支持多个作业；同样，某作业也并不仅完全服务于某企业流程，而是有的作业完全服务于一个企业流程，有的作业则服务于多个企业业务流程。因而在运用作业成本法计算企业流程成本时，辨别资源动因和作业动因相当重要，因此，业务流程成本计算分为以下两步：

1. 归集成本

按照“流程消耗作业、作业消耗资源”的理念来区分各种成本动因(导致成本发生的因素)。首先确认引起流程成本的主要作业，并确定作业动因(如工时、次数等)；再收集与作业消耗相关的资源项目，并分析资源动因(如单据张数、人数等)；最后，将属于同一动因的成本放入成本归集表。

2. 分配计算成本

根据资源动因、作业动因，计算得出一系列成本动因基础的比率，将归集的成本分配到流程中。

然后根据作业成本法提供的信息，从成本和时间两个维度出发，对所有流程进行分析，尽可能消除非增值性活动，关注增值活动，优化企业业务流程。

8.5.2 价值链分析法

价值链(Value chain)一词最初是由美国哈佛大学商学院教授迈克尔·波特(Michael E. Porter)于1985年在其所著的《竞争优势》中提出的。从企业经济活动的角度分析，可以这样来定义价值链：企业为客户、股东、企业员工等利益集团创造价值所进行的一系列经济活动的总称。在价值链中，价值的概念可以从内外两个视角来理解，对外针对企业客户，指产品的使用价值；对内针对企业自身及其内部流程等，指产品能为企业带来销售收入的特性，其数量表现在特定时间、特定地点顾客支付的产品价款。企业创造价值的过程一般可以分解为产品开发、设计、生产、营销以及对产品起辅助作用的一系列互不相同但又互相关联的经济活动(如产品的售后服务等)，这一系列活动也可称之为“增值作业”，其总和即构成企业的价值链。

企业从事价值链活动，一方面创造顾客认为有价值的产品或劳务，另一方面也需负担各项价值链活动所产生的成本。企业经营的主要目标在于尽量增加顾客对产品或劳务所愿支付的价格与价值链活动所耗成本间的差距(即利润)。因此，从价值链分析的角度对企业的业务流程进行分析，发现与顾客增值无关的活动，即非增值活动，从而尽力消除这类活动。取消这类非增值活动，不仅可以降低企业成本，而且能够为顾客提供更快捷的服务，提高企业业务流程质量。

运用价值链分析企业的业务流程，进而对业务流程进行再造，可以降低成本，提高流程运营效率。价值链分析企业的BPR主要有方向设定、理解、评估和实施4个过程。这4个过程围绕着“流程协调、提高绩效”来展开，即从实现信息系统与经营流程的协调一致以及提高企业流程绩效两方面来确定流程改进方向，理解需要改进的核心流程，然后对核心流程再造进行绩效评估，找出可以改进的环节，进行核心流程再造的实施过程。实施主要针对组织结构、具体流程、应用的技术以及参与的员工。

1. 方向设定

基于企业价值链分析的BPR循环过程起始于方向设定以及问题提出的初始化阶段，主要是把从企业内部视角基于活动分析确定的核心流程以及从企业外部视角基于顾客真实需求确定的核心流程，经过反复确认及验证使两者相一致，作为业务流程改进的方向。

有两种定义企业核心流程的基本方法：从企业内部来看，核心流程是通过对企业当前正在从事的主要活动的内容进行观测来确定的；从企业外部来看，核心流程是由客户/市场的需求来决定的，并定义了企业应该如何满足客户/市场的需求。但最终两者定义的核心流程应该是一致的。

2. 理解

理解阶段主要是建立对企业核心流程的深刻认识，进一步细化方向设定阶段确定的核心流程，包括活动、资源、控制、企业规律和信息流及其相互之间关系的表达。该项工作需要从所确定的核心流程高层做起并将其分解为子过程，必要时可以进行多级分解。核心流程代表了企业的关键活动以及各个活动之间关联的框架，细化核心流程时需要考虑以下准则：

（1）从流程的起点到流程的终点，可能涉及不同的功能和部门，内、外部顾客和相关联系。

（2）明确流程的构成，如人、信息系统、实体和其他流程资源。

（3）用顾客满意度、活动时间、转换速度、优先规则和其他相关指标描述现有流程的绩效。

（4）将流程分解成一系列子流程，并将团队成员根据其经验分配到合适的子流程。

3. 评估

第三步是评估，是关于如何识别每个核心流程的绩效差异，并设定恰当的企业绩效目标，以便进一步对每个核心流程作出具体的实施改进措施。对于每个核心流程，可以通过两种资源进行具体的流程评估。

（1）外部资源，主要包括客户和竞争对手。由于客户既是产品/服务的最终接受者，又是企业绩效的评判者，因此他们可能是对企业核心流程绩效差异识别的最好资源。

（2）内部资源，主要指企业内部的员工。一般情况下，通过内部员工的方式要比通过外部机制更容易达到目的。例如，处在企业第一线的销售员工在与顾客以及合作伙伴接触的过程中，能够获得更有价值的信息，这些信息往往来自于顾客及其合作伙伴反映的问题和抱怨；处在车间的员工能够获得关于制造流程的第一手问题信息；管理者能够通过不同的企业部门获得关于企业绩效的数据。但有了这些数据或信息，并不一定能够很好地识别企业的流程绩效差异。挑战来自于如何才能建立一种机制，使这些数据或信息得到沟通和反馈，使得这些资源成为对识别流程绩效的有效“内部资源”。

4. 实施

实施是流程再造的最后一步，该阶段包括提出并执行满足战略目标的流程方案、组织结构以及集成新的人力资源和 IT 结构。

（1）设计新的业务流程。利用对核心流程的定义及信息系统的控制流程，设计新的业务流程。在进行设计业务流程的过程中，要遵守业务流程的相关原则，并注意以下几个基本要素：

1）方法突破，打破企业旧的原则和规定。

2）与绩效目标一致，保证设置的绩效目标真正与流程输出一致，考虑顾客满意度而不是短期利润。

3）作业分配，围绕过程的目标和指标，而不是单个任务进行个人作业的设计。

4）消除层次，用并行工作的组织团队代替官僚的层次。

5）提高生产率，将要点从工作分解和专业化转向任务集成。

6）考虑 IT，选择合适的 IT 构型支持再造后的流程。

（2）构造新的组织结构。面向流程的组织结构将是未来企业组织形式的发展趋势。这种结构将有助于管理者扩大自己的管理控制范围，缩减管理层次，提高决策效率。当然，随着这种管理控制范围的扩大，要求管理者必须对其原有的管理风格进行适当的调整，以适应流程管理的需要。组织变革的最终结果，使更多的管理者直接面向市场、面向客户，由此使得企业的管理决策更及时、更高效。

（3）设计人力资源结构。BPR 团队可以采用头脑风暴法明确人力资源结构的新观念。其重点是作业分配、组织结构、管理的层次和授权；基于团队的结构程度、报酬结构和标准。将这种观念用作业设计或社会技术系统方法进行细化，建立子单元式的团队结构。这个过程中，可能会消除一些作业，改变一些作业需要的技能和责任，并建立一些全新的作业。全部作业的内容和职责应针对新的过程进行详细描绘，包括开发新的绩效和满意度准则，对与新的过程绩效目标一致的个人或团队的绩效进行定性和定量分析。利用详细设计和新的子单元人力资源结构，建立相应的通信结构，明确通信渠道、类别和信息流转规则。最后要制订广泛的培训和教育计划，培训员工在新的作业中所需要的技能和知识。

（4）选择 IT 平台。IT 平台选择应作出硬件、操作系统和数据结构在各种系统执行层次上的决策，有时甚至还包括相应的软件决策。BPR 团队成员在可行性研究的基础上，选择和执行最好的支持再造过程的 IT 方案。

运用价值链法，通过以上 4 个步骤，分析优化企业的业务流程，使得企业能够以更低的成本、更高的流程工作效率向顾客提供更快更好的服务。

8.5.3 ASME 方法

ASME 是一种标准，即美国机械工程师学会（American Society of Mechanical Engineers）标准，ASME 最大的优点是可以清晰地表达流程中各个活动是否是增值活动，清楚地显示非增值活动所在的环节。ASME 方法对现有流程进行描述，采用表格的方式记录了活动、使用时间以及操作对整个流程中所作的贡献。如表 8-2 所示的内容列出了从一个企业中领取文具的例子，说明了 ASME 具体方法。

表 8-2　某企业运用 ASME 方法领取文具的例子

序号	活　动	增值活动	非增值活动	检查（对数量和质量的检查）	输送（代表人员、物料、文件及信息的移动）	耽搁（代表在相继的操作之间暂时的存放、耽搁或停滞）	存贮（代表受控存贮如文件归档，这类存储不属于耽搁）	时间/分钟	操　作　者
1	取多联申领单	○						2	申领人
2	查找物件代码	○						1	申领人
3	填写多联申领单	○						5	申领人
4	送本部门经理批准		○					5	申领人
5	审查申领单			○				1	本部门经理
6	签字	○						1	本部门经理
7	送申请单到仓库主管部门		○					10	申领人
8	审查申领单			○				10	仓库部门经理
9	签字	○						1	仓库部门经理
10	送申请单到财务主管部门		○					10	申领人
11	审查申领单			○				10	财务部门经理
12	签字	○						1	财务部门经理
13	核实物品费用，登记部门预算						○	10	财务部门
14	送申请单到仓库		○					10	申领人
15	检查签字和申领单内容			○				5	文具库
16	列入出货清单	○						5	文具库
17	库房出货	○						10	文具库
18	捆绑领取物品	○						5	文具库
19	等待所有物品捆绑完毕							10	文具库
20	将物品记入部门账户	○						2	文具库
21	等待所有物品登记完毕					○		10	文具库
22	将申请单第一联存档						○	1	文具库
23	送物品和申请单第二联给申领人	○						10	文具库
24	申领人得到物品								
	步骤合计	11	4	4		2	2		
	时间合计（分钟）	43	35	26		20	11	135	

通过细致地列出领取文具的步骤，可以清楚每个步骤的具体内容。对企业而言顾客尽快得到文具和运行成本最低是最重要的。在现有的步骤中，审查和审批耗用了大量的时间(但事实上,很少出现经理不批准的现象)，同时经理审批的过程耗用了大量的时间，因此可以用下列三个步骤代替上述过程：①从目录中查找物品代码；②打电话到文具库，告知所需文具；③仓库接受订单，申请人领用。

由此实例可以看出，ASME 方法加深了我们对流程的理解，找出了增值活动和非增值活动，简便而实用。

个案分析

案例材料

施乐公司流程再造

1989 年，施乐公司曾经与一些美国电子公司进行了存货水平的基准比较，这次评估向施乐的高层管理人员揭示了施乐与科技领先的公司在这方面的差距。施乐发现有机会可以压缩“沉淀”在整个供应链中的资金，从而向新产品的研发提供更多的资金支持。从评估中，施乐公司认可了现有的分销、物流、物料与制造部门的努力工作，总体存货水平过高并不是他们的责任，主要的原因是部门与部门之间相互冲突的工作目标。

施乐成立了“物流与资产管理中心”来改善整个供应链的资产管理的绩效。作为一个“变革机构”，这个小组的使命是通过发展和实施整体性的战略和业务流程来推动对物流管理和资产管理的优化。这个小组并非只是一个普通的职能机构，它需要参与一线机构正在进行的对顾客满意度、物流成本和削减存货的活动以及每一年都要进行的对这些项目的优化和改善。

1. 实施步骤

（1）小组的使命并非只指导一个“削减库存”的运动，而是使“压缩供应链资产”成为公司的长期目标。

（2）小组的具体工作需要从长期和短期两个方面来考虑：创立一个远景目标，统一理解和认识，供应链的一体化整合能为公司创造新的竞争力优势；最终的目标是改善客户服务，并在资产利用和物流成本等方面成为最优秀的公司之一。

（3）远景目标将在战略路径图中被细化，每一个关键的绩效指标都将设定在客户服务、资产利用和物流成本等各个方面的具体目标上。

（4）新的概念将会在一个“展示箱”中测试，进一步优化后才在整个公司内大范围地实施。

（5）为了观测这些指标，供应链中不同部门的绩效衡量指标将会被统一。

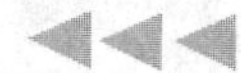

（6）实施中所学习到的技术和诀窍将会被融合在整个公司的“流程再造”中，整个信息系统也会作出相应的改变。

2. 变革目标

绩效优化计划的总体目标是非常理想化的：施乐将会取得 100% 的顾客满意度，压缩近一半的存货——近 10 亿美元的节省！并节省 3 亿 ~4 亿美元的物流支出，这些成本的节省并不会以服务水平的下降为代价。施乐不仅会重新设计整个供应链流程，而且会改变公司的文化、绩效指标、奖惩体系、公司的内部关系和整个公司的行为方式。

整个计划首先汇集了各个业务单元在绩效优化中所取得的成就：有些是由业务单元内部完成的，有些是从世界各地的其他分公司得到的想法和灵感而完成的。通过理解各个业务单元内部的物流运作，物流与资产管理小组可以开始与供应链的各个组成部分沟通并且以“跨组织流程重组”的方式来推动系统的整合。

3. 流程优化

一个国际化的跨部门小组早在 1986 年就已经建立了，这次的供应链流程改造使这个国际小组的作用得到了强化。不同工作职责的人员，包括存货管理、订单配送、制造及供应商等方面的人员都加入了跨部门小组的工作。不仅物流与物料部门的人员参与了工作，产品设计、营销、质量控制、财务和信息系统等各个部门人员都在小组中起到了极大的作用。

这个跨职能小组成为整个优化战略的守护者与关键的利益相关者，它使得一线的经理可以参与到正在制订的战略中去，通过他们的工作，把某个部门内业已证实可行的创意能够迅速地推广到其他部门。跨职能小组确保了单个业务单元的优化项目符合公司的总体目标，不会被重复进行，从顾客评价中发现的不满意之处得到了有效的整改，较复杂的绩效指标进行了简化以便让操作人员可以进行控制。例如，按顾客指定时间到达的订单的百分比。在欧洲和美洲，小组通过改善后的运输系统减少了分批运输的问题；小组向每一个业务单元提供了充分的信息以鼓励它们之间的存货共享；资产回收利用的具体实践也在各个业务单元之间得到了推广。

业务流程的深层目标被分解为物流与存货管理领域中某些过程的基本原则，而这些基本原则为具体的操作设定了框架，为每个过程的战略性行动提供了基础。这些过程并非面向某个部门，而是面向具体的物流操作，且这些过程的排列是非常重要的。

首先，必须在供应链内部用统一的“产品语言”来定义顾客需要的产品部件；其次，计划的制订过程必须是灵活的，由精确的顾客需求所驱动；再次，供应链被定义为整个公司业务的“整合者”；最后，强调是对“资产流”进行管理，而非对仓库中“库存”的管理。

通过与远景目标的比较，便可清楚哪里需要改变了。施乐的每一类产品如设备、消耗品、零配件等都需要进行这样的改变。不同产品的分销渠道是不同的：零配件主要由技术服务人员使用，主要流向他们手中的配件储备；消耗品不需要特别的搬运处理，主要由电话营销渠道向最终用户提供；而设备，由于它们敏感的电子和机械部件，需要特别的搬运处理，而且需要一定的可操作性。

应用“整合”概念，施乐设计了一个理想化的设备供应链网络：每个流程都应针对一类产品进行特别设计，满足不同顾客的不同需求。商品化的产品，如个人复印机、小型办公用复印机和传真复印机应该被设计为安装简便，即插即用；高档产品应被设计成100%按单制造，不需要额外的安装和调试工作。要在顾客要求的时间内完成这项任务，同时又要保持尽可能少的存货，施乐需要尽可能早地了解顾客需求，以廉价信息来替代昂贵的存货。

管理方面最大的改变是如何将新目标的实现在公司内部制度化。每一次管理革新在具体的实施过程中都会有几个阶段：最初的目标是说服每一个人，革新是有必要的，并让所有的人都认同要产生的变化；第二阶段是将这些理解和认同转换成一种正面的影响并开始试点进行革新工作；最后的阶段是让所有感受到变化的工作人员亲自去推动变化的发生。为了能够使革新有效地实施，必须让每一个人都知道革新的日程安排，让他们能够主动地去回应变化。

施乐正在以这样的方法来整合它的供应链管理。营销经理和制造经理的绩效评价指标中加入“供应链中的总资产”这样的新概念，这使得对他们职能性的评价转换成了跨职能的综合评价。营销经理、制造经理和研发经理现在需要考虑供应链的总体存货水平（相对销售收入的百分比）和总体顾客满意度。当这些部分的考虑已经成为公司业务运作方式的一部分时，下一步就是考虑如何将物流成本分解到每个职能部门。每个职能部门内部的物流运作都影响到整个供应链的表现和目标的完成，所以这些物流成本不是独立而是互相影响的，施乐需要从一体化供应链的角度系统地考虑成本方面的问题，阐述这些目标的相互影响。

分析

本案例材料涵盖了以下知识点：

（1）对业务流程实施系统性改造。在案例中，施乐公司对其供应链流程进行了系统性改造，在供应链中要使用统一的“产品语言”来定义产品部件，要求计划制订过程必须精确、灵活，同时能对资产流进行管理。

（2）流程再造要求全员参与。施乐公司为了进行供应链重组，专门组织了一个变革小组，而小组成员来自企业的不同部门，这样在实施流程再造的过程中就不会因为知识的局限性而造成流程失败。

（3）流程再造得到了领导者和员工的高度支持，这也是流程再造成功的主

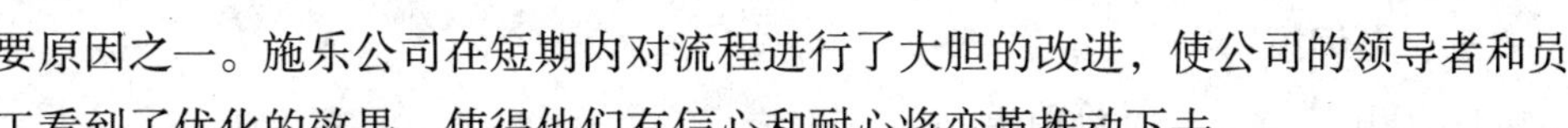

要原因之一。施乐公司在短期内对流程进行了大胆的改进，使公司的领导者和员工看到了优化的效果，使得他们有信心和耐心将变革推动下去。

自学指导

本章学习重点

（1）业务流程再造的概念：业务流程再造就是对公司的流程、组织架构、文化等进行彻底的、急剧的重塑，以达到绩效的飞跃。在此基础上又作了更精确的表述：业务流程再造是对企业流程进行根本的再思考和彻底的再设计，以求企业在关键的性能指标上获得巨大的提高。

（2）业务流程再造的基本原则：BPR 的基本原则分为核心原则和操作性原则。核心原则是指那些指导变革的根本性原则，而操作性原则是指那些保障变革顺利进行的必须的原则。

（3）业务流程再造的方式：BPR 再造分为局部再造和系统性再造两种。重点掌握两种再造方式的优缺点和适合的场合。

本章学习难点

（1）业务流程再造的实施步骤：主要有 5 步，本章讲解得很清楚。读者要能够充分理解每一步骤的含义以及整个实施过程。

（2）业务流程再造的方法：本书只介绍了流程再造的三种方法：作业成本法、价值链分析法和 ASME 法。读者要能够对这三种方法进行系统性的了解和掌握，能够运用其进行简单的流程再造。

复习思考题

一、单项选择题（在备选答案中选择 1 个最佳答案，并把它的标号写在题后的括号内）

1. 业务流程再造应以(　　)为中心。

A. 作业工序　　B. 结果　　C. 流程　　D. 企业利润

2. 业务流程的基本方式为(　　)。

A. 渐进式再造和部门再造　　B. 局部再造和系统性再造

C. 局部再造和部门再造　　D. 精益再造和粗略再造

二、多项选择题（在备选答案中有 2～5 个是正确的，将其全部选出并将它们的标号写在题后的括号内，错选或漏选均不给分）

业务流程再造的方法有哪些(　　)。

A. 作业成本法　　B. 内部优化法　　C. 价值链分析

D. ASME 分析法　　E. 金字塔法

三、名词解释

1. BPR　　　　2. 价值链

四、简答题

1. 业务流程再造的基本原则有哪些？

2. 试简单回答业务流程再造的实施步骤有哪些？

五、论述题

企业究竟是采用局部流程再造好还是采用系统性流程再造好？

第9章 采购管理的组织与流程

学习目标

1. 应了解、知道的内容
   - 采购部门在企业中的隶属关系
   - 采购部门与其他部门的关系
2. 应理解、清楚的内容
   - 传统采购流程的缺点
   - JIT 采购的原理与作用
3. 应掌握、会用的内容
   - 采购流程再造：电子采购、信息技术参与和 JIT 采购
4. 应熟练掌握的内容
   - 采购的基本流程

自学时数

5 学时

教师导学

本章主要介绍了采购流程的基本内容。采购流程是企业的重要流程之一，采购是否及时，采购的成本高低直接影响着企业的生产和盈利。本章首先介绍了采购组织的类型与结构，然后重点叙述了采购管理的流程，学生要熟练掌握这部分内容，并且能够识别采购过程中所使用的相关单证。最后介绍了如何再造采购流程，使采购运行更加有效，提高采购与生产之间的衔接，降低采购成本，提高企业利润。采购流程再造主要有三种：电子采购、信息技术参与和 JIT 采购。

9.1 采购组织结构的类型与特点

采购是很多企业日常工作的重要组成部分，采购的及时性直接影响着企业的生产和运作。要了解商业组织，有必要对采购管理进行相关的了解。本章主要介绍的是采购管理的组织与流程，首先让我们了解一下采购管理的最基本的知识，即：采购组织结构的类型与特点。

采购部门是企业中极其重要的部门，然而在不同的企业中，采购部门的地位也是不同的，它与其他部门之间的关系也是不同的。

9.1.1 采购部门在企业中的隶属关系

由采购主管顶头上司职务的高低，可以对采购的地位以及采购在企业结构里受重视的程度进行判断。采购部门究竟隶属于企业中的哪个层级，要视具体情况来定。

1. 采购部门隶属于生产副总经理

如图 9-1 所示，采购部门隶属于生产副总经理，其主要职责是协助生产工作顺利运行。因此，采购工作的重点，是提供足够数量的物料以满足生产上的需要，至于议价的功能则退居次要地位。图中所示的生产管制、仓储工作等另归其他平行单位负责，并未归入采购部门的职能中。总之，这种隶属关系比较适合“生产导向”的企业，其采购功能比较单纯，而且物料价格也比较稳定。

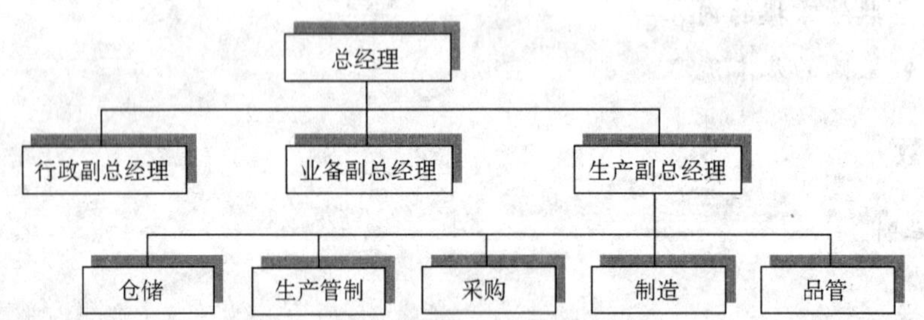

图 9-1 采购部门隶属于生产部门

2. 采购部门隶属于行政副总经理

如图 9-2 所示，采购部门隶属于行政副总经理，采购部门的主要职责是获得较低的价格和满意的付款方式，以便节省采购成本。虽然有时采购部门为了取得较好的交易条件，难免会延误了生产部门用料的时机，或购入品质不尽理想的物料，但采购部门独立于生产部门之外，能产生单位间的制衡作用，并发挥议价的功能。因此，当生产规模庞大，物料种类繁多，价格经常需要调整，采购工作必须兼顾整体企业产销利益均衡时，这种隶属关系就比较合适。

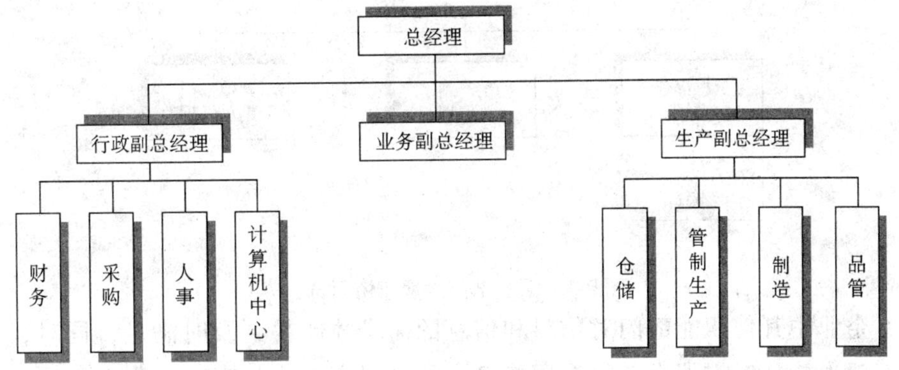

图 9-2　采购部门隶属于行政部门

3. 采购部门直接隶属于总经理

如图 9-3 所示，采购部门直接隶属于总经理督导，提升了采购的地位与执行能力。此时，采购部门的主要功能在于降低成本以增加效益，使得采购部门成为企业创造利润的另一种来源。这种类型的采购部门，比较适合于生产规模不大，但物料或商品在制造成本或销货成本所占的比率比较高的企业。采购部门隶属于总经理，俨然使它已扮演了直线功能而非参谋功能的角色。

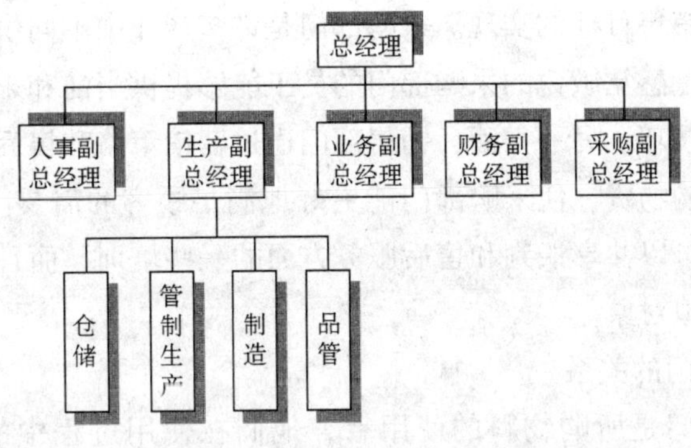

图 9-3　采购部门隶属于总经理

4. 采购部门隶属于资材部门

如图 9-4 所示，采购部门是由资材部(或物料管理部)副总经理负责，其主要的功能在于配合生产制造与仓储单位，达成物料整体的补给作业。无法特别凸显采购的角色与职责，甚至可能降为附属地位。因此，隶属于资材部门的采购部门，比较适合物料需求管理不易，需要采购部门经常与其他相关单位沟通、协调的企业。

9.1.2　采购部门与其他部门的关系

采购部门必须要和企业中的其他职能部门建立密切的工作关系，只有这

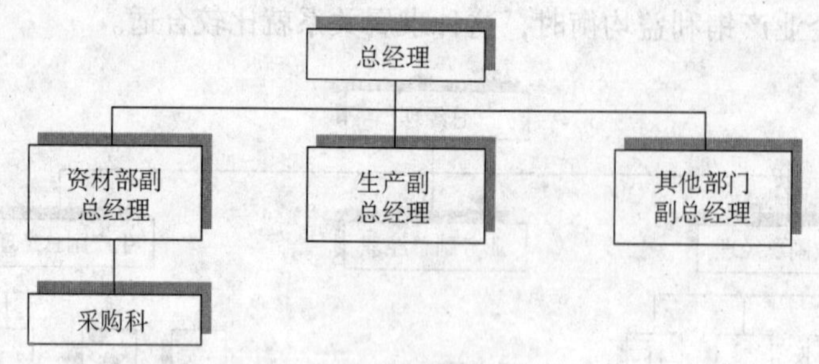

图9-4 采购部门隶属于资材部门

样，企业中其他职能部门对物料和信息的需求才能得到及时满足，同时，采购部门也能从对方那里获得有用信息，从而提高工作效率。事实上，采购部门与其他职能部门的关系正随着管理理念的更新和信息技术的发展越来越紧密地联系在一起。

1. 与销售部门的关系

采购与销售部门从供给上来说是相互反映的关系，因为一个采购部门与供应商交流的对象一般为对方的销售部门。在这种情况下，对这两种职能的整合可以为企业带来巨大的利润。采购部门要依靠从销售部门获得的长期市场销售计划来制订具有现实意义的物料供应战略，销售部门也要依靠采购部门及时地获取高质量的物料来保证销售目标的实现。采购部门是许多产业中不同供应商销售和营业推广计划的对象，感觉敏锐的采购部门的员工能够提供当前和未来的市场形势方面的信息和谈判技巧，另一方面，销售部门通过营销策略和售后服务的实施能够促进采购部门多购物资，使采购部门能更好地满足顾客的需要。在很多情况下，采购和销售部门可以共享谈判和售后服务方面的一些培训，而且可以成为对方一个理想的谈判模拟对象。

2. 与生产部门的关系

因为生产部门是所购物料的使用者，他们在使用过程中的实践和技术经验可以为采购部门提供关于物料质量和生产进度方面的信息，采购部门通过对这些信息进行处理，可以获得一个有用的、可以规划采购和供应业务的工具。例如，采购部门知道了生产部门的产出计划，就可以在正常的提前期内进行采购并获得较低的采购价格。生产部门依赖于采购部门提供有关物料、物料是否可以获取、物料发运提前期、物料替代品、生产设备供应商等方面的信息来制订生产计划，组织生产。采购部门提供的有关维护、修理和辅助物料方面的信息对生产部门也有帮助。总之，采购与生产部门是一个信息互动、互为协作的关系。

3. 与仓储部门的关系

仓储部门库存政策的形成需要许多方面的信息，如提前期、物料是否能

到达、价格趋势以及替代材料等方面的信息，而采购部门是这些信息最合适的提供者。同时，采购部门需要仓储部门提供关于在给定时间内需要采购或订购的商品名称和数量方面的信息，通过这些信息，采购部门才能围绕采购物料的种类、时间和数量实施采购，一方面可以避免库存不足或积压状况的出现，另一方面又可以节省采购费用。因此，采购部门和仓储部门的合作可以提升双方的工作绩效。

4. 与财务部门的关系

采购部门和财务部门在应付账款、计划和预算方面相互作用。采购经理经常抱怨财务部门过多地关注货物的最低价款，却不太注重合同中的支付条款。显然企业如果不能及时支付货款，那么协议就不能够很好地履行，就更不要说获得现金折扣和保持与供应商的良好关系了；但另一方面，这又会对采购部门的运营费用产生一定的约束，有利于采购费用的节约。这就需要加强两个部门的沟通来缓和这些冲突。采购部门提供给财务部门的信息是其进行管理预算以及确定现金需要量的基础。采购部门提供的有助于财务部门进行计划的信息还有：物料和运输成本及其发展趋势，以及为了应付需求突然变大造成的供应短缺或其他可以预测的原因造成的供应中断而进行的远期采购计划。同时，采购部门运作的有效性也可以作为衡量财务工作好坏的依据，会计体系不够精细，就不能发现由于采购决策失误造成的效率低下。

9.2　采购管理的基本流程

对于企业采购来说，各个企业之间的采购策略也许会有所不同，但是，总的来讲都有一个共同的模式，一个完整的采购流程大概可以分为以下几个过程：

9.2.1　需求确定与采购计划制订

任何采购都产生于企业中某个部门的确切需求。需求的确定是采购流程的初始环节。负责具体业务活动的人应该清楚地知道各部门独特的需求：需要什么、需要多少、何时需要。这样，采购部门就会收到各个部门发出的需求单。当然，这类需求也可以由其他部门的剩余物料来加以满足，但是，或早或晚公司都必然进行新的物料采购。有些采购来自生产或使用部门，有些采购申请来自销售或广告部门，对于各种各样办公设备的采购需求则由办公室的负责人或企业主管提出。

通常，不同的采购部门会使用不同的请购单，如表 9-1、表 9-2 所示。

表 9-1　企业请购单

编　号		年　月　日			第1页 共1页	
FXJ0202						
项次	料号	品名规格	单位	单价	金额	备注

表 9-2　企业成批请购单

产品名称		生产数量				开工日期		
项次	请购材料	单位用量	标准用量	库存量	供应本批数量	请购数量	核准数量	备注

详细来说，需求的确认过程就是采购部门收到采购申请、制订采购计划的过程。需求部门发出采购请求，计划制订者审查通过，汇总所要采购的物资，授权采购部门制订和签发订单，采购部门分配到各个采购员，给其下达采购任务。通常，采购请求包括的信息有：申请者名称、主管审查同意的意见、应计入的成本项目、物料说明书、需求数量和计量单位、要求送货的时间和地点以及其他应当包括的信息。

9.2.2　供应商的搜寻与分析

供应商的搜寻与分析是采购周期中的第二个步骤。对潜在供应商的评价从确定采购需求的那一刻就决定了，并随着物料计划书的发展而发展。

选择、确认供应商的过程，简单的可以打开通信本，查找客户联系方式，发送采购意向；复杂的则会涉及很多方面，采购部门在进行采购计划前必须先组织采购调查，掌握采购信息，采购调查和市场调查有相似之处，都是对市场信息的搜索和分析，所以，有时采购部门的调研员可以和企业中的信息部门合作进行调查和计划。

采购来源的分析流程首先要列出供应商的名单，这份名单可能来自多个渠道，如销售代表同供应商在业务往来方面的经验、相关数据库以及贸易杂志等。对某些项目，企业可能已经有了一份“优先考虑的供应商”名单，所以，新的采购业务应先分配给该名单上的供应商。这些供应商过去已经证明了他们的能力，依靠这个名单可以节省分析和选择供应商的时间和资源。

采购方可以用不同的绩效标准来评价分析潜在的供应商。这些标准包括供应商的实力、以往在产品设计上的表现、质量承诺、管理水平、技术能力、成本控制、送货服务、优化流程和开发产品的技术能力等。不同的企业在其采购时对这些因素的权衡角度不同，而且最终评价往往需要实地考察供应商的工厂和设备才能得出，由于这种考察会导致成本的增加，所以采购人员确定考察对象时必须十分谨慎。

9.2.3　定价

确定价格的方法有很多种，其中最为常见的有竞争性报价和谈判两种。竞争性报价是指由买方向有意愿合作的供应商发出询问。询价单格式如表 9-3 所示。

表 9-3　产品询价单格式示例表

产品询价单

编号

________单位________先生

1. 本公司有业务需要拟向贵公司洽购下列物品（见附件），请速予报价以作进一步联系。
2. 来函或来电请洽本公司采购部电话，并请惠示贵公司联系人员与电话。
3. 附件：（含物资名称、数量及品检说明）

××公司采购部

年　月　日

而对可能参与合作的供应商的要求是：

（1）有能力根据买方的要求制造产品并且能够在预定的日期前发货。

（2）作为供应商，在其他方面应该具有足够的可靠性。

采购人员经常评价基于价格的投标书，如果最低报价者没有得到采购合同，采购方有义务通知他并给出解释。竞争性报价适用于下列特定情况：

（1）采购量足够大，值得进行竞争性报价。

（2）供应商很清楚细节和要求，有能力准确估计生产所需的成本。

（3）竞争性的市场环境，即有足够多的合格竞争者。

(4) 采购方只向技术合格的供应商发出竞标，而愿意合作的供应商则进行报价。

(5) 采购方没有优先考虑的供应商。

如果价格是最重要的标准，而且对采购项目有明确地说明，采购方就可以使用竞争性报价。如果存在重要的非价格标准，买卖双方通常会直接谈判，竞争性报价则可在进行直接谈判之前缩小潜在的供应商范围。

当选择供应商不适合使用竞争性报价时，就应进行谈判，如下列的几种情况：

(1) 当上述任何竞争性报价的标准都不存在时。

(2) 当采购要求在诸多绩效因素(如价格、质量、交货、风险分摊以及产品支持等方面)必须达成一致时。

(3) 当采购方要求供应商的早期参与时。

(4) 当供应商不能确定风险和成本时。

(5) 当供应商需要很长时间来开发和生产采购方采购的物资时(这通常会使预测供应商的采购成本变得很难)。

谈判是价格确定中最复杂也是成本最高的一种方法，需要谈判双方坐下来通过商讨来就一项采购/销售合同的主要条款达成共识，如运输、价格、包修、规格及条件等。供应商和采购部门都希望进行公平的谈判，而只有供应商做到以下几点才能确保谈判的公平性：

(1) 以高效率的方式运作。

(2) 保持价格与成本的相关性。

(3) 不利用单一供应商的优势。

(4) 对于采购商的要求能够进行适当合理的调整。

(5) 愿意考虑采购商的特殊情况。

9.2.4 拟订并发出订单

在选定供应商以后，接下来要做的就是同供应商签订正式的采购订单。订单是采购方向供应商发出的有关货物的详细信息和指令。采购订单根据采购商品的要求、供应商的情况、企业本身的管理要求、采购方针等要求的不同而各不相同。总的来说，订单包括的要素有：订单编号、产品的名称、规格、品质简介、单价、需求数量、交易条件、运输方式、交货期限、交货地址、发票单位等。采购方将订货单寄送给供应商，供应商确认后留存一联作为交货时的凭证，回执联寄回给采购方作为验收及物料管理的参考。下面给出了一种订单的格式作为参考，如表 9-4 所示。

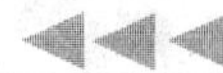

表 9-4　订单格式示例表

订购单　　编号：

PURCHASE ORDER　　ORDER NO.：________

订货日期：

DATE：________

预定交货期：

SHIPPED ON：________

交易条件(分批交货)

PARTIAL SHIPMENT：________

交货方法

Vendor-ID：________　　SHIPPING METHOD：________

付款条件

PAYMENT TERM：________

交货地点

SHIPPED TO：________

序号	统一编号 Control No.	料号 Code No.	名称/规格 Description/Specification	单位 Unit	数量 Qty	单价 U/P	金额 Amount
合计 TOTAL							

兹同意依照本订单所述条件交货： Shipments are to be effected in accordance with the terms stated herein 签认　　职称 Accepted by ________　Title ________ 日期 Date ________	签章 Authorized Signature ________ ________

9.2.5　订单跟踪与催货

采购订单发给供应商之后，并不是可以高枕无忧地等待供应商把所订购的货物按质按量地送到企业的仓库，采购部门应对订单进行跟踪和催货。企业在采购订单发出时，同时会确定相应的跟踪接触日期。在一些企业中，甚至会设有一些专职的跟踪和催货人员。

跟踪是对订单所作的例行跟踪，以便确保供应商能够履行其货物发运的承诺。如果产生了问题，例如质量或发运方面的问题，采购方就需要对此尽早了解，以便及时采取相应的行动。跟踪，需要经常询问供应商的进度，有时甚至有必要到供应商那里去走访。不过这一措施一般仅用于关键的、大额的和提前期较早的采购事项。通常，为了及时获得信息并知道结果，跟踪是通过电话进行的。现在，一些企业也使用由计算机生成的简单表格，以查询有关发运日期和在某一时点采购计划完成的百分比。

催货是对供应商施加压力，以便按期履行最初所作出的发运承诺、提前发运货物或是加快已经延误的订单涉及的货物发运。催货应该只是用于催促采购订单中一小部分的货物，因为如果采购部门对供应商能力已经做过全面分析的话，那被选中的供应商就应该是那些能遵守采购合约的可靠的供应商；而且，如果公司对其物料需求已经作了充分的计划，如果不是特殊情况，就不必要求供应商提前发运货物。

9.2.6 验货和收货

1. 货物的检验

采购方在接受采购货物时或者之前首先要进行货物的检验。一般有以下几个步骤，如图 9-5 所示。

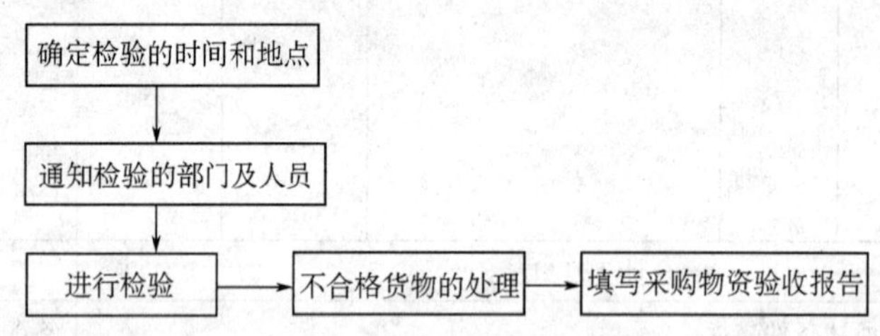

图 9-5　货物检验的步骤

（1）确定检验的时间和地点。检验时间和地点的确定与货物的性质有关，比如一些大型的机械、设备等，往往需要到供应商的操作现场检验；而小型的原料、配件等可以把货物送过来检验。这些都需要采购方负责订单的人员与供应商及时沟通。

（2）确定检验的部门及人员。一般企业都有负责质量检验的部门，采购货物的检验也就交由他们完成，但需要采购部门与检验部门及时沟通。而对于一些大型设备的长期订货，也可派检验人员常驻到供应商方检验。

（3）货物检验。货物检验的目的是检查供应商供货是否符合合同要求。检验的结果是将货物分为合格货物与不合格货物两种，其中不合格货物又分为：致命缺陷货物、严重缺陷货物和轻微缺陷货物三种。对于那些质量性能稳定的货物或者那些长期合作、供货表现良好的供应商的货物，检验的程序可以从简；而对那些性能不稳定的货物或者新供应商的货物，检验的程序要比较完备。

（4）不合格货物的处理。这个环节视采购方的要求和货物的品质要求而不同。对那些信誉至上的供应商，他们不会冒险把有缺陷的产品提供给客户；而对于那些产品本身品质要求就比较高的货物，如精密仪表的配件、原材料等，只要有轻微缺陷就是废品。如果没有以上的严格要求，一般来讲，对于有致命缺陷和严重缺陷的货物，采购方可要求供应商换货；对于轻微缺陷的货物，经过检验人员、设计部门、制造部门、销售部门等协商后，视生产、销售等的紧急程度，可以确定是否可以暂用。对于出现的质量缺陷，采购方要及时通知供应商，提醒他们注意，若此种情况多次出现或出现一次重大失误，采购方则要集合各个相关部门进行讨论，对供应商进行适当的处理；或依据合同规定与供应商商议，令其给予赔偿或取消与该供应商的合作。

（5）对采购货物检验完毕后，检验人员要填写采购物品验收报告，报告格式如表 9-5 所示。

表 9-5　采购物品验收报告单

<table>
<tr><td>材料编号</td><td>收料单编号</td><td>品名规格</td><td>检验部门</td><td>质量规范标号</td><td>送验编号</td></tr>
<tr><td></td><td></td><td></td><td></td><td></td><td></td></tr>
<tr><td colspan="6">检验项目：</td></tr>
<tr><td colspan="6">检验标准：</td></tr>
<tr><td colspan="6">检验结果：</td></tr>
<tr><td colspan="6">说明：</td></tr>
<tr><td colspan="2">采购处理结果</td><td>总经理批示</td><td>厂长意见</td><td colspan="2">质材部门说明</td></tr>
</table>

2. 接收

货物的接收步骤如图 9-6 所示。

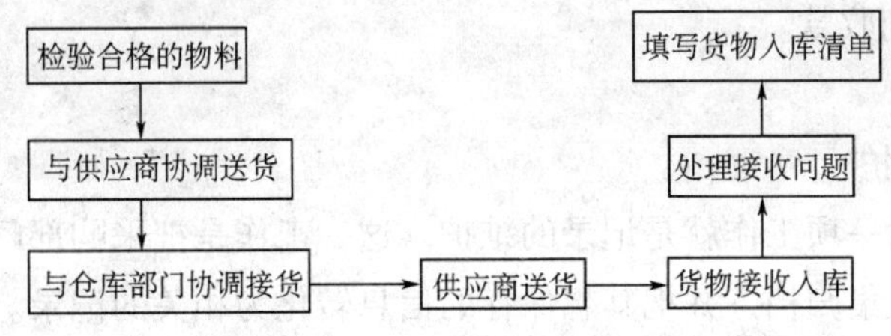

图 9-6　货物的接收步骤

（1）协商送货事宜。在订单发出后或货物检验合格后，采购人员要与供应商协调送货的时间、地点、经手人员等事宜，还要与本企业仓储部门协调接货时间及卸货、验收、搬运、入库等事宜。如果没有这个环节就容易导致双方工作不衔接，浪费时间和人力。

(2) 货物接收入库。供应商将货物送至采购方仓储部门之后，采购方首先要核对发货单，看货物种类、数量、品质是否与合同相符；其次要检查各类单据是否齐备，如装箱单、发票等；再次要检查外包装是否完好，入库时是否需要再另行包装。以上几项检查无误后就可以卸货、清点、入库，同时由仓储部门经手人填写货物入库单或将该信息输入仓储管理信息系统。

(3) 货物接收过程中的问题。在货物接收入库的过程中可能出现货物概况与合同不符、交货日期不符、货物包装不符入库要求等问题，需要根据实际情况由采购人员和仓储部门人员共同协商，或退回供应商，或自行处理。

9.2.7 开票与支付货款

一般对国内供应商的付款都是在采购货物检验和接收入库后进行的。采购部门应向财务部门提供采购货物检验合格及已入库证明，连同发票一起向财务部门申领支票用于付款。对于长期合作的供应商，可以在签订合作协议时就规定一个付款结算的周期，周期以内该供应商的发票、汇票及验收入库的证明都将归在一起，以便周期末进行结算。

付款操作的具体过程是：

(1) 查询物料入库信息。

(2) 准备付款申请单据。其中值得注意的是5份单据(付款申请单据、合同、物料检验单据、物料入库单据、发票)中的合同编号、物料名称、数量、单价、总价、供应商必须一致。

(3) 付款审批。审批由财务部门专职人员进行。审核内容包括以下三个方面：单据的匹配性，即以上5份单据在各方面的一致性及正确性；单据的规范性；单据的真实性。

(4) 向供应商付款。企业在付款后应向供应商发出收款提醒。

(5) 供应商收款。

9.2.8 记录维护

采购的最后一项工作就是记录的维护。这一工作是把采购部门与订单有关的文件副本进行汇集归档，并把其想保存的信息转化为相关的记录。

不同公司对不同单据和记录的重要性的认识各不相同。例如，一张可以作为和外界所签合同的证据的采购订单一般要保存7年，它自然应该比作为内部备忘录的采购申请单的保存期限要长。

无论是手工处理还是借助于计算机，一些必须要保存的记录有以下几种：

(1) 采购订单目录。目录中所有的订单都被编号并指明每个订单是未结的还是已结的。

（2）采购订单卷宗。所有的采购订单副本都被顺序编号后保管在里面。

（3）商品文件。记录所有主要商品或项目的采购情况（日期、供应商、数量、价格和采购订单编号）。

（4）供应商历史文件。该文件列出了与交易金额巨大的主要供应商进行的所有采购事项。

（5）劳务合约。它指明了所有主要供应商与公司所签合约的状况（合约到期日）。

（6）工具和寿命记录。该记录指明了采购的工具、使用寿命（或生产数量）、使用历史和存放位置。这些信息可以避免对同一批工具支付两次以上的款项。

（7）少数的小额采购指明了从这些供应商处采购付出的金额。

（8）投标历史文件。该文件指明了主要物料项目所邀请的投标商、投标额、不投标的次数、成功的中标者等信息。这一信息可以清楚表明供应商的投标习惯和供应商之间可能存在的私下串通。

9.3　采购流程再造

采购流程是企业流程的重要组成部分，大部分制造企业平均花费在采购业务上的资金大概占采购成本的40%～60%，因此公司必须重视采购流程的运作。传统的以职能部门为基础的企业组织，采购流程一般具有以下缺点：

（1）物料采购周期长。主要是采购之前的准备工作冗长，由于涉及采购的部门过多，部门之间又相互制约，从而导致一个采购计划的确定需要经过很多部门的同意，采购周期过长。

（2）到货时间和物料质量不可控制。在采购的过程中，对企业来讲，供应商是失控的。由于供应商的原因，企业经常遇到原材料、元器件不能按时到货的现象，从而导致生产计划不能正常执行。

（3）职能式的采购管理模式。在传统的企业组织中，采购部门作为一个单独的职能部门，相对独立地展开工作，它们只关心物料的供应，而不考虑采购成本和周期的衡量。

（4）库存管理的矛盾。由于采购周期长及到货时间和物料的不可控制，企业往往会选择大量存储物料，减少缺货的风险。但是这样一来，企业库存成本大幅度提升，占用企业大部分资金。

因此，必须对采购流程进行再造，提高采购的效率，降低企业成本，提高盈利水平，保证企业的各项生产计划顺利进行。以下介绍几种采购流程再造的方法：

9.3.1 电子采购

1. 电子采购概念

电子采购由 CIPS 定义为：信息技术和通信技术的综合应用，它通过电子的方法提升采购和供应的管理过程，无论这些采购和供应是外部的或是内部的。电子采购的各种工具和解决方案提供了一个可选范围，这将推动采购和供应管理的改进。

另一个通俗简练的定义是：电子采购是在因特网上以 B2B 模式进行的供应与服务的采购和销售。

2. 电子采购模式

目前，电子采购主要有三种实际运营模式：买方系统、卖方系统和第三方系统。

（1）买方系统。该系统为企业自己控制的电子商务系统，它通常连接到企业的内部网络(Intranet)，或企业与其贸易伙伴形成的企业外部网(Extranet)。这一系统通常由一个或多个企业联合建立，目的是把市场的权力和价值转向买方。一些特别强大的企业已经为自己开发了电子商务市场，如 GE 塑料全球供应商网络，这一系统的好处是快速的客户响应、节省采购时间和容许对采购开支进行控制和跟踪，缺点是需要大量资金投入和系统维护成本。

（2）卖方系统。供应商为增加市场份额以计算机网络作为销售渠道而实施的电子商务系统，它包括一个或多个供应商的产品或服务。登录卖方系统通常是免费的，供应商保证采购的安全。使用这一系统的好处是访问容易，能接触更多的供应商，另外买方企业无需做任何投资。缺点是难以跟踪和控制采购开支。这一系统是企业采购人员开始电子商务而又不承担风险的理想工具。

（3）第三方系统/门户。门户是描述在互联网上形成的各种市场的术语，建立买/卖门户的目的是为了改进市场中买卖交易的效率。在互联网上有两类基本门户：

垂直门户是经营专门产品的市场，如钢铁、化工、能源等。一般说来这些门户主要吸引专门工业中的买主，如 MetalSite 是专门买卖金属(特别是钢材)的垂直门户。

水平门户集中了种类繁多的产品供不同工业的买主采购，其主要经营领域包括维修和生产用的零配件，办公用品等，如 FreeMarket 等 B2B 网络采购市场都是水平门户。

9.3.2 信息技术参与

如今的信息技术已十分普及，运用信息技术能提高工作效率；同样在业务流程中运用信息技术也能改善流程质量。下面我们通过美国福特汽车公司(以下简

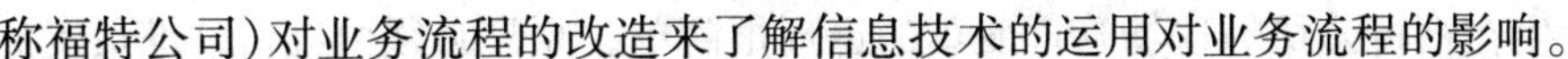

称福特公司）对业务流程的改造来了解信息技术的运用对业务流程的影响。

在 20 世纪 80 年代初，福特公司开始寻找降低日常行政管理成本的途径。该公司认为，向供应商支付货款的应付款部是一个可以降低成本的地方。当时，福特公司北美区应付款部有 500 多名工作人员。福特公司的管理者曾认为，能使人工成本降低 20% 已经是一个不小的成绩了。但是福特公司的管理者们注意到，日本马自达北美分公司只配备了 5 名员工就完成了所有与应付款有关的业务。尽管这两家公司的规模和其他条件有所不同，但应付同类的工作，福特公司用 500 人而马自达公司只用 5 人，这种反差实在太大了，因此，福特的管理层不得不重新思考应付款部的业务流程问题。这个决定标志着福特公司在观念上有了关键性的转变，因为一个企业只能对业务流程进行再造，而不能对管理这些业务流程的部门进行再造。比如，我们不能对“应付款部”进行再造，因为它不是一个业务流程，应付款部是一个特别设计出来的机构。它每天的主要工作内容是传递和处理各种工作单。这些人不能被再造，但是他们做的工作可以被再造。管理者应该将再造的注意力集中在对基本的业务流程的重新设计上，而不应该放在职能部门或其他的组织机构上。福特公司最后的结果是，在福特公司中被再造的业务流程不是“应付款”流程，而是“采购”流程。采购业务流程不但包括对应付款的管理职能，而且还包括相关的采购产品和接收产品的职能。福特公司原先的零部件采购流程相当的传统，即先由采购部向供货商发出采购单，同时将该订单的复印件传递给应付款部。当供应商发出的货品到达福特公司时，货物接收站的一名员工填写验货报告单并上交给应付款部；同时，供货商将这批货的发票寄给应付款部。这样一来，应付款部共有 3 个与这批货品有关的文件，采购单、验货单和发票，如果这 3 个文件完全相符，应付款部就支付货款。在绝大多数情况下工作就是这样进行的。因而在福特公司的应付款部，该部门的员工把他们大部分的时间花在整理和核对输入的采购单、验货单和发票的符合性上。有时为了追踪和澄清这些文件的相符性，他们甚至需要花上数周的时间并耗费很多人力来解决问题。经过再造之后，福特公司的应付款业务流程看上去已经彻底地面目一新了。福特公司应付款部的员工从原来的 500 人缩减为现在的 125 人。新业务流程的内容是：当采购部的采购员向供货商发出采购订单时，他同时将这份订单中的采购信息输入数据库；然后与过去一样，由供货商将货品发送到货物接收处；到货后，货物接收站的工作人员通过计算机终端核查到货货品是否与数据库中记录的订货要求一致。这种检验只存在两种结果：一致或不一致。如果到货货品与数据库中记录的订货要求一致，货物接收站的工作人员将收下货物并将接收信息输入计算机系统，计算机将自动对记录的信息进行处理并在适当的时间向供货商付款；如果到货货品与数据库中记录的订货要求不符，货物接收站拒绝收货并将货品退还给供货商。

发生在福特公司的这场管理变革的道理很简单，原先必须由应付款部负责的付款工作现在货物接收处就可以完成了。过去，旧的业务流程把这项工作人为地复杂化了，即查询、留档、记录，这些工作足以让工作人员忙得晕头转向；新的业务流程就完全不同了，它们是建立在信息技术平台上的一种全新的业务流程。例如，在再造后的采购流程中，如果不借助于来自联机数据库中的采购订单数据的支持，福特公司的货物接收员根本无法按照“货到付款”的规则发出付款指示。事实上，如果没有数据库，货物接收员对于公司的订货情况将一无所知。当货物到达时，该货物接收员的唯一选择只能与过去一样假设与订货收货相关的工作已经完成，然后由应付款部对采购单、收货单和发票进行核对。理论上，采购部应该将每一份采购订单的复印件发给公司的每一个货物接收站，再由货物接收员根据这些采购订单核查货物，但是，这种纸件系统的做法明显地不切合实际。信息技术使福特公司有可能建立一种全新的现代化业务管理系统。在再造中，信息技术扮演了基本的驱动力的角色，可以说，如果没有信息技术的支持，任何业务流程再造的愿望只能是空中楼阁。

9.3.3 JIT 采购

1. JIT 概念与原理

准时化生产方式(Just In Time,JIT)是起源于日本丰田汽车公司的一种生产管理方法。它的基本思想是“彻底杜绝浪费”、“只在需要的时候，按需要的量，生产所需要的产品”，这也就是 Just In Time (JIT)的基本含义。这种生产方式的核心，是追求一种无库存生产系统，或是库存量达到最小的生产系统。

最初，JIT 只是作为一种减少库存水平的方法，而今，它已成为一种管理哲理。这种管理哲理的精髓就在于它的“非常准时化”、“最大限度地消除浪费”的思想。现在越来越多的人，把这种管理思想运用到各个领域，形成各个领域的准时化管理方法。因此，现在除了 JIT 生产之外，又逐渐出现了 JIT 采购、JIT 运输、JIT 储存以及 JIT 预测等新的应用领域。实际上，现在 JIT 应用已经形成了一个庞大的应用体系。下面我们将主要介绍 JIT 采购。

2. JIT 采购含义

JIT 采购是一种准时化的采购模式。它有最大限度地消除浪费、降低库存、实现零库存的优点，是一种很理想的采购模式。JIT 采购又叫准时化采购，它是由著名的准时化生产的管理思想演变而来的。JIT 采购是把 JIT 生产的管理思想运用到采购中来而形成的一种先进的采购模式。它的基本思想是：把合适的数量和合适的质量的物品，在合适的时间供应到合适的地点，更好地满足用户的需要。

准时化采购不但能够最好地满足用户的需要，而且可以最大地消除库存、最

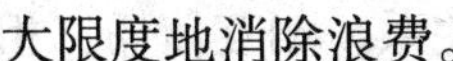

大限度地消除浪费。

JIT 采购的原理主要表现在：

（1）与传统采购面向库存不同，准时化采购是一种直接面向需求的采购模式，它的采购送货是直接送到需求点上。

（2）用户需要什么样的规格，就送什么规格的产品，品种规格符合客户需要。

（3）用户需要什么样的质量，就送什么质量的产品，品种质量符合客户需要，拒绝次品和废品。

（4）用户需要多少就送多少，既不少送也不多送。

（5）用户什么时候需要，就什么时候送货，不晚送，也不早送，非常准时。

（6）用户在什么地点需要，就送到什么地点。

以上几点既是 JIT 采购的原理，又是 JIT 采购的特点。

3. JIT 采购的作用

JIT 采购是关于物资采购的一种全新的思路，企业实施 JIT 采购具有重要意义。根据资料统计，JIT 采购在以下几个方面已经取得了令人满意的成果：

（1）大幅度地减少了原材料和外购件的库存。根据国外一些实施 JIT 采购策略企业的测算，JIT 采购可以使原材料和外购件的库存降低 40%～85%。原材料和外购件库存的降低，有利于减少流动资金的占用，加速流动资金的周转，同时也有利于节省原材料和外购件库存占用的空间，从而降低库存成本。

（2）提高采购物资的质量。一般来说，实施 JIT 采购，可以使购买的原材料和外购件的质量提高两到三倍。而且，原材料和外购件质量的提高，又会引致质量成本[⊖]的降低。据估计，推行 JIT 采购可使质量成本减少 26%～63%。

（3）降低原材料和外购件的采购价格。由于供应商和制造商的密切合作以及内部规模效益与长期订货，再加上消除了采购过程中的一些浪费（如订货手续、装卸环节、检验手续等），就使得购买的原材料和外购件的价格得以降低。

此外，推行 JIT 采购策略，不仅缩短了交货时间，节约了采购过程所需的资源（包括人力、资金、设备等），而且提高了企业的劳动生产率，增强了企业的适应能力。

4. JIT 采购应用的要求

（1）距离越近越好。供应商和用户的空间距离越近越好，太远的话操作不便，发挥不了 JIT 采购的优越性，很难实现零库存。

（2）制造商和供应商建立互利合作的战略伙伴关系。JIT 采购策略的推行，

⊖ 质量成本是指企业为了保证和提高质量而支出的一切费用以及由于产品质量未达到既定标准而造成的一切损失的总和。

有赖于制造商和供应商之间建立起长期的、互利合作的新型关系，相互信任，相互支持，共同获益。

（3）注重基础设施的建设。良好的交通运输和通讯条件是实施 JIT 采购策略的重要保证。企业间通用标准的基础设施建设，对 JIT 采购的推行也至关重要。所以，要想成功实施 JIT 采购策略，制造商和供应商都应注重基础设施的建设。

（4）强调供应商的参与。JIT 采购不只是企业物资采购部门的事，它也离不开供应商的积极参与，供应商的参与不仅体现在准时、按质按量供应制造商所需的原材料和外购件上，而且还体现在积极参与制造商的产品开发设计过程中。与此同时，制造商有义务帮助供应商改善产品质量，提高劳动生产率，降低供货成本。

（5）建立实施 JIT 采购策略的组织。企业领导必须从战略高度来认识 JIT 采购的意义，并建立相应的企业组织来保证该采购策略的成功实施。这一组织的构成，不仅应有企业的物资采购部门，还应包括产品设计部门、生产部门、质量部门、财务部门等。其任务是，提出实施方案、具体组织实施、对实施效果进行评价并进行连续不断的改进。

（6）制造商向供应商提供综合的、稳定的生产计划和作业数据。综合的、稳定的生产计划和作业数据可以使供应商及早准备，精心安排其生产，确保准时、按质按量交货；否则，供应商就不得不求助于缓冲库存，从而增加其供货成本。有些供应商在制造商工厂附近建立仓库以满足制造商的 JIT 采购要求，其实这不是真正的 JIT 采购，而只是负担的转移。

（7）教育与培训。通过教育和培训，使制造商和供应商充分认识到实施 JIT 采购的意义，并使他们掌握 JIT 采购的技术和标准，以便对 JIT 采购进行不断的改进。

（8）加强信息技术的应用。JIT 采购是建立在有效信息交换的基础上的。信息技术的应用可以保证制造商和供应商之间的信息交换。因此，制造商和供应商都必须加强对信息技术，特别是电子数据交换(EDI)技术的应用投资，以更加有效地推行 JIT 采购策略。

个案分析

案例材料

某纺织公司采购作业流程

该公司的采购作业流程图如图 9-7 所示。

流程图说明：

1. 请购

（1）一般物料均由使用单位开出请购单，但是属于存量管理的物料则由仓

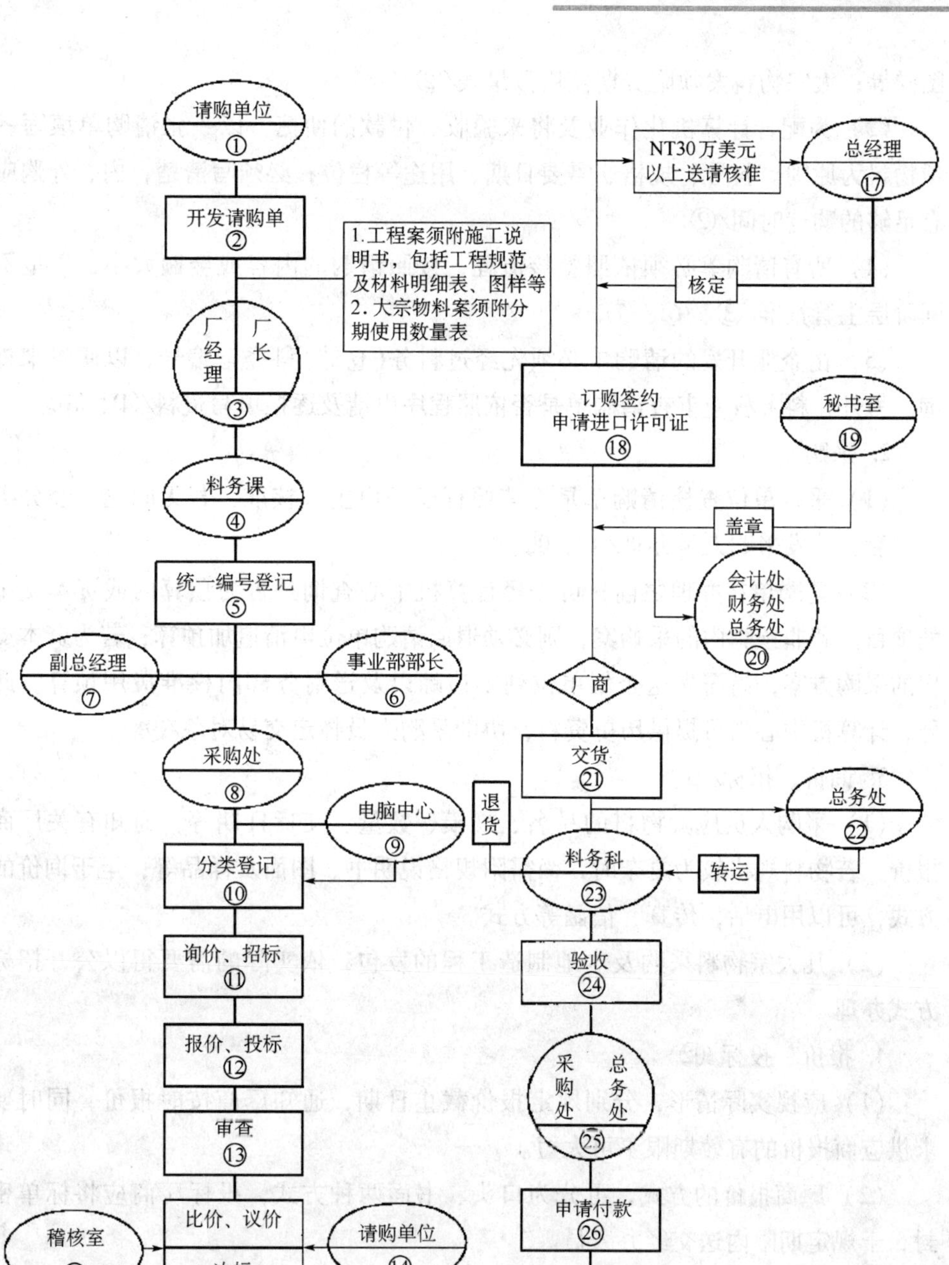

图 9-7　某纺织公司的采购作业流程图

储单位请购。物料管理计算机化时，则依据物料需求计划及存量管理水准，直接由计算机列印请购单，但须经物料管理单位签核。此外，企业进行扩建计划时，所有请购单则由扩建专案小组开发；办公用品则由管理部门统筹各单位的需求集中请购/①。

（2）开发请购单时，工程案须附施工说明书，包括工程规范及材料明细表、图样等；大宗物料案须附分期使用数量表/②。

（3）为配合计算机化作业及将来验收、付款的便捷，以一张请购单填写一项物料为原则。料号、规格、需要日期、用途等栏位，必须写清楚，内、外购应有足够的购运时间/②。

（4）所有请购单必须依照签核流程，按照请购的内容或金额大小，送呈不同阶层主管批准/③、⑥、⑦。

（5）由企业开发的请购单必须先经过料务（仓储）科登记编号，以便将来查询。另外，料务科应审查请购单是否依照程序申请及逐栏填写资料/④、⑤。

2. 采购

（1）采购单位查核请购单是否依照程序经由主管核准，若无问题，经分类登记后，分发采购人员办理/⑧、⑩。

（2）请购单在办理之前，可先经计算机中心查询是否为预算内或资本支出的项目。若非预算内的采购案，则必须退回请购单位申请追加预算；若为资本支出的采购方案，尚需先送企划单位列案追踪以及送财务部门核准拨用预算。此外，计算机中心尚可提供历史资料，协助采购人员择定交易对象/⑨。

3. 询价、招标/⑪

（1）采购人员应就物料的品名、规模、数量、交货日期等，通知有关厂商报价，若物料规格较为复杂时，尚需附规格说明书、图面及样品等；至于询价的方式，可以用电话，传真、信函等方式。

（2）凡大宗物料采购及本地制造工程的发包，依实际的需要得以公开招标方式办理。

4. 报价、投标/⑫

（1）应视实际情形，分别规定报价截止日期，通知厂商按时报价，同时要求供应商报价的有效期限不可太短。

（2）厂商报价的方式，可分为口头、书面两种方式，投标厂商应将标单密封，于规定期限内送交经办人员。

5. 审查

（1）报价厂商的资格是否符合规定，是首先必须予以审查的。若企业已建立了合格厂商名录，此种审查工作非常简单，但有时因采购案的特殊需求，必须另加一些条件，就得重新审查/⑬。

（2）报价的审查，在实质上就是分析报价内容是否符合请购需求，并比较各报价厂商之间的优劣点，作为订购时的参考/⑬。

（3）有时由于报价内容复杂，采购人员难以分辨，或外购机件及工程发包等，为避免因错误而发生的严重损失，应将报价单送请申请单位确认/⑭。

6. 开标

金额较大的采购案及以招标方式办理的采购案，通常会将报价单或投标单以密封方式送交稽核室，到报价或招标截止日期，配合采购部门拆封或公开开标/⑮。

7. 采购方式/⑯

（1）议价，参照事先拟订的底价或预算，并以各应邀报价厂商的竞争情形，议定合理的订购价格。

（2）比价，按应邀厂商的报价加以比较，然后择定最低者予以订购。

（3）决标，开标后，以不超过底价的最低标为得标，如标价超过底价应择最低标的厂商另行议价或重新招标。

8. 核定/⑰

议价、比价及决标的结果，金额不超过授权金额的，由采购经理核准；金额超过授权金额时，由采购经理审查后，送请总经理核定。

9. 订购

（1）议价、比价及决标的结果，经核定后，由采购部门正式向厂商订购，给予订购单；若金额较大，交货期较长，且有实际需要者，应由采购部门与供应商签立订货合约或制造工程合约/⑱。

通常在选择供应商及决定价格之后，为了保障交易双方的权益，究竟采用采购方的订购单或卖方的销售合约，主要决定于下列因素：

1）买卖双方折中的结果，谁占优势就应用谁的文件。

2）交易物品的特性，例如卖方的专利品，以采用卖方的销售合约为宜。但是金额很小的交易，采购方的订购单就可以接受。

3）交易的复杂度与程序的复杂性愈高，则买方的简便订购单便无法包容各种交涉的要件。

（2）合约应经双方签字及盖章，双方各执正本一份，副本可分送使用单位、财务单位、验收单位等存查/⑲、⑳。

（3）国外厂商于接到订购单后，应即时发正式的报价单，供订购厂商向国贸局或授权签证银行申请进口许可证/⑱。

10. 交货

大宗物料应由厂商自行送厂，零星采购则可送交中心仓库转运到厂/㉑、㉒。

订购后则稽催工作不可忽视，借以确保卖方能如期交货；尤其是针对交货期长、金额高的采购案，必须时常查询进度，甚至派人前往观察，使其能按时或提早交货。

11. 验收

一般物料由料务科负责验收，包括品质与数量；特殊机具及零件，则由使用单位、品管单位负责品质验收，料务科仅负责验收数量。品质若有不符，即予退回/㉓、㉔。

12. 付款与结案

签立合约者，由采购部门依合约规定，连同验收单与发票，开支出传票向财务单位申请付款。其他均按月将料务科送来的验收单汇集，按厂商分别开支出传票请求付款，以便结案/㉕、㉖。

分析

本案例材料涵盖了以下知识点：

采购的基本流程。案例中通过流程图以及对流程图的分析，清晰地展示了采购的过程：请购、采购、询价、招标、报价、投标、审查、开标、采购方式、核定、订购、交货、验收、付款和结束任务。该案例对书中介绍的采购流程作了进一步的细化，学生通过对本案例的学习，能够对采购流程有更近一步的细致了解。

自学指导

本章学习重点

（1）采购组织的隶属关系：采购部门的上司的地位直接决定了采购在企业中的地位和层级。采购属于哪一个层级，要根据不同的情况而定，一般有 4 种隶属关系。

（2）采购流程再造，采购流程再造主要有三种：电子采购、信息技术参与和 JIT 采购。电子采购是在互联网上以 B2B 模式进行的供应与服务的采购和销售；随着信息技术的发展，信息技术参与使得采购过程更加容易方便；JIT 采购是一种准时化采购模式，它有最大限度地消除浪费、降低库存、实现零库存的优点，是一种很理想的采购模式。

本章学习难点

采购管理的基本流程：采购的基本流程主要有 8 个部分，每个部分又有很多的注意细节，读者要熟悉这 8 个步骤，并熟悉相应的单据。

复习思考题

一、单项选择题（在备选答案中选择 1 个最佳答案，并把它的标号写在题后的括号内）

1. 采购管理的基本程序共有（　　）个。

A. 6　　B. 8　　C. 10　　D. 12

2. 以下哪一个符合 JIT 采购的要求（　　）。

A. 距离越远越好

B. 供应商不需要参与

C. 与供应商的关系不要太过密切

D. 注重基础设施的建设，加强信息技术的应用

二、多项选择题(在备选答案中有 2 ~5 个是正确的,将其全部选出并将它们的标号写在题后的括号内,错选或漏选均不给分)

采购流程再造有哪几种(　　)。

A. 电子采购　　B. 网上采购　　C. JIT 采购

D. 信息技术参与　　E. ABC 采购

三、名词解释

1. 采购　　2. JIT 采购

四、简答题

1. 传统采购模式的缺点有哪些?

2. 请概括采购的基本程序。

五、论述题

试论述企业采用 JIT 采购的利与弊。

参 考 文 献

[1] 盖勇．组织行为学[M]．济南：山东人民出版社，2002.

[2] 吴培良，郑明身，王凤彬．组织理论与设计[M]．北京：中国人民大学出版社，1998.

[3] 余凯成．组织行为学[M]．大连：大连理工大学出版社，2002.

[4] 于良春，章建辉．企业组织理论与组织设计[M]．济南：山东人民出版社，1997.

[5] 许玉林．组织设计与管理[M]．上海：复旦大学出版社，2003.

[6] 郑晓明．组织行为学[M]．北京：经济科学出版社，2002.

[7] 张德，吴志明．组织行为学[M]．大连：东北财经大学出版社，2002.

[8] 彭东辉．流程再造教程[M]．北京：航空工业出版社，2004.

[9] 方锦城，胡辛沛．业务流程与管理概论[M]．北京：高等教育出版社，2004.

[10] 张思复，张薇，等．基于作业思想的业务流程成本计算研究[J]．重庆大学学报，2006，12(2).

[11] 胡耀光，王田苗，等．基于价值链分析的业务流程再造方法[J]．新工艺·新技术·新方法，2003(8).

[12] 芮明杰，钱平凡．再造流程[M]．杭州：浙江人民出版社，1997.

[13] 甘华明．业务流程[M]．北京：中国国际广播出版社，2002.

[14] 郑称德．采购与供应管理[M]．北京：高等教育出版社，2005.

[15] 张英华，高楠．六西格玛管理与业务流程再造在服务型企业的整合应用研究——以某餐饮企业为例[J]．上海质量，2007(1).

[16] 黄岚，仲伟俊，王志华．常州盐业公司的业务流程设计[J]．现代管理科学，2003(12).

[17] Francis To．6Sigma 品质管理研究[J]．印艺，2001(5)：209.

后　记

经全国高等教育自学考试指导委员会同意，由经济管理类专业委员会负责高等教育自学考试采购与供应专业教材的组编工作。

《商业组织与过程》自学考试教材由南京大学郑称德副教授担任主编，本书各章的编写人有：焦建东(第1、3、4、5章)、何瑛瑛(第2、8章)、王羽(第9章)、郑称德(第6、7章)。

参加本教材审稿讨论会并提出修改意见的有：中国人民大学李金轩教授、中央财经大学储福灵教授、北京航空航天大学方虹教授。全书由郑称德修改定稿。在此一并表示感谢。

全国高等教育自学考试指导委员会

经济管理类专业委员会

2008年4月